THE CRASH OF 2016

THE CRASH
OF 2016

2016 미국 몰락

톰 하트만 지음 · 민윤경 옮김

21세기북스

미국 진보민주주의Progressive Democrats of America의

공동 설립자인 팀 카펜터Tim Carpenter,

민주주의의 진정한 옹호자, 그리고 국민들을 위하여.

반쪽이 텅 빈 미국

당신의 집은 모델하우스, 당신의 삶은 모범적인 삶으로 여겨져요.
그러나 이 모든 훌륭함, 그리고 그것과 함께한 당신…….
그것은 움직이는 수렁 위에 지어진 것일 뿐이에요.
당신과 이 모든 훌륭함은 무너지고 말 거예요.

헨리 입센, 『인형의 집』, 1879년

열 살 무렵, 나는 공상과학소설에 푹 빠져 있었다. 당시 나는 짤막한 공상과학소설, 논평, 과학 관련 뉴스를 다루는《어메이징 스토리》라는 잡지를 구독했는데, 그 잡지에 빠져서 숙제와 노는 것도 잊어버릴 정도였다. 잡지에는 로버트 실버버그Robert Silverberg, 잭 밴스Jack Vance, 폴 앤더슨Poul Anderson, 그리고 프랭크 허버트Frank Herbert같이 판타지나 공상과학소설 분야에서 이름을 떨친 작가들이 쓴 기발한 이야기도 실려 있었다.

특별한 이야기 하나가 몇 년 동안 내 머릿속을 사로잡았다. 인류가 최초로 달에 착륙한다는 뉴스를 접했을 때, 그 이야기는 마치 어제 읽은 것처럼 다시 내 머릿속에 생생하게 떠올랐다.

최초로 달 주변을 순회하는 우주비행사들의 이야기였다. 이전까지 달

탐사는 상상할 수도 없는 일이었다. 지구는 자전하면서 태양 주위를 공전하는데, 달은 스스로 회전하지 않으면서 지구 주위를 공전하기 때문에 그 누구도 '달의 어두운 뒷면'을 본 적이 없었다. 이 우주비행사들은 인류 역사상 달을 탐사하고 달의 '어두운 뒷면'을 본 첫 주인공이 되었다.

발사체가 굉음을 내며 발사대를 떠나 달을 향해 돌진하는 동안 우주비행사들은 관제 센터와 이런저런 잡담을 주고받았다. 우주선이 달에 근접하자 달의 가벼운 중력 때문인지 우주선은 좀 더 기민하게 움직였다. 우주선이 드디어 달의 궤도에 진입했고, 비행사들은 몹시 들떠 있었다. 달 표면에 착륙하면서 한껏 기대감에 부풀어 각자 바라고 기대하는 것에 대하여 이야기를 주고받았다.

달의 뒷면은 앞면과 똑같을까, 아니면 좀 더 울퉁불퉁한 형태일까? (지금은 후자라는 것을 안다.) 태양에 노출되는 정도에 차이가 있으니 달의 뒷면은 얼음으로 덮여 있지 않을까? 혹은 아주 오래전 비행사들이 남긴 잔해나 색다른 것이 있지는 않을까? 그 어느 쪽도 가능했다!

우주비행사들이 달의 뒷면 쪽으로 돌아서려고 하자 달의 질량이 신호를 방해했다. 관제 센터에서는 통신 두절에 따른 무선 침묵에 대비했다. 반면 우주비행사들은 관제 센터에서 나오는 소리를 계속해서 들을 수 있었다.

우주비행사들이 달의 뒤쪽을 흘끔 본 순간, 모두가 헉하는 탄성을 내질렀다.

그들 중 한 명은 마이크로폰을 집어 들고 지구에 끔찍한 이야기를 전하려 했고, 또 다른 사람은 무언가에 대해 경고하는 몸짓을 취하면서 손에 쥔 마이크로폰을 두드렸다. 우주비행사들이 계속 달의 뒷면을 탐사할수록 그 광경은 더욱더 분명해졌고 부인할 수 없었다.

"이 사실을 보고해야 하나요?"

캡슐 안에서는 논쟁 – 사실은 주먹다짐 – 이 벌어졌다. 지구에 있는 사람들이 과연 이 사실을 어떻게 받아들일까? 만약 아무도 그들이 목격한 것을 믿지 않는다면? 그래서 지구로 귀환한 뒤 감금되거나 정신병원으로 이송된다면?

우주비행사들이 무언가를 목격하고 나서 얼마나 공포에 떨었는지 나는 기억하고 있다.

달 뒤편은 텅 비어 있었다. 속이 텅 비어 있는 듯한 오목한 반구 위에 캔버스가 펼쳐져 있고 롤러코스터를 지탱하듯 받침대가 양편에 버티고 있는 것과 같았다.

누가 달의 뒷면을 훔쳤는가

어린 시절 읽었던 이 공상과학 이야기는 '2016 대폭락'에 직면해 있는 오늘날 미국에도 시사하는 바가 크다.

겉으로는 모든 것이 순조로워 보인다. 정치인들은 여전히 약속, 희망, 변화를 이야기하고 있으며 사람들은 박수치며 감동한다. 세상은 계속해서 미국의 자본을 필요로 한다. 미국의 군사력은 세계 최강이며 미국인의 생활 수준은 (비록 대부분의 선진국보다 떨어지지만) 제3세계보다 훨씬 낫다. 미국은 여전히 세계에서 가장 부유한 국가이며, 빌 게이츠Bill Gates, 워런 버핏Warren Buffett, 찰스·데이비드 코크 형제Charles&David Koch, 마크 주커버그Mark Zuckerberg 등 억만장자가 수없이 많다. 거리에는 시민정신이 살아 있고 리얼리티 TV와 (연료 소비가 많은) 멋진 차들이 있으며, (적어도 운전면허증과 출생증명서만 있으면) 사람들은 투표권을 행사할 수 있다.

여러분이 미국을 너무 가까이에서 들여다보지만 않는다면 모든 것은 잘 통제되고 있는 것 같다. 80년 전처럼, 미국 밖에서 미국을 지켜보는 세계의 모든 국가뿐만 아니라 미국에 살고 있는 미국인들에게조차 경제·군사·과학 부문에서 완전한 우위를 차지하고 있는 것 같다.

그러나 미국의 '어두운 뒷면'을 들여다본다면 충격적인 사실에 직면할 것이다. 그곳은 핵심 근간이 칼로 도려낸 것처럼 텅 비어 있고, 그 텅 빈 곳은 발사 목재(매우 연한 조직의 목재 – 옮긴이)로 된 두 기둥 위에 (지구상에 존재했던 거의 모든 패권 국가가 몰락 직전에 그러했듯이) 국수주의와 허세라는 낡아빠진 캔버스 천을 덮어씌운 것과 같다.

한때 미국은 반쪽이 텅 비어 있는 달과 달리, 부유했고 완전했다. 많은 사람들은 1940년대, 그리고 1950년부터 1970년대까지 이어졌던 미국 중산층의 황금시대를 기억한다.

그러나 오늘날 미국의 중산층은 반쪽이 비어 있는 달처럼 허울만 좋을 뿐이다. 미국에 중산층은 여전히 존재하지만 그들은 주택담보대출과 신용카드 빚에 허덕이며 흔들리고 있다.

로버트 라이시Robert Reich 노동부 장관이 1994년 의회에서 증언했듯이, "1970년대 미국인의 순저축률은 GDP의 8.2퍼센트로, 상대적으로 건실했지만 1990년대 초 현재 1.8퍼센트로 하락했다".[1]

당시는 레이건 혁명(미국의 제40~41대 대통령인 로널드 레이건이 대통령에 당선되면서 레이건 정부는 국민 다수의 소득 보장을 위한 정책을 대폭 축소하거나 철폐하고, 노동자들에게 불리한 방식으로 시장 구조를 바꿔나가는 등 일련의 프로그램을 추진했는데, 이를 가리켜 저자는 '레이건 혁명'이라 명명한다 – 옮긴이) 이후 채 15년도 되지 않은 때였다.

오늘날 상황은 훨씬 악화되었다. 2009년 2월 11일, AP 통신의 '미국인의 저축률은 마이너스'라는 헤드라인이 이 모든 것을 말해준다.[2]

민주주의 역시 마찬가지다. 미국에서는 2년에 한 번씩 전국적인 선거를 치르는데, 거창하고 화려한 의식 이면을 보면 미국의 민주주의는 소수가 지배하는 과두제로 전락하고 있다. 억만장자들은 자신과 정치 노선이 같은 후보자에게만 후원을 하고, 기업의 후원을 받는 싱크탱크는 자신들에게 유리한 법안을 작성하고 통과시킬 후보자가 확보되어야만 일을 한다.

오늘날 미국은 마치 깨끗하게 속을 쏙 도려낸 상태로, 과거 대공황과 남북전쟁을 포함하여 그 어느 때보다도 무기력하다. 중산층을 지탱하던 견고한 기둥들은 무너졌고, 이제 미국은 다음 단계의 대폭락에 직면하여 불안정하게 서 있다.

폭락

이 책은 미국이 어떻게 2016년에 대폭락을 겪게 되는지 분석한다.

현재, 미국은 역사상 네 번째로 맞이하게 될 대폭락과 전쟁이라는 위기에 직면해 있다. 과거 – 80년을 주기로 발생한 – 세 차례의 대폭락은 끔찍한 유혈 사태를 불러일으켰지만, 그 결과 미국은 이전보다 더 평등하고 위대한 국가로 도약했다.

미국과 프랑스에서 이를 각각 한 번씩 목격한 토머스 제퍼슨Thomas Jefferson은 이에 대해, 미국 또는 어떠한 민주주의 사회라도 성장하고 번영하기 위해서는 주기적 혁명이 필연적이며 혁명이 지연되거나 실패한다면 좀 더 강한 위기가 닥칠 것이라고 예견했다.

제퍼슨은 다음과 같이 말했다.

"이러한 [주기적 혁명의] 방법이 효과적이지 않다면, 그러한 요구는 무력을 통해 나타날 것이며 다른 국가들처럼 우리는 억압, 반란, 개혁, 그리고 또다시 억압, 반란, 개혁의 끝없는 반복 속에서 전진하게 될 것이다."[3]

몇 세대에 걸쳐 이루어지는 혁명의 주기는 미국에서도 계속 반복되어왔다. 현재 미국은 그 반복의 한가운데에 있다.

많은 인류학자, 역사학자, 애널리스트들은 혁명과 위기가 '세대'를 기본 단위로 순환한다고 분석했는데, 특히 이 분야에서 가장 저명한 학자인 윌리엄 스트라우스William Strauss와 닐 하우Neil Howe는 『제4의 전환』에서 미국 독립전쟁에서 남북전쟁, 대공황까지 과거에 겪은 위기를 광범위하게 기술했다.

그러나 이 책은 앞에서 언급한 책들과는 다르다. 미국 역사를 개관하면서, 특히 현재 미국을 둘러싸고 있으면서 곧 위험을 초래하고 종국에는 (향후 10년에 걸쳐) 미국에 근본적인 변화를 가져올 위기에 초점을 맞추었다. 1776년 제퍼슨이 독립선언서의 초안을 작성함으로써 미국에 '제1의 위기'를 촉발한 데 이어, 현재 미국은 '제4의 대폭락'(그리고 개혁)이라는 위기 앞에 있다.

다음 장에서 여러분은 오늘날 격변하는 일련의 사건에 도화선이 된 주인공들을 만나게 될 것이다. 그들은 21세기에 위기를 조성하고, 동시에 자신의 이익을 위해 착취에 여념이 없는 입안가, 음모가, 선동가들이다.

또한 이 책을 통해 '과거'가 현재의 위기에서 벗어나 미래를 재건할 수 있는 해법을 준다는 것을 알게 될 것이다.

지금의 폭락은 미국이 과거에 겪었던 세 차례의 폭락과 다르면서 동시에 유사한, 그 자체의 특별한 방식으로 진행될 것이다. 다른 경제 붕괴의 충격에서부터 전쟁에 대한 공포, 급진적 사회 변혁과 결합한 환경적 위기로 인한 위협, 제 기능을 다하지 못하는 정부의 마비로 인한 위협까지 2016년 제4의 대폭락은 오늘날 미국의 현주소다.

이미 몇몇 미국인은 그 폭락을 경험하고 있다.

오리 신세

2010년 2월에 일어난 조 스택Joe Stack 사건에서 불평등이 '2016 대폭락'으로 이어지는 모습을 엿볼 수 있다. 안락한 미국의 중산층 마을에 살았던 조 스택은 아침에 일어나 자신의 집에 불을 지르고 텍사스 주 오스틴에 있는 공항으로 차를 몰았다.

스택은 파이퍼 다코타Piper Dakota라는 이름의 본인 소유 비행기에 탔고, 조지타운 공항을 이륙한 뒤 몇 분 만에 마치 미사일처럼 미국 국세청IRS 사무실이 위치한 건물로 돌진했다. 이 사건으로 스택과 당시 사무실에서 일하고 있던 전직 베트남 참전 용사 베논 헌터Vernon Hunter가 즉사했다.

몇 년 전 미국이 경제 위기에 부닥쳤을 때 가장 큰 어려움을 겪은 사람은 조 스택과 같은 사람들이었다. 소프트웨어 기술자였던 스택은 고객이 줄어들면서 수입도 점점 줄어들었지만, 월스트리트는 그를 구제하지 않았다. 청구서는 쌓여갔고, 스택은 빚더미에 올랐으며, 조세 관리자는 매일같이 집으로 찾아왔다. 미국 정부는 1,000억 달러 규모의 초국가 기업들을 긴급 구제해야 했는데, 공교롭게도 그들 대부분이 법인 소득세를 납부하지 않았다.

스택은 겉으로 보기에 내성적인 사람으로, 북오스틴 대플그레이 가에 사는 전형적인 중산층 가정 출신의 평범한 사람이었다. 다만, 약간의 단서는 있다. 스택은 자신이 만든 밴드 이름을 '라스트 스트라우Last Straw (마지막 지푸라기)'라고 지었으며, 그가 발매했던 유일한 앨범의 제목은 '오버 더 에지Over the Edge(벼랑 끝)'[4]였다. 앨범에 실린 곡들은 언뜻 평범하게 들리지만, 실제로는 그렇지 않았다. 스택이 느꼈던 절망감이 그 앨범에 조용하게 스며들었고, 그는 점점 한계점에 다다르고 있었다.

결국 그는 미국 최초의 자살 폭파범이 되었다.

스택을 단순히 경제적 곤경에 빠져 폭력을 저지른 정신이상자로 기술할 수도 있다. 하지만 그것은 사실과 다르다.

"조는 강 위에 떠 있는 오리 중 한 마리였을 뿐이다. 우리는 조가 물 아래에서 필사적으로 발버둥치고 있는 것을 눈치채지 못했을 뿐이다"[5]라고 스택의 형은 말했다.

스택은 발버둥치다가 지쳤다.

유서에서 그는 왕정 미국Royalist America이 직면하고 있는 실질적 문제들을 다음과 같이 지적했다.

"미국의 경제 대공황 직전, 주식시장 붕괴에 절망한 부유한 은행가들과 사업가들이 가진 것을 모두 잃고 창문에서 뛰어내렸다는 기사를 읽은 적이 있다."[6]

스택은 "60년이 지난 지금도 이 나라가 아주 사소한 경제 문제조차 해결하지 못하고 있다는 것이 아이러니컬하지 않은가. 그들은 '늘 하던 방식대로' 자신들의 바보짓을 감추기 위해 변명하고 발뺌할 뿐이다"라고 덧붙였다.

정부에 대한 왕당파의 부패를 비난하며 스택은 "어떻게 소수의 살인자와 약탈자들이 생각하기조차 어려운 그런 극악무도한 짓을 저지를 수 있는가? …… 그리고 그들이 자신들의 탐욕과 극도의 어리석음 때문에 쉽게 돈을 벌 수 없게 되었는데도 연방정부는 왜 또 그렇게 신속하게 그들을 도와주는가?"라고 썼다.

"동시에, 의약회사와 보험회사를 포함한 미국의 모든 의료 체계는 1년에 수만 명의 사람들을 죽이고 있다. …… 이 나라의 지도자들은 비도덕적이면서 부유한 몇몇 사람을 긴급 구제하는 것만큼이나 이 문제가 중요하다는 것을 알지 못한다."

미국이 병들어 있음을 알아차린 스택은 자본주의 개념을 탐색한 뒤 다음과 같이 썼다.

"공산주의자의 신념 : 능력에 따른 생산, 필요에 따른 분배. 자본주의자의 신념 : 믿음에 따른 생산, 탐욕에 따른 분배."

병들어 있는 경제 왕당파 때문에 재산을 압류당하거나 직장에서 해고되거나 병원에서 치료를 거부당하는 등 수백만 명의 미국인이 조 스택과 같은 처지에 놓여 있다.

미국 전역에서 조 스택이 살았던 곳과 같은 중산층 마을이 계속 늘어나고 있다. 그러나 빚, 쌓여가는 신용카드 청구서, 그리고 공과금을 어떻게 납부할지에 대해 그들이 식탁에서 어떤 이야기를 나누는지는 알 수 없다.

미국 전역에서는 여전히 많은 학생들이 대학에 다니고 취업 준비를 한다. 그러나 1조 달러의 학자금대출이 전 생애 동안 그들의 발목을 잡을 것이라는 사실 역시 알 수 없다. 표면적으로 모든 것이 이전과 달라 보이지 않지만 저변의 상황은 악화되고 있다.

그들은 모두 조 스택처럼 물 위에 떠 있기 위해 물 아래에서 필사적으로 발버둥치는 오리다. 시간이 흐를수록 모두 점점 더 가라앉고 있다.

스택은 – 유서에 썼듯이 – 자신이 해야 할 일을 했다고 생각했다.

"점점 더 많은 사람들이 자살을 해서 자살하는 사람이 무시되지 않기를, 그리고 미국의 좀비들이 깨어나 저항하기만을 바랄 뿐이다. 그 방법밖에 없을 것이다."

금융깡패에 의한 죽음

노먼 루소Norman Rousseau와 그의 아내는 자신들이 할 수 있는 한 최선을 다했다. 루소 부부는 와코비아와 웰스 파고 은행(지금은 와코비아 은행을 합병했다)에서 돈을 빌려 사업을 했다. 2000년 캘리포니아로 다시 돌아오면서 집값의 30퍼센트를 선지급하고 이후 한 달도 거르지 않고 주택담보대출금을 갚았던 신뢰할 만한 주택 소유자였다.[7]

그런데 2007년, 은행의 사이코패스 같은 행동이 시작되었다. 루소의 기록에 의하면, 은행은 루소 부부에게 접근해서 대출 이자율을 변동금리로 바꾸라고 제안했다. 루소는 일정 금액을 평생 상환하는 고정금리에만 관심이 있다고 딱 잘라 말했다.

그럼에도 루소 부부는 은행을 신뢰했다. 이것은 명백히 큰 실수였다. 웰스 파고 은행이 '새로운 산업 기준'에 따르면 변동금리가 적절하며, 변동금리로 바꿀 경우 한 달에 600달러를 더 절약할 수 있고 '최악의 경우'라도 겨우 몇 달러만 더 내면 된다고 하자 루소는 고정금리에서 변동금리로 대출금 상환 방식을 변경했다.

그로부터 몇 년 후인 2009년, 루소는 자신이 부당한 거래에 휘말렸다는 사실을 알게 되었다. 변경한 대출금 상환 방식에 따른 이자율은 2007년보다 높았으며, 심지어 은행이 말했던 것보다도 훨씬 높았다. 그럼에도 불구하고 루소는 책임감이 강했기 때문에 연체하지 않고 매달 대출금을 갚아나갔다.

바로 그때, 웰스 파고 은행의 비정상적인 행태가 시작되었다. 그해 5월 은행 측은 루소가 한 달치 상환금을 체납했다고 주장했다. 루소는 도저히 있을 수 없는 일이라며, 완납했다는 증거로 은행이 발행한 자기앞수표를 제시했다.

그러나 은행 측은 상환금을 받지 못했다며 이후 몇 달 동안 계속해서 루소 부부에게 납부금에 추가 납부금을 더하고, 연체 가산금에 추가 연체 가산금을 더한 청구서를 빗발치듯 보내왔다.

몇 년 동안, 이런 식의 카프카스러운 부조리한 대화가 서로 오갔다. 은행 측이 (상환금을 내지 않았다는) 거짓 주장을 함에 따라 루소 부부가 납부해야 할 금액은 계속 늘어났고 퇴거 명령서도 쌓여갔다.

2012년이 되자 주택 거품 붕괴의 한가운데에 서 있는 다른 많은 미국인들처럼 재정적 부담을 감당할 수 없는 지경에 이르렀고, 루소는 늘어난 대출 납부금으로 인해 파산했다. 웰스 파고 은행은 5월 15일자로 최종 퇴거를 통보했고, 루소 부부는 자신들의 집에서 나와야 했다.

그런데 집에서 쫓겨나기 이틀 전, 루소는 은행이 이미 자신의 돈을 모두 인출했음에도 불구하고 집을 빼앗겨야 한다는 사실을 견디지 못하고 권총으로 자살했다. 루소는 다가올 미국 대폭락의 최초 희생자 중 한 명이다.

제임스 리처드 베론James Richard Verone 역시 마찬가지였다.

베론은 자신의 가슴 쪽에 뭔가가 만져지자 어딘가 문제가 있음을 직감했다.

그는 이미 관절염과 손목터널증후군에 시달리고 있었으며 손쓰기 힘들 만큼 큰 고통을 겪었다. 불행하게도 그는 지난 17년간 배달기사로 일한 코카콜라에서 해고된 뒤 건강보험이 만료되어 병원에 갈 수조차 없었다.

경제 불황으로 베론은 편의점 점원 같은 일자리밖에 구할 수 없었는데, 그러한 직종은 의료 혜택이 제공되지 않았다. 결국 그는 고통이 점점 더 심해져 일도 할 수 없게 되었다.

경제 왕당파가 지난 30년간 공격했던 사회안전망은 베론에게 어떠한 도움도 주지 못했다. 그는 연방정부로부터 장애 혜택을 전혀 받지 못했다.

베론은 점점 병들어 죽어갔지만 지구상에서 가장 부유한 국가인 미국에 살면서 아무런 치료도 받을 수 없었다.

의료 혜택을 받을 수 있는 방법은…… 단 하나뿐이었다.

2011년 6월의 어느 날 아침, 잠에서 깨어난 베론은 샤워를 하고 셔츠를 다려 입은 뒤 택시를 타고 RBC 은행으로 갔다. 은행 안으로 들어가 은행원에게 메모지 한 장을 흘린 뒤, 의자 쪽으로 걸어가 긴 회색 머리카락과 지저분한 수염을 만지면서 걱정스럽게 기다렸다. 그 메모지에는 그가 은행에서 1달러를 훔치고 있다고 쓰여 있었다. 의료 혜택을 받으려면 교도소에 수감되는 길밖에 없음을 깨달은 베론은 자신이 생각할 수 있는 가장 경미한 범죄를 저지르고서 경찰에 체포되기를 기다렸던 것이다.

베론은 은행 절도죄로 기소되었고, 계획대로 교도소에 수감되었으며, 교도소에서 의사를 만나 자유 시민일 때 받을 수 없었던 의료 혜택을 누렸다.

베론은 "건강을 잃으면 모든 것을 잃는 것이다"라며 자유를 버리고 교도소를 선택한 자신의 결심에 대해 말했다.[8]

'2016 대폭락'이 일어나는 동안 이러한 일은 비일비재할 것이다.

세계화로 인한 죽음

과거에는 결핵이나 말라리아 같은 질병이 인류의 건강을 가장 위협했다. 그러나 더 이상은 아니다. 오늘날 인류의 건강을 위협하는 가장 큰 요인은 바로 '세계화'다.

블랙스미스 인스티튜트의 최근 연구에 의하면, 산업용 오염 물질이 지구 전역의 공동체에 영향을 미치고 있다. 납, 수은, 크롬 같은 독성 물질을 포함한 산업쓰레기 폐기장이 전 세계 저소득과 중간 소득의 49개국, 1억 2,500만 명 이상의 사람들에게 피해를 주는 것으로 알려졌다.

그 연구의 책임자들은, 이것은 매우 보수적인 추정치이며 이보다 훨씬 많은 사람들이 여기저기 퍼져 있는 산업용 오염 물질로 인해 병들고 있다고 언급했다. 보고서에 따르면, 산업 오염은 현재 말라리아나 결핵보다 훨씬 더 건강을 위협하고 있다.

블랙스미스 인스티튜트의 회장인 리처드 풀러Richard Fuller는 이러한 상황이 점점 더 악화될 것이라고 경고했다. "생명을 위협하는 오염 물질은 전 세계 경제가 수요 증진을 만족시키기 위해 산업을 압박함에 따라 더욱 증가할 것이다. 그 피해는 산업오염물질보호규제와 기준이 마련되어 있지 않은 저소득 국가와 중간 소득 국가에서 가장 크게 나타날 것이다."[9]

이는 개발도상국에 국한되는 문제가 아니다. 미국 역시 이러한 문제로부터 안전하지 않다.

2012년 크리스 헤지스Chris Hedges는 빌 모이어스Bill Moyers에게 "제한받지 않으며, 규제받지 않는 자본주의가 시스템을 파괴하고 있다는 것을 반드시 이해해야 한다"라고 경고했다.

그는 자신의 책 『파멸의 시대 저항의 시대』에서 '희생 영역'에 대해 분석했다. 헤지스는 "희생 영역이란 분기별 이익을 위해 파괴된 영역이다. 여기에서 파괴된 영역은 파괴된 환경, 파괴된 공동체, 파괴된 인간, 파괴된 가족 모두를 말한다"라고 정의한다.[10]

이를테면 미국에서 가장 가난한 도시인 뉴저지 주의 캠던과 같은 곳이다. 헤지스는 그곳을 '죽은 도시'라고 명명하면서 "그곳에는 아무것도 남아 있지 않고, 고용도 이루어지지 않는다. 도시 전체가 버려졌다. 유일하게 가동하고 있는 것은 100여 개의 마약 시장뿐이다"라고 덧붙였다.

웨스트버지니아 주에도 '희생 영역'이 있는데, 산꼭대기에 있는 탄광은 환경을 오염시키고 있으며 주민들의 암 발병률을 엄청나게 높이고 있다.

헤지스는 왕당파가 "그 지역을 황량한 곳으로 만들고 있다. 그곳은 사람이 도저히 살 수 없는 지역이 되었다. 동부 해안 지방의 허파 기능을 하던 곳이 파괴되고 있다. 모든 것이 파괴되었고 절대 회복되지 않을 것이다"라고 말한다.[11]

이미 이렇게 황폐화된 곳이 미국 전역에 존재한다.

헤지스는 자본주의가 암에 걸린 지금의 단계에 "어떠한 장애물도 없기 때문에 이러한 희생 영역은 점차 확산될 뿐이다"라고 경고한다.[12]

제조 공장들로 활기가 넘치던 인디애나 주의 개리 타운은 공장들이 저임금 국가에 생산을 위탁하면서 유령도시로 변했다. 인구의 절반이 도시를 떠났고, 개리 타운은 미국에서 폭력과 연루된 사건이 가장 많이 발생하는 10개 도시 중 하나가 되었다.

이것이 바로 폭락의 모습이다.

폭락은 일리노이 주 시카고에서 부富가 불평등하게 분배되어 예상치 못한 폭력이 거리 곳곳에 촉발되었던 것과 같은 모습으로 나타날 수도 있다. 시카고 경찰의 조직범죄 전담 부서에 의하면, 시카고에 10만 명 이상의 범죄 조직원이 있는 것으로 추정된다.[13]

남은 과제

이러한 폭락이 다가오고 있으며, 이는 불가피한 것이다. 시기적으로 몇 년 정도 앞당겨지거나 늦춰질 수도 있지만, 33년에 걸친 레이거노믹스 (1981년에 출범한 레이건 정부는 1970년대 석유 위기 이래 심화된 인플레이션의 해소와 국내 경제의 회복, 그리고 실추된 미국의 위상을 높이기 위해 군비 강화에 주력했는데, 이러한 목적으로 단행된 일련의 경제 조치를 가리킨다 – 옮긴이)와 탈규제가 미국에 남긴 현실은 명백하다. 1920년대, 1850년대, 그리고 1760년대의 잘못들이 단순 반복되고 있으며, 최근 들어 거품이 재팽창하고 있다. 이제 할 수 있는 것이라곤 약간의 시간을 버는 수밖에 없다.

눈앞에 어마어마한 과제가 놓여 있고 전망도 어둡다. 하지만 다가올 제4의 대폭락이 이전의 커다란 위기들과 마찬가지로, 미국을 좀 더 (헌법에 나온 용어로) '완벽한 국가'로 만들 수 있는 방법을 찾는 계기로 삼아야 할 것이다.

이 책의 제1부에서는 누가 미국의 뒷면을 훔쳤으며, 그것이 어떠한 방식으로 2016년 미국의 폭락을 야기하는가에 대해 살펴볼 것이다. 이 과정에서 지난 수십 년에 걸쳐 미국을 약탈한 파괴적인 힘을 엿볼 수 있다. 나는 그러한 힘을 가진 사람들을 프랭클린 루스벨트Franklin Roosebelt 대통령이 사용한 용어를 빌려 '경제 왕당파'로 명명할 것이다. 또한 미국 역사가 경제 왕당파로 하여금 4세대마다 권력을 잡을 수 있도록 오히려 부채질했다는 사실을 알게 될 것이다.

제2부에서는 현대판 경제 왕당파가 1970년대에 모의했던 음모가 무엇이었는지 살펴볼 것이다. 경제 왕당파는 '대망각'의 주기가 다시 돌아왔으며 권력을 성공적으로 되찾아 다시 한 번 국민들을 약탈할 수 있다는 것을 알았다.

제3부에서는 경제 왕당파가 30년 이상 시행한 정책들이 2007~2008년 경제 위기로 막을 내리면서 어떠한 결과를 초래했는지 살펴볼 것이다. 경제 왕당파가 경제 위기로 인해 권력으로부터 물러나게 되었다는 사실에

초점을 맞추기보다는 그들이 어떻게 정부 내에서 주도권을 잡고 온 나라를 최악의 경제 위기로 내몰았는지를 중점적으로 보여줄 것이다.

제4부에서는 '2016 대폭락'과 관련하여 사회 무질서에서 전쟁 등에 이르는, 직면할 수 있는 여러 가지 시나리오를 검토할 것이다.

마지막으로 제5부에서 미국이 이러한 불안정과 혼란에서 어떻게 살아남을 수 있는지 구체적인 방향을 제시할 것이다.

바로 눈앞에 있지만 많은 미국인들이 인정하지 않으려고 끊임없이 애쓰는 것부터 살펴보자.

/ CONTENTS /

PART 4 대폭락

PART 1

경제 왕당파와
기업가의 음모

| Chapter 1 |

운명과의 만남

과거 다른 국가에서 몇몇 사람이 자유를 위해 투쟁했지만
지쳐서 그 싸움을 계속하기엔 힘들어 보였다.
그들은 삶의 환상을 위해 자유라는 유산을 팔아버렸다.
그들은 자신들의 민주주의를 양보했다.
프랭클린 D. 루스벨트, 1936년

　1933년 3월, 프랭클린 루스벨트의 대통령 취임사를 들은 미국인 중 지금까지 살아 있는 사람은 거의 없다. 때문에 오늘날 많은 미국인들은 루스벨트 대통령이 남긴 "우리가 두려워해야 하는 것이 있다면, 그것은 두려움 그 자체뿐이다"라는 유명한 말에서 언급한 두려움이 제2차 세계대전과 관계있다고 생각한다. 그런데 이 말을 한 때는 히틀러Hitler가 독일에서 권력을 장악하기 훨씬 전이었다.

　루스벨트가 말한 두려움 – 그리고 전쟁 – 은 미국에 있었다. 그것은 대공황과, 대공황을 유발한 사람들에 맞선 전쟁이었다.

　루스벨트가 대통령에 취임하던 그 주에, 미국 내 모든 은행이 문을 닫았다. 연방정부는 정부 관료들에게 급여조차 지급할 수 없었다. 취업 연령대의 미국인 중 4분의 1이 실직 상태였으며(몇몇은 3분의 1로 추정한다), 소수 인종의 실업률은 추정조차 불가능했다.

1932년 루스벨트의 정치적 경쟁자였던 허버트 후버Herbert Hoover는 미국에 굶주리는 사람이 있다는 사실을 부정하면서 "우리 농장의 떠돌이 일꾼조차도 잘 먹고 있다"라고 말했다. 그러나 당시 미국인들이 가장 많이 종사한 직종은 '쓰레기 더미를 뒤지는 것'으로, 많은 사람들이 식량을 운송하는 트럭이나 기차를 따라다니며 떨어진 음식 조각을 주워 먹거나, 또는 오늘날 '쓰레기통 뒤지기'라고 부르는 일을 했다.

농부들은 자신의 농장을 지키기 위해 총을 소지하는 경우가 다반사였고, 식당들이 남은 음식을 골목 쓰레기통에 버리는 매일 밤마다 많은 사람들이 그 음식물 쓰레기를 줍기 위해 몰려들었고, 종종 싸움이 벌어지기도 했다.

루스벨트는 대공황에 대해 단도직입적으로 말했다.

"경제 가치는 엄청난 수준으로 하락한 반면 세금은 올랐으며, 사람들의 지불 능력은 감소했다. 정부의 세수는 현격히 줄어들었고, 현 무역 추세로 보았을 때 교환 수단은 동결되었으며 산업체는 모든 면에서 침체해 있다. 농부들은 농산물을 판매할 시장이 없고, 수많은 가정이 수년에 걸쳐 저축한 돈은 사라졌다."[14]

미국의 정치·경제 시스템에 대한 불만은 최고조에 달했으며, 만일의 사태에 대비해 국회의사당과 백악관을 무장 보호했다. 미국의 모든 도시에 갑자기 '후버빌'(미국 대공황 당시 실업자를 수용했던 판자촌 – 옮긴이)이 형성되었다. 은행가와 돈 많은 엘리트들은 정교한 안전장치로 중무장을 하고서야 여행을 할 수 있었고 존 D. 록펠러John D. Rockefeller가 뉴욕에서 반짝반짝 빛나는 10센트짜리 동전 몇 닢을 거지들에게 건네며 떠들썩한 사전 선거 활동을 하는 것도 더 이상 안전하지 않았다.

이것이 바로 지난 대폭락기 미국의 모습이었으며, 그 폭락은 그로부터 10년 내에 전쟁을 야기하며 6,000만 명 이상을 죽음에 이르게 했다.

그리고 80년 후, 미래 세대가 '2016 대폭락'이라고 부를 상황에 빠져들고 있다.

'2016 대폭락'과 1929년 검은 화요일에 시작된 지난 대폭락은 매우 유사한 점이 있다.

사실 이 두 폭락뿐만 아니라 미국 역사에서 끔찍한 전쟁을 야기했던 다른 두 폭락과도 유사한 점이 있다. 첫 번째 폭락은 1660년대 말부터 1770년대 초반까지 계속되었던 경제 악화다. 이로 인해 1773년 영국은 다세법(1773년 영국 의회가 파산 국면에 빠진 동인도회사에 식민지 차 독점 판매권을 부여하기 위해 제정한 법 – 옮긴이)을 통과시켰고, 이는 보스턴 티 파티 사건(우리나라에서는 흔히 '보스턴 차 사건'이라고 부르는데, 문맥상 이 책에서는 '티 파티 사건'이라고 번역한다 – 옮긴이)과 미국 독립전쟁을 촉발시켰다. 두 번째 폭락은 미국 남북전쟁에 앞서 1857년에 일어난 대공황이다.

미국 독립전쟁에서 남북전쟁까지, 남북전쟁에서 대공황 및 제2차 세계대전까지도 80년 정도의 간극이 있다. 그리고 대공황 및 제2차 세계대전이 벌어진 때로부터 80년이 흘렀다. 폭락을 기억하는 사람들이 모두 사라지는 데 80년이 걸리는 것이다.

'2016 대폭락'의 피해를 줄이고 싶다면, 지난 대참사들에 대해 듣고 그것들 간의 유사점을 찾아내야 하며 앞으로 어떻게 행동해야 하는지 이해해야 한다.

대망각

대폭락은 4세대(80년)를 주기로 발생한다.

아놀드 토인비Arnold Toynbee를 비롯한 많은 사람들은, 국가는 이전의 전쟁에 대한 기억이 사라질 즈음에 또 하나의 전쟁을 계획한다고 지적했다. 전쟁에 대한 두려움은 잊히는 반면, 전쟁 기념물과 전쟁 '영웅들'은 도처에 존재한다.

대폭락을 기억하는 마지막 사람의 죽음도 이와 마찬가지다.

다니엘 퀸Daniel Quinn은 '대망각'이라는 용어를 대중화했는데, 이는 문명뿐만 아니라 세대에도 적용된다. 사람의 기억이란 것은 문화적 산물로, 언론과 정부에 동참한 30대에서 60대의 실제적인 기억에 의해 주로 형성되므로 일반 대중은 역사를 기껏해야 50년 정도 기억한다.

나의 할아버지는 사회주의자였고 아버지는 공화주의자였다. 그리고 나는 진보주의자다. 할아버지는 20세기 초, 몇십 년 동안 '사회주의'가 팽배하던 시기에 발생한 위기에 대한 기억이 없었고, 심지어 구소련의 몇몇 시도는 매우 성공적이었다고 여겼다. 1929년에 태어난 아버지는 공화당 시절에 있었던 위기에 대해 아무런 기억조차 없다. 오히려 아버지는 아이젠하워Dwight D. Eisenhower 시절을 엄청난 번영기로 기억한다. 1950년대에 태어난 나는 아버지가 기억하는 루스벨트 시절의 위기나 도전에 대해 아무것도 기억하지 못한다.

미국 역사를 포함한 모든 역사에는 거대한 주기가 있다. 이 주기는 사람들이 이전 세대가 저질렀던 실수나 채택했던 해결책에 대해 잊어버림에 따라 새로운 세대가 권력을 잡을 때마다 계속적으로 반복된다.

윌리엄 스트라우스와 닐 하우는 『제4의 전환』[15]에서 4세대(대략 80년)마다 반복되는 역사 주기에 따라 미국은 21세기 초, 몇십 년 동안 다시 한 번 대재앙의 국면에 접어들 것이며 전쟁을 동반한 경제 붕괴도 일어날 것이라고 했다.

클린턴Clinton 번영기(1990년대 후반)였던 당시에 이는 매우 대담한 예측으로 보였다. 그러나 곧 현실로 나타났다.

그로부터 10년도 채 지나지 않은 2006년 가을, 세인트루이스에 있는 연방준비은행 – 주택 관련 통계를 집계하는 연방기관의 한 부서 – 은 그달의 주택 공급이 14.6퍼센트 감소했으며 연방정부의 주택 관련 예산은 27퍼센트 줄어들었다고 발표했다.[16] 설상가상으로 주택 건축 허가도 1년 전 같은 시점보다 28퍼센트 정도 하락했다. 이것이 바로 2007~2008년의 금융 위기를 촉발한 주택 거품 붕괴다.

대망각은 나라 전체에 다시 전승되었고, 1929년 검은 화요일로부터 80년 뒤 미국은 두 번의 대규모 전쟁을 일으켰고, 프레데타 드론(미국의 감시·전투 무인항공기 중 하나 – 옮긴이) 등 대량의 전쟁 무기를 구축했다.

2009년 1월 버락 오바마Barack Obama의 대통령 취임식 연설은 80년 전 경제 위기에 처해 있는 국민들에게 루스벨트가 했던 연설과 비슷했다.

약 80년 전 루스벨트가 대통령에 취임하던 날 워싱턴 DC는 섭씨 10도로 화창했지만 오바마의 대통령 취임식 날은 마치 점점 어려워지는 정치·경제 상황을 반영하듯 기온이 영하를 가리켰다.

취임식 선서를 할 때 나는 오바마로부터 겨우 몇백 미터 떨어진 곳에 서 있었다. 오바마 바로 뒤에는 조지 W. 부시George W. Bush 전 대통령이 눈동자를 굴리며 연신 과장스럽게 '물개 박수'를 치며 멍청하게 서 있었고, 딕 체니Dick Cheney는 휠체어에 앉아 담요를 덮고 있었다. 부시와 체니의 아내들은 그들 뒤에 앉아 있었다.

나의 왼쪽으로는 의회와 대법원 사람들이, 앞쪽에는 새 대통령이, 오른쪽에는 외신 기자들이 있었다. 대통령 앞에는 약 200만 명의 군중이 운집해 있었는데, 우리가 서 있던 국회의사당의 2층 발코니부터 내셔널 몰 아래쪽, 그 너머 워싱턴 기념관이 높이 치솟아 있는 곳까지 사람들로 가득했다.

오바마는 "번영의 상승기에, 그리고 고요한 바다와 같이 평화로운 시기에 새 대통령이 선서를 한 적도 있었습니다. 그러나 구름이 몰려들고 맹렬한 폭풍우가 기세를 부리는 상황에서 새 대통령이 선서를 한 경우도 매우 많았습니다"[17]라는 말로 연설을 시작했다.

완벽한 연설이었다. 왜냐하면 바로 그달에 80만 명이 넘는 미국인이 직장을 잃었고 50만 명 이상이 집을 잃기 직전이었기 때문이다. 전 세계적으로 주식시장은 폭락했고 은행들은 위기에 처해 있었으며, 미국은 자신들이 주도한 두 차례의 전쟁에서 스스로 이미지를 실추시켰다.

"현재 우리가 위기의 한가운데에 있다는 것을 우리는 잘 알고 있습니다"라고 오바마 대통령은 말했다. "우리는 세계 곳곳에서 폭력과 증오에 맞서 싸우고 있습니다. 미국의 경제는 대단히 약해졌고, 이는 일부의 탐욕과 무책임의 결과일 뿐만 아니라 우리가 중대한 결정을 못함으로써 새로운 시대를 준비하는 데 총체적으로 실패한 결과입니다. 가정과 일자리를 잃어버렸으며, 기업은 휘청거립니다. 의료 서비스는 너무 비싸고, 학교는 너무 많은 사람의 기대를 저버리고 있으며, 우리의 에너지 사용 방식이 우리의 적을 강하게 하고 지구를 위협하고 있다는 증거들이 매일같이 속출하고 있습니다.”

오바마의 연설은 계속되었다. “이것들이 바로 자료와 통계에 따른 위기의 지표입니다. 이들 지표처럼 수치로 계량화할 수는 없지만 그만큼 심각한 것이 있는데, 바로 미국 전역에 퍼져 있는 자신감의 약화입니다. 미국의 쇠락이 불가피하며 다음 세대는 눈높이를 낮춰야 한다는 두려움이 확산되고 있습니다.”

주기가 다시 돌아온 것이다. 역사책, 신문 기사, 그리고 옛날 영화에 지난 대폭락이 기록되어 있지만, 그것을 정확히 기억하는 사람은 거의 없다. 대폭락이 다시 일어날 시기가 된 것이다.

루스벨트가 자신의 첫 번째 취임식에서 말했던 것처럼 오바마 역시 “미국 국민은 실패하지 않았다”라며 위기의 시기에 희망을 불어넣었다.

“오늘 저는 여러분에게 우리가 직면한 도전들은 실제 상황이며 심각하고, 적지 않다는 것을 말씀드립니다. 이 도전들은 쉽게 또는 짧은 기간에 해결되지 않을 것입니다. 그러나 이것만은 분명히 알아두십시오. 미국은 그것들을 반드시 해결할 것입니다.”

이 마지막 말에 의회 의원들과 내셔널 몰에서부터 워싱턴 기념관까지 쭉 모여 있던 200만 명의 군중은 우레와 같은 박수를 보냈다.

마치 현대판 루스벨트가 말하고 있는 듯 오바마 대통령은 다음과 같이 역설했다.

“현 경제 상황은 대담하고 신속한 조치를 요구하고 있습니다. 새로운 일자리를 창출하고 새로운 성장 기반을 마련하기 위한 조치를 취할 것입니다. 우리는 교역을 촉진하고 우리를 결속시킬 도로와 교량, 전력망과 디지털 통신망을 건설할 것입니다. 우리는 신기술을 활용해 건강 관리의 질은 향상시키고 비용은 낮출 것입니다. 우리는 태양, 바람, 토양을 이용하여 자동차에 연료를 공급하고 공장을 가동할 것입니다. 우리는 학교와 대학을 개혁해 새 시대의 요구에 부응할 것입니다. 이러한 모든 것을 우리는 할 수 있습니다. 그리고 할 것입니다."

그러나 현실은 여전히 그대로다. 대공황을 극복하겠다는 루스벨트 대통령의 약속을 기억하는 사람 중에 오바마의 대통령 취임식 때까지 살아 있던 사람은 거의 없었고, 그리고 이와 마찬가지로 오바마 대통령의 연설이 끝나자마자 대통령의 희망차고 이상적인 미사여구는 대망각으로 곤두박질치면서 '2016 대폭락'은 확실해졌다.

그렇다면 4세대마다 반복해서 미국의 생존을 위협하는 집단 망각이 일어나는 이유는 무엇인가?

경제 왕당파

지난 대폭락 이후, 루스벨트 대통령은 자신이 경제 위기뿐만 아니라 그 이상의 무언가와 싸우고 있다는 것을 깨달았다. 루스벨트 대통령은 반혁명 세력에 맞서고 있었다. 그들은 대폭락의 원인을 제공한 장본인이지만 20여 년 동안 가졌던 정부와 경제에 대한 권력을 계속 유지할 방법만 찾고 있었다. 이것이 바로 미국의 금권정치로, 그 주인공은 부유한 은행가들과 산업가들이며 그들은 끔찍한 재앙에 직면한 국가의 안녕보다 자신들의 개인적 부를 우선한다.

1933년 첫 취임사에서 루스벨트는 "인류의 상품 교환의 지배자들은 실패했다"라고 말했다.

그는 "비도덕적으로 돈을 변조하는 관행은 민심의 배척을 받아 여론의 법정에 기소되었습니다. 그들이 노력했던 것은 사실이지만, 그들은 낡아 빠진 관행을 답습했을 뿐입니다. 신용이 실패로 돌아갔는데도 그들은 더 많은 돈을 공급하자고 제안했습니다. 우리 국민으로 하여금 그들의 그릇된 지도력을 따르도록 유도했던 이익이라는 미끼가 상실되자, 그들은 국민을 대상으로 설득에 나섰고 신임을 회복하기 위해 눈물을 흘리며 간청했습니다. 그들은 자기 이익만 좇는 세대의 통례밖에 알지 못합니다. 그들에게는 비전이 없고, 그리고 비전이 없을 때 국민은 파멸을 맞이할 것입니다"라고 말했다.

미국 독립전쟁 이래로, 한 세기 반 동안 진정한 왕과 신정주의자들은 벼랑 끝으로 몰렸지만, 부의 경제 원리에 의한 금권정치 세력은 사라지지 않았다는 것을 루스벨트는 알고 있었다. 금권정치 세력은 직전 10년 동안 오히려 도를 넘어 날뛰었다.

1936년 루스벨트는 그들을 '경제 왕당파'라고 명명했다. 8년 후, 루스벨트 대통령 시절 부통령이었던 헨리 월라스Henry Wallace는 제2차 세계대전 시에는 이런 금권정치 세력을 '파시스트'라고 칭했다.

미국 독립전쟁 기간 동안 그들은 '왕당파'와 '토리당원'이라 불렸고, 건국 초기에 그들은 스스로를 '연방주의자'라고 불렀으며, 미국의 제2대 대통령인 존 애덤스John Adams와 재무 장관 알렉산더 해밀턴Alexander Hamilton이 이들을 이끌었다.

미국 건국 초기에 그들은 지금만큼 악성은 아니지만 나라가 부유해지면서 국가에 암적인 존재가 되었다.

19세기 후반, 대호황 시기에 언론은 그들을 '강도 귀족'이라고 불렀다.

오늘날에는 이들을 '1퍼센트'(실제로 그들은 경제적으로 미국의 상위 1퍼센트에 속하는 사람 수보다 훨씬 적음에도 불구하고)라고 부른다.

그들을 무엇이라고 부르건 그들이 권력에 도전할 때마다 항상 붕괴의 조짐이 보였다.

미국 독립전쟁에 필연적 원인을 제공한 것이 바로 그들의 탐욕이었다. 그들은 미국 남북전쟁이 발발하는 도화선이 되었다. 또한 대공황을 촉발시킨 1929년의 주식시장 붕괴를 유발했다. 사실상 미국의 역사는 이러한 문화적 악영향에 대항한 끝없는 투쟁이다.

왕당파에 맞서 상징적인 인물들이 등장하고 민중운동이 일어났지만, '대망각'이 효력을 발휘하기 시작하면서 항상 균열이 생겼고 경제 왕당파는 그 빈틈을 파고들어 권력을 강화하고 나라가 파탄이 나도록 약탈했다. 미국 역사가 이를 잘 보여준다.

폭락의 시작

1776년 애덤 스미스Adam Smith의 『국부론』이 출간되었고, 미국 독립선언서가 조인되었다. 이는 우연이 아니다. 둘 다 10년 전부터 시작된 광범위한 경기 침체에 따른 반작용의 산물이다. 영국은 여러 조치들 중에서도 인지세법, 타운젠드 제법, 다세법을 통해 세수를 늘리는 방식으로 경기 침체에 대응했다.

오늘날 많은 사람들은 티 파티 사건의 단초를 제공했던 다세법이 단순히 영국 측에서 미국 식민지가 차에 대해 지불해야 하는 세금을 올린 것이라고 생각한다. "대표 없이 과세 없다"라는 말도 이 사건에서 유래했다.

그러나 다세법 제정은 미국과의 차 무역에 대한 접근권을 전적으로 허용함으로써 동인도회사가 미국 식민지로 수출하는 차에 대해 영국에 지불하는 관세를 면제하는 데 목적이 있었다. 심지어 판매하지 못해서 창고에 쌓아둔 수백만 파운드의 차에 대해 세금 환급까지 해주었다.

즉 다세법은 세계 역사상 유례가 없는 세금 우대 조치였다. 그때부터 영국 정부와 왕당파 대부분이 동인도회사의 주주가 되었는데, 이는 정실 자본주의(투명하고 누구나 공감할 수 있는 의사결정이 아닌 정실, 즉 밀실에서의 부패하고 부정한 거래에 의해 시장 메커니즘을 왜곡하는 것을 의미한다 – 옮긴이)의 전형적인 예다.

이에 대항하여, (미국) 식민지 사람들은 한밤중에 인디언으로 위장하고 배에 올라타 차 상자 수백 개를 바닷속으로 던졌다. 이 사건이 결국 전쟁의 도화선에 불을 지폈다.

미국 독립혁명은 기업의 기물을 파손하는 행위vandalism에서 시작되었다.

그러나 영국으로부터 독립했다고 미국 내에서 왕당파가 패배한 것은 아니었다.

미국의 제2대 대통령인 애덤스는 (비록 자신이 정치적으로 온건하다고 생각했지만) 왕당파의 명분에 호의적이었다.

존 애덤스와 연방주의자들은 부가 신의 은총이라는 칼뱅 사상을 지지했고, 최소한의 도덕성을 지닌 보통사람들(애덤스는 그들을 '일반 대중'이라고 불렀다)을 경계했다.

미국의 대통령으로서 애덤스는 정치적 반대자들을 꼼짝 못하게 하려

고 악명 높은 외국인 단속법과 치안유지법Alien and Sedition Acts을 통과
시켰고, 미국은 더 권위적이고 군주제적인 국가로 변모했다. 다니엘 시
슨Daniel Sisson이 자신의 책 『1800년의 미국 혁명The American Revolution of
1800』에서 기술했듯이, 당시 미국인들 사이에서는 초기 왕당파가 1800년
선거에서 승리한 제퍼슨과 민주공화당에 권력을 양도하지 않고 미국의
민주주의를 망칠지도 모른다는 우려가 있었다.

훗날 제퍼슨은 스스로 "1776년 혁명이 형식적인 면에서 진정한 혁명이
었던 만큼 1800년 혁명도 정부의 원칙에 입각한 진정한 혁명이었다"[18]라
고 언급했다.

제퍼슨은 애덤스의 정치적 라이벌이었고, 국민들의 요구를 수용할 줄
아는 민주주의의 대변자이면서 부유한 엘리트는 아니었다. 1813년 10월
28일, 자신의 오랜 라이벌에게 보내는 편지에서 제퍼슨은 부유한 엘리트
들에 대한 불신, 특히 국민들에 의해 민주적으로 선출되지 않은 상원의원
에 대한 불신을 내비쳤다.

제퍼슨은 '정권 쟁탈 음모에 연루된 미국 상원'에 대해 다음과 같이 언
급했다. "애덤스 당신은 이런 유사 귀족들을 분리해서 별도의 입법부, 즉
상원으로 두는 것이 최선이라고 생각할 것이다. 각각의 다른 부처들이 상
원이 잘못 운영되는 것을 막을 수 있을 것이고, 또한 상원이 토지균분론
자나 기업을 약탈하는 사람들로부터 부를 보호할 수도 있기 때문이다."[19]

그는 "나는 부호들을 보호하기 위해 상원이 필요하다고 생각하지 않는
다. 부호들은 그들의 방법으로 입법과 관련된 모든 부처를 찾아서 스스로
를 보호할 것이다"라고 반박했다.

제퍼슨은 다음과 같이 말했다. "내가 생각하기에 최상의 해결책은 헌

법 조항에 근거하여 시민들에게 자유로운 선거권을 부여하는 것이다. …… 시민들은 진정으로 훌륭하고 현명한 사람들을 선출할 것이다. 몇몇 사례를 보면, 부는 타락을 야기하고 출생 신분은 사람들의 눈을 멀게 한다는 것을 알 수 있다. 비록 그것이 사회를 위험에 빠뜨릴 정도까지는 아니지만."

'정권 쟁탈 음모에 연루된 미국 상원'은 대개 연방주의자였는데, 제퍼슨은 그들에 대해 마지막으로 경고하면서 다음과 같이 썼다. "당신이 그들을 억지로 귀족으로 만든다 해도 그렇게 만든 귀족층은 분명 정부에 해악을 끼칠 것이며, 그들이 우위를 차지할 수 없도록 대비해야 한다. …… 나는 해악을 끼치지 못하도록 하기 위해 그들에게 권력을 부여하는 것은 오히려 그들을 무장시키는 것이며, 악을 치료하는 대신 악을 키우는 것이라고 생각한다."

제퍼슨은 1786년 서한에서 귀족층의 금권정치 내부로부터의 위협과 그들에게 맞서서 경계 태세를 늦춰서는 안 된다고 분명하게 경고했다.

"우리 삶과 조금 거리가 있긴 하지만, 그 순간은 반드시 올 것이다. 이 제도가 세습 귀족주의를 양산할 때, 이는 정부의 형태를 최선에서 최악으로 바꿀 것이다."[20]

이어 제퍼슨은 다음과 같이 덧붙였다. "이러한 멸망의 싹이 제거되지 않는다면, 미국이 오래 지속될 거라고 생각하지 않는다."

1800년 제퍼슨이 선거에서 승리함에 따라 가까스로 내전을 피할 수 있었다. 경제 왕당파는 궁지에 몰렸지만 완전히 패배하지는 않았다. 경제 왕당파는 1820년대에 다시 복귀했고, 이들을 다시 밀어붙인 것은 앤드류 잭슨Andrew Jackson이었다. 잭슨은 금융깡패들을 물리치기 위한 캠페인까지 벌였다.

1832년 잭슨은 제2미합중국은행의 재인가 법안에 대해 거부권을 행사하면서 "부유하고 힘 있는 사람들이 이기적인 목적으로 정부가 하는 일을 방해하는 것은 매우 유감스럽다"[21]라고 밝혔다. 그는 금융가들과 대결하여 굴복시킴으로써 그 종지부를 찍었다. 그는 국민들의 영웅이 되었다.

다음 주기 : 미국 남북전쟁

1776년 조지 3세George Ⅲ를 지지하는 왕당파를 궁지로 몰아넣었던 건국 세대와, 미국의 거의 모든 경제계를 좌지우지하며 동인도회사를 소유했던 경제 왕당파는 이후 80년간 죽어 있었다.

당시는 에이브러햄 링컨Abraham Lincoln이 개인 변호사 사무실을 열어 철도회사를 변호하고 있을 때였다. 링컨은 1857년 8월 12일에 수표로 지급받은 4,800달러를 8월 31일에 모두 현금으로 교환했다. 그는 매우 운이 좋았다. 왜냐하면 불과 1개월여 후인 1857년 10월 대공황으로 인해 그 은행과 철도회사 모두 '지불 중지'[22] 처분을 받았기 때문이다.

이듬해 4월, 일리노이 주에 있는 66개 은행 중 27개가 파산선고를 받았다. 어마어마한 규모의 경기 침체가 이어졌고, 1857년 9월 30일《시카고 데모크라틱 프레스》는 "현재 미국 전역에 역사상 유례가 없는 경제 위기가 확산되고 있다"고 선언했다.

폭락은 미국 남부와 북부의 경제 왕당파들 사이에서 이미 진행 중이었던 거대한 경제적 대립을 수면 위로 올려놓았다.

남부의 대농장·노예 중심의 경제는 조면기(목화 씨를 빼거나 솜을 트는 기계 - 옮긴이)의 발명과 함께 방향을 전환했고, 이로써 경제 왕당파는 다시금 세력을 얻고 있었다. 북부에서도 경제 왕당파가 방직 공장 붐을 타고 세력을 결집하고 있었으며 그들 역시 노동자를 보호하는 데는 거의 관심이 없었다. 국가 경제를 둘러싼 패권 다툼이 결국 유혈 전쟁으로 발전되면서 왕당파는 북부와 남부로 분리되었다.

미국 남북전쟁으로 노예제는 폐지되었지만, 양측 모두를 지지한 왕당파는 그 싸움에서 패배하지 않았다. 이후 40년 동안 왕당파는 미국을 자기들 멋대로 좌지우지했는데, 그 시기에 민주당 출신으로 유일하게 대통령에 선출된 그로버 클리블랜드Grover Cleveland는 1888년 의회의 한 일반 교서에서 "고용주와 노동자 간의 골이 계속해서 깊어지고 있으며, 부유한 권력자와 열심히 일하지만 가난을 면치 못하는 사람, 즉 사회가 양극화되고 있다"라고 했다.

그는 다음과 같이 덧붙였다. "집중된 자본이 트러스트(독점적 기업 결합 - 옮긴이), 기업 결합, 그리고 독점기업을 만들어냈으며, 시민들은 기업의 강철 군화 아래에서 짓밟혀 죽어가거나 저 멀리 뒷전으로 밀려나 아등바등 살고 있다. 법으로 특별 규제를 받고 사람들을 섬겨야 할 기업이 오히려 빠른 속도로 사람들을 지배하고 있다."[23]

직전의 대폭락과 연이어진 남북전쟁을 기억하는 사람들은 이미 세상을 떠났거나 적어도 1920년대까지 권력에서 물러나 있었다. 당시 제1차 세계대전으로 피로감을 느낀 국민들은 '비즈니스에 작은 정부, 정부에 더 많은 비즈니스'를 기치로 내건 워런 하딩Warren Harding을 대통령으로 선출했다. 하딩은 독점기업 해체, 노동조합 결성, 그리고 공직 입후보자에 대한 기업의 후원을 금지하기 위해 1907년에 도입되었던 틸만법Tillman Act과 같은 반부패 정책 등이 시행되었던 지난 20년간의 혁신주의 시대에 갑작스런 종말을 고했다.

미국의 역사학자 프레드릭 루이스 알렌Frederick Lewis Allen은 1931년 출간한 『원더풀 아메리카』에서 1921년 경제 왕당파가 다시 수도로 몰려들어 하딩 대통령과 동맹을 맺었던 당시 워싱턴 DC의 상황을 다음과 같이 묘사했다.

"시가를 입에 물고 100달러짜리 지폐 다발을 주머니에 숨긴 우락부락한 신사들이 워싱턴에 있는 호텔들을 가득 메우기 시작했고 적임자와 은밀하게 관계를 맺어놓으면 정부와 다시 거래할 수 있다는 소문이 파다하게 퍼졌다."[24]

하딩이야말로 적임자 중의 적임자였다. 하딩 정부의 재무 장관으로, 기업가이자 은행가였던 앤드류 멜론Andrew Mellon은 몇 년에 걸쳐 갑부들을 위해 세율을 75퍼센트에서 25퍼센트로 대폭 삭감하는 법안을 의회에 제출했다. 하딩 정부는 노동자 보호나 금융 및 산업 규제보다는 '정부에 더 많은 비즈니스'[25]라는 약속을 따랐다.

하딩이 임기를 2년 반 남기고 사망하자 캘빈 쿨리지Calvin Coolidge 정부가 정권을 이어받아 왕당파의 의제를 추진했다. 재무 장관 멜론의 세금 삭감과 탈규제 정책에 의해 만들어진 '핫(낮은 세율에 의한)'머니는 엄청난 부의 거품을 형성했는데, '쿨리지 번영'으로 불리는 이 기간 동안 왕당파는 승승장구했다.

그 핫머니는 플로리다에서부터 부동산 거품을 일으켰고(전국으로 확산되었다), 1926년 허리케인이 마이애미를 강타하자 부동산 투자가들은 자본을 주식시장으로 이동시켰다. 그 거품은 1929년에 터졌고 공화당 출신의 세 번째 대통령인 허버트 후버가 백악관에 입성함에 따라 공화당의 긴축 재정은 대공황을 촉발하기에 이르렀다.

후버 대통령은 위기 동안 멜론이 제안한 '노동자의 정리해고, 주식시장 매각, 농민들의 정리, 부동산 매각'[26]을 검토했다. 다시 말해 그는 모든 것이 파산하도록 내버려뒀다.

멜론의 주변 사람들은 이것이 의미하는 바를 알고 있었다. 일단 경기가 바닥을 치면 사태의 본질과 원인, 그리고 후버 정부가 위기를 연장하며 경기가 바닥을 치도록 내버려두는 이유와 방식을 아는 사람들은 그 상황에 개입하여 싼값으로 모든 것을 매입했다. 왕당파는 손해를 보지 않았고, 실제로 미국의 갑부 중 몇몇은 이러한 방식으로 대공황 시기에 더욱더 많은 부를 축적했다.

1929년에 폭락이 시작되고 3년 내에 미국인 네 명 중 한 명은 직장을 잃었고, 수만 명의 재향 군인들은 자신들을 '보너스 부대'라고 부르며 내셔널 몰을 점령한 채 미국의 위기를 해결하기 위한 방안으로 파시즘과 공산주의를 강력히 요구했다. 위기의 순간이었다.

그러나 루스벨트 대통령은 스스로 이러한 도전을 감내할 수 있다고 믿었다. 그는 경제 왕당파와 거리를 둠으로써 자본주의를 구하고 그 과정에서 국가도 구할 수 있다는 것을 잘 알고 있었다.

"환전업자들은 문명의 사원에서 차지하고 있던 높은 자리에서 달아났습니다"라고 루스벨트는 첫 번째 취임사에서 말했다. "우리는 이제 그 사원을 고대의 참모습으로 복원시킬 수 있습니다. 복원의 척도는 단순한 금전적 이득이 아니라 좀 더 고귀한 사회적 가치입니다."

루스벨트에게 위기는 또 다른 기회였다.

왕당파와 루스벨트의 전쟁

루스벨트 대통령의 유명한 '첫 100일' 동안, 미국을 다시 본궤도에 올려놓기 위해 필요한 핵심 경제 요소 관련 15개 주요 법안과 12개 기타 법안이 양원을 통과하여 대통령의 승인을 기다리고 있었다.

루스벨트 정부는 실업자들에게 각종 혜택과 일자리를 제공하기 위해 연방정부가 각 주에 자금을 빌려주는 연방긴급구호청을 창설했다. 전력발전소, 상·하수도 시설, 학교, 병원의 설립과 같은 주요 프로젝트에 즉시 착수할 수 있는 공공사업 관리부서도 있었다.

은행이 파산하면서 예금을 돌려받지 못한 사람들은 연방예금보험공사가 설립되자 은행을 다시 이용하기 시작했고, 연방예금보험공사는 일반 시민들의 예금액을 보장해주었다.

수만 명의 젊은이들이 시민보호청년단을 통해 즉시 일자리를 얻었다. 시민보호청년단은 미국 전역에 걸쳐 텐트 도시를 형성하여 나무를 심고 농업과 방목으로 손상된 초지를 자연 상태로 되돌리는 일에 착수했다.

공공사업촉진국에서는 공공사업 관리부서가 추진하는 사업보다 좀 더 규모가 큰 댐이나 도로 건설과 같은 프로젝트를 주도했다. 루스벨트 대통령은 각종 제도를 도입하여 노동자들의 임금을 올리고 근무 조건을 향상시켰다. 이로써 노동자들은 단체 교섭이 가능해졌고 어린아이들이 노동을 하지 않게 되었다. 엄청난 단기 대출로 저당잡힌 깡통주택 소유자들을 위해 정부 보장의 장기 주택담보대출을 제공했다. 노동시간을 제한하고 정부 지출의 걸림돌이 되는 금본위제를 폐지했다.

이러한 조치들은 효과적이었다. 1933년부터 1937년까지 4년 만에 루스벨트 대통령은 전체 실업률을 24퍼센트에서 15퍼센트까지 끌어내렸다.

저널리스트 앤 오헤어 맥코믹Anne O'Hare McCormick은 퓰리처상을 받기 10여 년 전인 1921년《뉴욕 타임스》편집장에게 이탈리아로 보내줄 것을 요청하고 세계 최초의 파시스트인 베니토 무솔리니Benito Mussolini의 연대기를 조사·기록하기 위해 이탈리아로 건너갔다. 맥코믹은 통치권이 제대로 사용될 때와 통치권이 남용될 때 각각 어떤 현상이 나타나는지 알고 있었다.

루스벨트 재임 시절, 맥코믹은 대통령이 통치권을 제대로 사용한다고 보았으며 당시 미국의 시대 정신에 반항을 보였다.

맥코믹은 1933년 3월 19일자《뉴욕 타임스》에 다음과 같은 제목의 기사를 썼다.

'국가의 신뢰 회복 : 2주간 뉴딜 정책의 핵심 사항을 신속하게 이행함으로써 정부에 대한 국민의 확신을 회복함'.

맥코믹은 기사에서 루스벨트 대통령에 대해 "무엇보다도 그는 역사의 도구다"라고 썼다. 루스벨트의 대통령 취임 후 첫 2주는 "단지 한 정당에서 다른 정당으로의 정권 교체 그 이상이며, 행정부가 아닌 정부의 교체"라고 강조했다.

국민들은 연방정부가 자신들을 위해 무언가를 해줄 것이라는 희망을 잃었고, 미국 헌법에 등장하는 '우리 국민들'이라는 첫 구절은 금융깡패와 이윤을 추구하는 사람들에 의해 무력해졌다. 이처럼 정부가 더 이상 국민들을 위해 일하지 않는다고 생각했던 사람들이 다시 정부를 신뢰하기 시작했다.

"사람들은 그가 미국인의 마음에 불을 지피는 일종의 혁명을 보여주고 있다고 생각한다. 그 혁명은 헌법에 근거한 백퍼센트 미국 독립혁명이다"라고 맥코믹은 썼다.

루스벨트의 추진력 덕분에 의회 역시 제 역할을 하기 시작했다.

맥코믹은 또한 "현재 상·하원 모두 대통령의 지시에 따르는 것은 유권자들로부터 엄청난 전보와 편지가 날아오고 있기 때문이다. 국민들은 민주당과 공화당 모두에게 요구하고 있다. 때로는 욕설이 난무하지만 국민들이 요구하는 것은 대통령의 명령에 따를 것, 즉 대통령이 원하는 것이라면 무엇이든 지원하라는 것이다"라고 강조했다.

새 대통령이 취임하고 첫 달이 지날 무렵, 맥코믹은 《뉴욕 타임스》에 루스벨트 대통령과 관련한 또 다른 기사를 게재했다. 1933년 3월 26일자 기사에서 맥코믹은 "루스벨트 대통령은 정부에 대해 굉장히 많은 생각을 하고 말한다. …… 대통령은 역사의 전환기에는 대중의 생각과 의지를 반영하여 새로운 방향을 제시하는 누군가가 들고일어날 것이라고 생각한다. 루스벨트 대통령이 생각하기에 미국은 현재 그 교차점에 서 있다"라고 썼다.

1936년까지 루스벨트가 자신의 첫 취임사에서 경고했던 대공황에 대한 '공포'는 다행히도 그가 시행한 혁명적인 경제 정책들로 인해 거의 사라졌다.

그러나 대공황으로 인한 경제 위기를 해결하는 것은 그의 첫 번째 임무에 불과했다. 루스벨트 대통령은 대망각으로 힘을 얻는 반혁명적인 왕당파에 대해 계속 경계했다.

그다음 대통령 선거에서도 후보로 지명되었을 때 루스벨트는 다음과 같이 말했다. "오늘날 우리는 가장 위험한 적과 싸워 이겼습니다. 우리는 두려움을 정복했습니다."

또한 그는 "계속해서 모든 일이 잘될 거라고 말하기는 힘들었습니다. 의심이라는 구름, 나약함과 편협함이라는 파도가 많은 곳에서부터 위협적으로 몰려들고 있습니다"라고 경고했다.

실제로 루스벨트 대통령은 첫 임기 2년 동안 경제 왕당파의 공격을 받았다.

미국 금융깡패와 기업가 그룹 대표인 제럴드 맥과이어Gerald MacGuire 는 스메들리 버틀러Smedley Butler 장군에게 접근했다. 버틀러 장군은 루스벨트 대통령의 탄핵을 요구하며 워싱턴 DC와 백악관 잔디밭에서 시위를 하기 위해 메릴랜드의 엘크리지에 집결한 50만 명의 군인들을 지휘하고 있었다.

버틀러는 미국에서 가장 부유한 은행가와 일부 기업가가 대통령 탄핵을 위해 300만 달러를 후원하고 있다고 밝혔다. 듀퐁 사와 레밍턴 사는 그 이듬해인 1935년에 공격 개시를 위해 무기와 탄약을 공급해주었다.

그러나 버틀러 장군의 밀고로, 잘 알려진 바와 같이 이 '기업의 음모'는 좌절되었다.

비미국활동위원회 앞에서 버틀러는 맥과이어에 대해 다음과 같이 증언했다. "맥과이어가 특정 이름을 언급하지는 않았지만, 그는 모든 것을 공론화하여 우리 사회가 헌법을 지킬 수 있도록 할 것이라고 말했습니다. 그들은 헌법을 지키는 것에 대해 많은 이야기를 나누었습니다. 저는 '미국 헌법이 위험에 처해 있다는 어떤 징후도 발견하지 못했습니다'라고 말하며 맥과이어에게 '당신은 왜 이 일을 하고 있는 겁니까?'라고 되물었습니다."

도청 결과 록펠러, 멜론, 모건, 듀퐁, 레밍턴이 공범으로 밝혀졌다. 버틀러는 맥과이어가 다음과 같이 말했다고 증언했다.

"당신이 알다시피 대통령은 약하오. 그는 우리와 함께할 것이오. 대통령 역시 우리와 같은 계층에서 태어났고, 그 계층에서 성장했고, 결국 다시 돌아오게 될 것이오. 그도 우리가 예상했던 대로 다시 돌아갈 것이오. 결국은 다시 정신을 차릴 것이오."

루스벨트가 정치·경제적으로 상당한 영향력이 있는 뉴욕의 부유한 가문 출신이고, 월스트리트의 한 회사에서 기업 변호사로 일했다는 것은 사실이다. 그러나 겉으로 보기에는 부유한 엘리트이지만 루스벨트는 뼛속까지 진보주의자였다.

루스벨트가 성년이 되던 1900년대 초반, 혁신주의 시기에 그의 먼 친척(그들은 개인적으로 서로를 알지 못했다)인 테디 루스벨트Teddy Roosevelt는 악덕 자본가인 경제 왕당파를 격퇴했다. 1930년에 두 번째로 뉴욕 주지사 선거에 출마하면서 테디 루스벨트는 다음과 같이 말했다. "진보적인 정부는 그 용어 자체가 보여주듯이 살아 있으며 성장해야만 합니다. 경제 왕당파에 대한 투쟁은 결코 끝이 없으며 만약 우리가 단 한순간이라도 방심한다면 문명은 후퇴합니다."

경제 왕당파가 프랭클린 루스벨트에 대한 전쟁을 선언할 때 그 역시 정면으로 맞서겠다고 선언했다. 루스벨트는 1936년 연설에서 다음과 같이 말했다. "여기 미국에서 우리는 위대하고 성공적인 전쟁을 치르고 있습니다. 이 전쟁은 바로 민주주의의 생존을 건 싸움입니다. 우리는…… 우리 자신, 그리고 세계를 위해서 정부라는 존엄한 존재를 지키기 위해서 싸우고 있습니다."[27]

경제 왕당파에 맞서 여러 세대가 치렀던 전쟁에 대해 개괄하면서 루스벨트는 계속해서 말했다. "미국 독립혁명은 독재 국가의 횡포로부터 자유를 얻기 위한 싸움이었습니다. 그 승리는 정부를 통해 자신의 운명을 스스로 결정할 수 있는 권리를 획득한 보통사람들의 손에 통치권을 부여했습니다."

이어 루스벨트는 이렇게 덧붙였다. "인류 역사상 창의적인 천재들은 기계와 철도, 증기와 전기, 전보와 라디오, 대량 생산과 대량 분배 등을 통해 인간의 삶을 재편하는 새로운 힘을 보여주었습니다. 이 모든 것이 결합하여 새로운 문명이 도래했지만, 자유를 추구하는 사람들에게 새로운 문제를 야기했습니다."

"이러한 근대 문명을 통해 경제 왕당파는 새로운 왕조를 일궈냈습니다. 새로운 왕조는 집중된 물질에 대한 지배권 위에 건설되었습니다."

루스벨트는 "오늘날 생활의 총체적 구조는 – 선조들이 꿈꿀 수 없었던 – 기업, 은행 및 증권, 산업 및 농업의 새로운 기계화, 노동 및 자본의 새로운 이용을 통해 훌륭한 서비스로 구축되었습니다"라고 덧붙였다.

그리고 폭락이 발생했다.

"1929년의 폭락은 폭정으로 나타났고, 1932년의 선거는 폭정을 끝내기 위해 국민들이 자신의 권한을 위임한 것이었습니다. 그러한 위임 하에 폭정이 끝나가고 있었습니다"라고 루스벨트는 말했다.

그는 이미 한 세기 반 전에 제퍼슨이 경고했던 것처럼, 미국이 앞으로 살아남으려면 경제 왕당파에 대한 경계를 계속해서 늦추지 말아야 한다고 강조했다.

"경제 왕당파는 우리가 미국의 제도들을 전복시킬 방법을 찾는다고 불평합니다. 그러나 그들이 진정으로 불평하는 것은 바로 우리가 자신들의 권력을 뺏으려 한다는 점입니다. 그들의 권력을 전복시키는 것이야말로 바로 미국을 지키는 것입니다."

1936년 민주당 전당대회에서 루스벨트는 이 싸움에 진정으로 자신의 모든 것을 바칠 것이라고 말했다.

유럽에서 발생한 대공황이 정치적 극단주의와 기업 권력과 독재적 정부 간의 수상한 동맹을 부채질한 것을 살펴보면서 루스벨트는 이보다 더 위험성이 높을 수는 없다고 생각했다.

"저는 국민 여러분의 제안을 받아들이겠습니다. 국민 여러분과 함께하겠습니다. 저는 경제 왕당파와의 전쟁에 최선을 다하겠습니다"라고 루스벨트는 외쳤다.

이는 결국 지구상 어디에서도 볼 수 없는 전쟁이었다.

전쟁으로의 길 : 어제와 오늘

1930년대 전 세계 경제에 피해를 입힌 경제 위기는 인류가 다시 한 번 하강하는 주기의 첫 단계에 불과했다. 그다음 단계는 언제나 전쟁이다.

역사는, 자신들이 부당하게 얻은 이익이 '대폭락'을 야기한다는 사실을 정확하게 알고 있는 경제 왕당파 - 은행가, 기업가, 억만장자, 약탈형 정치가, 파시스트 등 – 는 위기의 순간이 닥치면 즉시 그 위기를 이용하여 자신들의 부를 축적하려 한다는 사실을 말해준다.

그들은 자신들이 손해를 볼 경우 긴급 구제 방안을 마련하고, 노동자들에 대해서는 긴축정책을 도입하여 일반 경제에 거의 남아 있지 않은 부를 짜내어 자신들의 손실을 보상하라고 요구한다. 그렇기 때문에 경제 위기는 더욱더 심해진다.

경제 왕당파는 민영화라는 미명하에 노동자의 생존에 필수적인 기본 조건과 복지를 없애라며 민주 제도를 공격한다.

자연이 진공 상태를 싫어하듯 권력 또한 그러하다. 그들은 '자유'와 '자유시장' 같은 용어를 사용하여 약한 정부 또는 약한 제도를 밀어내고 조직화된 자본이 권력을 잡도록 한다.

1936년 루스벨트 대통령은 왕당파의 전략을 다음과 같이 요약했다. "그들은 미국 국기와 헌법 뒤에 교묘하게 숨기 위해 애씁니다. 그들은 미국 국기와 헌법이 상징하는 것이 무엇인지 망각하고 있습니다. 미국 국기와 헌법은 언제나 그랬듯이 독재가 아닌 민주주의를, 종속이 아닌 자유를 상징하며 폭도의 지배나 과도한 특권과 같은 독재를 반대합니다."

상황이 노동자들에게 점점 불리해지면 극단주의를 표방하는 정당들이 등장한다. 절망한 대중은 인종차별주의나 국수주의 등에 동조하며 자신들의 경제적인 어려움에 대해 책임을 물을 누군가 혹은 무언가를 찾고자 한다.

당시 미국은 이러한 극단주의에 대해 전혀 준비되어 있지 않았고, 실제로 1930년대에 미국이 심각한 상황에 놓인 순간도 있었다. 그러나 루스벨트 대통령은 유럽과 아시아에 등장한 극좌파와 극우파 사이의 적정선을 조절하는 데 성공했다. 오늘날 사람들은 종종 루스벨트 대통령이 대공황 시기에 자본주의를 구했다고 말한다.

다른 국가들은 이에 굴복하고 말았다.

미국처럼 독일 경제 역시 파탄에 빠져 있었다. 제1차 세계대전에서 패한 후, 베르사유 조약에 따라 유럽 대륙에 입힌 피해를 보상하기 위해 독일에서는 극도의 긴축재정 체제가 구축되었다.

경제학자 존 메이너드 케인스John Maynard Keynes는 긴축재정의 위험에 대해 다음과 같이 경고했다. "베르사유 조약은 유럽의 경제 회생을 위한 어떠한 조항도 포함하고 있지 않다. 현재 유럽 사람들의 생활 수준은 급격히 하락하고 있으며, 이는 누군가 실제로 굶주리고 있다는 것을 의미한다. 이것이 바로 우리가 현재 직면하고 있는 위험이다."

"사람은 죽음을 순순히 받아들이지 않는다. 굶주림은 무기력감과 감당할 수 없는 절망을 느끼게 하는 동시에 히스테리적인 불안 증세와 광적인 절망을 유발한다. 이러한 고통은 남아 있는 조직을 전복시킬 수도 있다."

케인스는 독일을 직접적으로 언급하면서 경고했다. "이 조약을 승인한 사람들은 즉 수백만 명의 독일 남자, 여자, 그리고 아이들에 대한 사형선고를 승인한 것이다."

전쟁

결국 폭락을 향한 다음 단계에 이르렀다. 바로 전쟁이다.

1933년 3월 루스벨트가 대통령에 취임하기 몇 달 전, 히틀러가 독일의 총리로 임명되었다. 그해 2월 히틀러의 군대는 바이마르 공화국 국회에 불을 지르고(이는 미국 국회의사당을 불태운 것에 상응하는 정도의 행동이다), 이를 '공산주의자'의 짓으로 뒤집어씌움으로써 히틀러는 나치 정권의 권력을 공고히 하는 데 필요한 정치 자본을 획득했다.

이후 몇 년 동안 강제수용소가 건설되었다. 일본은 중국을 침공했다. 파시스트 국가인 이탈리아는 에티오피아를 침공했다. 이후 스페인의 시민전쟁 역시 주정부와 기업이 결합하고 극단적 군국주의와 국수주의가 가미된 형태의 파시즘으로 인해 일어났다. 1936년 3월 히틀러가 독일의 라인 지방을 침공함으로써 제1차 세계대전을 종식시켰던 베르사유 조약이 파기되었다.

1936년까지 두 번째 임기를 수행하던 루스벨트 대통령은 위험의 징후를 감지했다. 그 역시 역사의 반복을 잘 알고 있었다. 이러한 또 다른 위기의 시기에 루스벨트는 다가올 시대의 주인이 될 신세대에게 격정적으로 호소했다.

"인간의 역사에는 설명하기 힘든 반복이 있습니다. 시대는 어떤 세대에게 많은 것을 선사하지만, 다른 어떤 세대에게는 많은 것을 기대합니다. 미국의 현 세대에게는 운명과의 랑데부가 있습니다."

오늘날 루스벨트 시대를 경험한 세대는 대부분 사망했고, 새로운 세대는 이전 세대가 겪었던 운명과의 랑데부라 할 만큼 위험한 상황을 겪고 있다. 다음 단계인 '대폭락'을 유발할 2008년 주식시장 폭락은 이전 시대를 고스란히 반영하고 있다. 그러나 왕당파는 아직도 미국과 미국 밖에서 승승장구하고 있다.

왕당파 기술관료들은 금융 위기가 오히려 자신들의 손실을 보상해준다는 사실을 알고 있다. 그들은 그리스, 이탈리아, 스페인의 민주정부를 조용히 넘어뜨리고 있다. 그리고 불량 투자를 한 금융가들의 손실을 보상하기 위해 노동자들에게 심각한 피해를 줄 가혹한 긴축정책을 감독할 왕당파 기술관료를 임명한다.

80년 전에 유럽과 다른 국가들을 전쟁으로 이끌었던 역사의 주기가 오늘날 다시 돌아오고 있다.

그리스에서는 현대판 나치당이라 할 수 있는 황금새벽당이 내핍으로 인해 황폐화된 국민들 사이에서 인기를 얻고 있다. 2009년 나치의 상징주의, 인종차별주의, 외국인 혐오증 등을 고스란히 받아들인 황금새벽당은 의회에서 단 한 석도 얻지 못했다. 그러나 그리스의 내핍 상태가 계속되자 3년 후인 2012년 선거에서는 열여덟 석을 차지하게 되었다.

또한 황금새벽당은 그리스뿐만 아니라 유럽 전역에 자신들의 영향력을 확장시킬 수 있는 길을 모색하고 있다. 2013년 초《가디언》은 "독일 관료의 말에 의하면, 그리스 극우 극단주의자들이 유럽에서 자신들의 권력기반을 다지기 위해 독일과 긴밀한 접촉을 추진해왔다"라고 보도했다.

유럽연합은 지난 반세기 동안 유럽 대륙에서 전쟁이 일어나지 않도록 노력한 공로로 2012년에 노벨 평화상을 수상했다. 그러나 유럽에서는 다시 파시즘이 도래하고 있다. 노벨상위원회는 유럽 대륙에 전쟁이 일어나지 않을 거라고 너무 성급하게 판단한 것이다.

1936년과 같은 상황이 반복되고 있다는 것이 더 분명해지고 있다.

현재의 미국은 강력한 다수당을 확보한 루스벨트 대통령 시절이 아니다. 1857년의 대공황과 연이어 일어난 미국 남북전쟁 직후와 마찬가지로 경제 왕당파가 다시 권력을 잡고 있다.

경제 왕당파는 의회에서 다수당을 확보하여 국가 전체에서 의안 제의권을 확보했는데, 주로 노동조합을 해산함으로써 국민을 대상으로 한 사회복지를 줄이고 공유지를 사유화하는 내용을 포함하고 있다.

역사의 주기가 보여주듯이 미국에서도 극단주의가 생겨나고 있다. 2008년에는 전국적으로 149개의 의용군 단체가 있었는데 2012년 말에는 그 수가 1,200개 이상으로 증가했다.

그리고 대법원의 시티즌스 유나이티드Citizens United 판결 덕분에, 정계에 이전보다 더 많은 돈이 흘러 들어왔고, 정실 자본주의는 1920년대와 견줄 정도다.

이번 주기에서 특이한 점은 급속도로 온난화가 진행되고 있어서 굉장히 어려운 도전들에 직면하고 있다는 사실이다.

전설적인 인물인 빌 모이어스는 2011년 나에게 단도직입적으로 "미국의 민주주의는 현재 제 기능을 못하고 있다"라고 말했다.

그는 옳았고, 현재 상황은 더 악화되었다.

"이제 더 이상 국민의, 국민에 의한, 국민을 위한 정부, 즉 국민을 대표하는 민주주의는 없습니다. 부자의, 부자에 의한, 부자를 위한 정부가 있을 뿐입니다. 금권정치의 목적은 자신들의 부를 지키는 것입니다."

금권정치의 특징은 독점이다. 점점 더 적은 수의 기업이 점점 더 많은 부를 소유한다. 이들은 어떠한 제재도 받지 않고 계속 성장하며 경쟁은 사라진다. 대규모 회사는 소규모의 회사가 모두 없어질 때까지 사들인다. 사모투자회사(기업에 대한 경영권 참여 목적의 투자를 통해 경영 참여, 사업 구조 또는 지배 구조 개선의 방법으로 투자 기업의 가치를 높여 그 수익을 사원에게 배분하는 것을 목적으로 하는 상법상 합자회사를 의미한다 – 옮긴이)가 남은 회사들을 처리하는데, 이들은 이익을 위해서라면 소규모·중간 규모의 회사들을 망설임 없이 처분한다.

만일 낙하산을 타고 미국의 어느 도시에 뛰어내린다면 그곳이 어디인지 구별할 수 없을 것이다. 미국 내 모든 도시가 매우 비슷해지는 균일화가 벌어지고 있기 때문이다. 독특하고 지역적 특색을 보이며 가문 대대로 내려오는 소규모 산업은 더 이상 남아 있지 않다. 쇼핑 센터, 시내, 교외 등 모든 곳에 초국가적인 거대 기업이 존재할 뿐이다.

과거의 록펠러, 케닉, 듀퐁, 모건 등을 대신하여 지금은 코크Kochs, 왈튼Waltons, 아델슨Adelsons 같은 새로운 왕당파가 등장했다.

클리블랜드 대통령처럼, 빌 모이어스 역시 다음과 같이 말했다. "민주주의는 위기에 빠져 있다. 미국의 민주주의는 계속해서 구사일생으로 살아났다. 아마도 이제는 운이 다한 것 같다. 지금 이 순간에도 '대의정부'는 부, 권력, 대기업의 이익에 의해 위협당하고 있다."

1년 후, 노벨상 수상자인 경제학자 폴 크루먼Paul Krugman은 나에게 "우리는 현재 엄청난 경제적인 도전에 직면한 시대에 살고 있다"라고 말했다.

그는 "대서양 양편에서 미국에 좋지 않은 힘들이 분출되고 있다. …… 지금으로부터 30년 후 현재를 되돌아볼 때 우리는 '그 시기에 모든 것이 무너졌다'라고 말할지도 모른다. 그리고 내가 말하는 '모든 것'은 비단 경제만 의미하는 것은 아니다"라고 경고했다.

『미국 문화의 몰락』[28]의 저자 모리스 버만Morris Berman은 봉건시대의 암흑기에 다시 진입함에 따라 고대의 지혜와 가르침을 지키기 위해서는 새로운 수도승 계층 같은 것을 만들어야 한다고 제안한다. 플라톤과 셰익스피어의 지혜가 다시 등장하여 다음 르네상스의 부흥이 있기 전까지 이러한 혼돈과 어둠의 시기는 1세기 혹은 그 이상 지속될 것이다.

상황이 악화될 가능성이 매우 높다. 그러나 이는 '미국인들'이 경제 왕당파가 대망각을 이용해 이득을 취하고 국가를 '2016 대폭락'으로 빠져들게 하는 것을 극복하느냐에 달려 있기도 하다.

오바마 정부가 2007~2008년 위기에 처했던 부시 정부와 똑같은 행태를 반복할 가능성은 매우 높다. 오바마 정부는 어설픈 조치로 가능한 한 큰 거품을 일으킨 후 2016년 11월 선거가 무사히 끝날 때까지 모든 것을 유보하기 위해 필사적으로 애쓸 것이다. 그전에 모든 것이 폭락하지 않는다면, 2016년은 미국이 무너질 가능성이 가장 높은 해가 될 것이다.

| Chapter 2 |

기업의 동원명령

파시스트는 돈 또는 권력에 대한 욕망이
인종, 당, 계층, 종교, 문화, 지역 또는 국가에 대한 강한 편협성과 결합하여
자신의 목적을 달성하기 위해 속임수나 폭력을 무자비하게 사용하는 자다.
파시스트에게 최고의 신은 돈 또는 권력, 인종이나 계층, 군대나 파벌
또는 경제 그룹, 문화, 종교, 또는 정당이 될 수 있다.
헨리 월라스, 《뉴욕 타임스》, 1944년 4월 9일

루스벨트 대통령이 경제 왕당파와의 전쟁을 선언한 지 30여 년 후 1960년대가 도래했다. 루스벨트 대통령은 전쟁에서 승리했다. 이는 "부자들은 자신들이 원하는 것을 하게 하고, 노동자들은 스스로 자립해야 한다"는 미국인들의 생각을 누구나 열심히 일하고 나쁜 짓을 하지 않으면 '아메리칸 드림'을 이룰 수 있다는 쪽으로 – 비록 이 과정에서 부자들은 어느 정도의 돈을 토해내야 했지만 – 바꾸었기 때문에 가능했다.

대공황 이후 50년 동안 미국은 사회보장제도를 마련하여 노인과 장애인을 보호했고, 고용보험을 통해 실업자들을 구제했으며, 노동조합에 대한 강력한 새 보호책을 마련하여 최저임금을 보장하는 국가가 되었다.

생산성은 꾸준히 향상되었고, 노동자들의 임금 또한 상승했다. 평균적으로 미국 노동자들은 계속해서 부유해졌다. 미국의 대다수 노동조합에서 최저임금을 설정함에 따라 전체 노동자 중 3분의 1이 노동조합에 가입했고, 노동조합에 가입한 노동자 중 3분의 2 이상이 노동조합의 혜택을 받았다. 노동자 계층도 집과 차를 샀고 의료 서비스를 받았으며 휴가를 즐겼다. 1960년대에 이르러서는 탄탄한 중산층이 출현했다.

이러한 상황에 대해 왕당파는 경악을 금치 못했다. 러셀 커크Russell Kirk와 W. F. 버클리W. F. Buckley 같은 보수 지식인들은 중산층이 점점 두터워지면서 그들이 정치·경제권력을 갖게 된다면 사회 혼란은 불가피하다며 두려워했다.

공장 노동자들 – 그리고 그들의 10대 자녀들 – 은 이전보다 더 많은 시간과 돈을 갖게 되었다. 왕당파는 대학 무상 입학, 시민권과 사회권의 성장, 경제적 안정을 획득한 공장 노동자들이 자신들을 위험에 빠뜨릴 수 있다는 것을 알고 있었다.

1950년대와 1960년대 초, 왕당파는 더 많은 권리를 요구하는 목소리가 점점 더 커질 것이라고 예상했다. 자신들이 미국 정치를 통제할 수 있는 힘을 잃고, 궁극적으로는 경제 통제권도 잃어버릴 것이라고 생각했다.

그와 동시에 경제 왕당파는 금권정치를 경계했던 루스벨트 정신이 1960년대 말 점점 약해지고 있다는 것을 알았다. 1929년 대공황 동안 루스벨트 곁에 있었던 사람들은 1960년대 말에서 1970년대 초에 거의 은퇴하거나 사망했으며, 기존 세대는 공황이 왜 일어났고 3년 동안 얼마나 심각한 상황이 벌어졌으며, 누가 그 원인을 제공했는지에 대한 기억이 거의 없는 새로운 세대로 대체되었다. 그리고 그 세대는 그다음 세대를 가르칠 텐데, 다음 세대는 대폭락을 야기한 원인이 무엇이고 왜 전쟁이 뒤이어 발발했는지에 대해 아무런 기억이 없을 것이다.

이러한 대망각으로 인해 새로운 경제 왕당파 그룹이 등장했고, 그들은 권력을 되찾기 위한 음모를 꾸몄다.

1960년대

위키피디아(우파 싱크탱크들의 주요 공격 대상으로, 이들은 인터넷에 쓰인 역사를 다시 기술하도록 사람들에게 돈을 지불한다)는 1960년대를 끔찍한 반이상향으로 기술하고 있다.

"1960년대는 새롭고 급진적이며 전복적인 사건과 유행으로 상징되는 시대로, 이는 1970년대, 1980년대, 1990년대, 그리고 그 이후까지 계속 발전했다. …… 일부 논평가는 이 시대에서 융Jung의 고전적 악몽 주기를 목격했는데, 개인의 자유에 대한 더 큰 요구를 수용할 수 없는 그 시대의 완고한 문화는 규범으로부터 극단적으로 일탈하고 이전 시대의 사회적 제약에서 탈출했다."[29]

1960년대에 약물과 명상, 자유연애를 즐기고 베트남 전쟁 반대 시위에 참여하고 대학에 다니면서 창업을 하고, 전국을 횡단하며 여행을 했던 젊은 활동가로서 나는 그 시대를 반이상향이라고 생각하지 않는다. (1951년에 태어난) 나와 우리 세대는 1960년대를 정신적 성장, 통찰, 긍정적인 사회 변화가 가득한 시대로 기억한다.

그러나 부유하고 보수적인 백인 남성, 즉 기득권의 관점에서 그 시대는 분명 악몽이었다. 그들은 모든 방면에서 – 그들의 아내, 자녀, 고용인 – 포위 공격을 받고 있었다.

미국에서 4세기 넘도록 아메리칸 드림으로부터 공공연하게 배제되었던 흑인들은 1954년 대법원의 브라운 대對 교육위원회 판례에 의해 백인 학교에 다닐 수 있게 되었다. 1964년과 1965년, 린든 존슨Lyndon Johnson 대통령과 민주당은 소수 인종의 시민권을 강화하고 정치적 권리를 보장하기 위한 일련의 법안들을 제정했다.

400년 이상 억눌렸던 정치적 참여와 평등에 대한 갈망은, 사회·정치 변화는 시간을 두고 천천히 이루어져야 한다고 믿는 정치적 보수주의자들과 충돌했다. 그 여파는 아프로 헤어스타일에서부터 흑인 해방 운동, 마틴 루터 킹Martin Luther King Jr.의 비폭력 혁명으로 나타났다.

1961년에는 피임약 판매가 공식적으로 허용되었고, 이는 소위 '자유연애'로 알려진 성적 해방을 주도했다. 아마도 좀 더 중요한 점은 피임약 판매가 (1973년 대법원의 로 대 웨이드 판결의 도움으로) 여성들에게 출산에 대한 절대적 통제권을 부여함으로써 여성들이 원한다면 임신에 대한 부담이나 사회적 냉대로부터 벗어나 남성과 직장에서 동등하게 경쟁할 수 있도록 했다는 데 있다. 이는 '여성 해방 운동'이라 불렸는데, 젊은 여성들이 브래지어를 착용하지 않는 것(심지어는 브래지어를 태우는 것)부터 1971년 미즈 매거진의 등장까지 여성 해방 운동과 관련된 모든 것이 보수주의자들을 경악하게 만들었다.

린든 존슨 대통령은 의료보험제도를 통해 노인들에게 무료로 의료 서비스를 제공했을 뿐만 아니라 교묘한 수법으로 부를 누리고 있는 사람들에 대한 세금을 인상했다. 최고 세율은 90퍼센트에서 74퍼센트로 떨어졌지만 많은 허점을 막음으로써 고소득자들이 소득세를 더 내게 한 것이다. 사회정의가 이루어지려면, 결국 누군가는 그에 대한 값을 치러야 한다.

당시 미국에는 절대적·상대적 통계에서 전례 없는 인구폭발이 일어났는데, 10대 인구가 7,000만 명을 넘어섰다. 비단 젊은이의 시대였고, 미국의 모든 마케팅 담당자는 자신들의 정치적 권한이 강해지고 있다고 생각하며 – 그리고 공공연히 자신들이 부패하거나 불공평하다고 여기는 사회·정치 기관들에 맞서려는 의지를 갖고 – 아이들을 이용하고 있었다.

1962년 – 베트남 전쟁이 이슈가 되기 훨씬 전 – '민주사회를 위한 학생운동연합SDS'은 톰 헤이든Tom Hayden의 '포트휴런 선언'으로 본격적인 활동을 시작했다. 이 단체는 주로 미국에서의 부와 권력의 불평등, 미국의 군사주의에 관심을 두었다. 그들은 미국의 제도적 인종차별주의와 군산복합체(공화당 출신 대통령인 아이젠하워가 1961년 고별사에서 언급한 조어)에 대해 공공연하게 문제 삼았다.

1962년 레이첼 카슨Rachel Carson은 21세기를 통틀어 다섯 번째로 많이 팔린 논픽션『침묵의 봄』을 출간했고, 이는 환경 운동에 불을 지펴 기업의 이익을 위해 환경을 오염시키는 화학공업 CEO들의 권력에 도전하게 했다. 1965년 랠프 네이더Ralph Nader는『어떤 속도로도 안전하지 않은Unsafe at Any Speed』이라는 역작을 출간했는데, 이는 소비자 운동의 단초를 제공하여 이익 증진을 위해서 소비자의 생명을 위태롭게 하는 짓도 서슴지 않는 자동차 산업 CEO들의 권력에 도전하게 했다. 불과 몇 년 사이에 기업의 주요 인물들은 환호받고 존경받는 인물에서 의심받고 욕먹는 존재로 전락했다.

이 모든 상황 속에서 1961년과 1967년 대법원은 범죄자(마리화나를 피우는 아이들을 포함해서)에 대한 불법적인 증거 수집을 금지하고, (반전 시위자를 포함한) 사람들이 체포될 때 그들이 가진 권리 – 무료 변호사에 대한 권리도 그중 하나다 – 에 대해 알려주어야 한다는 결정을 내렸다.

미국의 부호들이 흔들리는 동안 그들의 가정과 가족 또한 공격을 받고 있는 것처럼 보였다. 신문사 상속녀 패티 허스트Patty Hearst는 1974년 심바이어니즈 해방군SLA에 납치되었고 은행을 터는 그들을 도와주었다.

1967년 비틀즈가 명상요법을 시작하자 자칭 구루와 메시아(문선명 Reverend Moon부터 마하리시Maharishi와 하레 크리슈나Hare Krishnas까지)가 미국 전역에 출몰했다. 그 결과 모든 것을 포기한 채 가족과 친구들을 떠나 광신 집단에 합류해서 도시 구석을 점하고 있는 젊은 사람들을 모든 도시에서 볼 수 있었다. 그들은 노래를 부르고, 춤을 추고, 꽃과 향료를 팔고, 구걸했다. 헨리 데이비드 소로Henry David Thoreau의 정신으로, 그들은 종교 제도를 거부하며 순례를 하고 있었다.

보수주의자들은 그들을 위협하는 모든 것을 제자리로 돌려놓기 위해 애썼다. 주지사 레이건과 몇몇 사람은 대학 무상 교육의 기회를 없애기 시작했다. 왜냐하면 이 '선물'이 전쟁을 반대하는 반체제 인사와 자유연애를 주장하는 마리화나 중독자를 양산하는 것처럼 보였기 때문이다. 경찰은 엄중 단속하기 시작했고 – 특히 1968년 시카고 민주당 전당대회에서 – 정치에 연관된 학생들을 대상으로 광범위한 정보 수집 활동에 착수했다. 전국 방방곡곡에서 정치 활동가들이 체포되었고, 그들을 정치 활동으로 구속시키기 어려워지자 마약 단속으로 위장했다.

W. F. 버클리는 '부자를 그대로 두어라Let the Rich Alone'(1967)라는 제목의 사설을 여러 편 썼고, 러셀 커크는 '종교 지침 : 자연적 권리Religious

Instruction: A Natural Right'(1964)라는 제목의 논문을 쓰면서 보수주의 대열에 합류했다. 하이럼 루이스Hyrum S. Lewis 박사는 그 전 과정을 자신의 책 『권리의 신성화Sacralizing the Right』에 탁월하게 기술했다.[30]

상원의원 에버렛 디륵센Everett Dirksen은 미래 세대를 진정시키기를 희망하며 공립학교에 기도회를 마련하는 수정헌법을 통과시키려 했지만, 50표를 얻는 데 실패했다.

이 모든 것이 경제 왕당파에게는 말도 안 되는 것이었다. 그들이 믿는 역사 – 로마 제국부터 봉건 유럽과 빅토리아 시대의 영국까지 – 는 국가에서 중산층이 – 최대가 아니라 – 최소 계층일 때 사회가 가장 안정된다는 것을 보여주었다. 계층의 꼭대기는 그 수가 적어야 하고 매우, 매우, 매우 부유한 (그리고 권력이 있는) 지배계층이어야만 했다. 그리고 자신들 아래에 전문 직종과 상인들로 이루어진 적은 수의 중간 계층 – 의사, 변호사, 금융가, 그리고 자영업자 – 이 있고, 그 아래에 다수의 가난한 노동자들이 있어야 했다.

찰스 디킨스Charles Dickens가 자신의 모든 책에서 지적했듯이(디킨스의 아버지는 그가 어린아이였을 때 빚을 져서 교도소에 갔다. 그래서 그는 이 시스템을 매우 잘 알고 있다), 가난한 노동자들은 대학에 가서 대학물을 흐리거나 섹스, 마약, 또는 종교에 빠지지 않는다. 디킨스의 유명한 소설 『크리스마스 캐럴』은 두 명이 일하는 작은 사업체를 운영했던 중산층 상인 에베니저 스크루지에 관한 이야기다. 스크루지는 가난한 노동자 계층인 자신의 직원(밥 크래칫)에게 칠면조를 주거나 티니 팀Tiny Tim을 돌볼 수 있도록 작은 혜택을 제공하는 것은 괜찮지만, 무엇보다도 그를 계속해서 가난하게 만드는 것이 중요하다는 것을 알았다. 당연히 크래칫이 그 사업에 대해 부분적으로 소유권을 가져야 한다거나, 실질적 권력이나 부를 가져야 한다는 언급은 전혀 하지 않았다.

1960년대는 모든 것을 변화시켰다. (저널리즘 박사인) 헌터 톰슨Hunter S. Thompson은 『라스베이거스의 공포와 혐오』에서 그 시대의 에너지를 다음과 같이 요약했다.

"어느 방향, 어느 시간에도 광기가 있었다. …… 당신은 어디에서든 불꽃을 튀게 할 수 있었다. 무엇이든 우리가 옳은 일을 하고 있다면 승리한다는 환상적인 느낌이 여기저기 퍼져 있었다. …… 오래된 것과 악의 세력을 넘어서 승리가 불가피하다는 생각…… 우리는 그 모든 순간을 가졌다. 우리는 높고 아름다운 파도에 올라타 승승장구하고 있었다."

경제 왕당파의 관점에서 봤을 때, 오늘날 문명의 역사에서 근본적인 사회 (그리고 경제, 정치) 질서가 그런 위기에 처한 적이 없었다. 왕당파가 경제 대폭락과 전쟁 이후 권력을 획득하고 1퍼센트의 사람들을 위한 호황 시대를 이끌었던 1800년대 후반과는 정반대 상황이 벌어졌다. 이 시대에는 조직화된 사람들이 조직화된 돈을 물리쳤거나 또는 그렇게 보였다.

그러나 대망각이 다시 도래하고 있으며, 톰슨이 묘사한 그 파도는 마침내 부서지고 뒤로 밀려났다.

파월의 메모

루이스 파월 주니어Lewis F. Powell Jr.는 뉴욕 월도프 아스토리아 호텔에서 아침을 먹기 위해 앉아 있다가 백악관으로부터 전화 한 통을 받았다.

당시는 1971년 ─ 마지막 대폭락으로부터 40년 이상 지난 때였다 ─ 으로 1960년대는 끝났고, 베트남 전쟁은 민주당을 무너뜨렸고, 미국 대통령인 리처드 닉슨Richard Nixon만 남겨졌다. 그는 도움이 필요했다.

성긴 머리카락과 연약한 인상에 마르고 금욕적인 파월은 미국 최초로 유럽인들이 정착한 제임스 타운에 뿌리를 두고 있었으며 일생 동안 법조계에 종사했다. 그는 자신의 집이 있는 버지니아 주 리치몬드와 법률 업무에 진심으로 흡족해했는데, 주로 기업의 이익과 부유한 남부 백인들을 변호했다.

파월은 편한 자세로 걷고, 종종 고무창을 댄 신발을 신었으며 남부 신사처럼 옷을 입었다. 그는 매우 부드러운 소리로 말해서, 사람들은 종종 파월의 말을 듣기 위해 몸을 기울였다. 그가 사용하는 용어는 정확했고, 계획적으로 재단되고 신중하게 선별된 것이었다.

그 당시 파월은 가장 촉망받는 법관이었으므로 닉슨 정부가 그를 대법원장에 앉히려고 한 것은 전혀 놀랄 일이 아니었다. 그는 처음에 거절했지만, 닉슨이 다시 호출하자 주저하며 제안을 수락했다.

대법원장으로서 파월은 중도를 지켰다. 고등법원에서 그가 내린 판결들은 균형 감각을 유지했고 미국의 법 규정을 정확하게 이해하고 있음을 보여주었다.

대법원장으로 지명되기 몇 달 전, 파월은 미국 상공회의소 의장이자 절친한 유진 시드노어 주니어Eugene Sydnor Jr.에게 메모를 하나 썼다. 파월이 국가에 남긴 가장 씻을 수 없는 족적은 그가 15년간 대법원장을 지냈다는 것이 아니라 바로 그 메모, 즉 전쟁을 선포한 그 메모였다. 이 전쟁은 너무 커버린 중산층과 민주주의에 대한 경제 왕당파의 대항이며, 그들이 선포한 전쟁이었다. 그것은 만인에 대한 만인의 투쟁으로 '뉴딜'과 '위대한 사회'가 성취한 모든 것에 반대하는 최후의 전쟁이 될 것이었다.

상원이 파월을 대법원장으로 승인하고 10개월이 지난 1972년 9월, 파월의 메모가 최초로 대중에게 공개되었다(메모에는 '기밀 사항'이라는 스탬프가 찍혀 있었다. 파월이 자신의 부자 친구들 외에 다른 사람들에게는 그 메모가 공개되지 않기를 바랐다는 의미다). 이미 그 메모는 미국 전역에 있는 CEO들의 책상에 놓였고, 기업의 수백만 달러와 억만장자들의 돈이 실질적인 행동, 정책, 기관에 유입되고 있었다.

지명 절차 중 하나로 파월을 조사하는 과정에서 FBI는 그 메모를 발견하지 못했지만, 탐사보도 전문 기자인 잭 앤더슨Jack Anderson이 그 메모를 발견하고, 1972년 9월 28일 '재계에 대한 파월의 교훈'이라는 제목의 칼럼에서 그 메모를 공개했다.

앤더슨은 "대법원장으로 임명되기 바로 직전에 기밀에 부친 한 메모에서 루이스 파월 주니어 판사는 기업 리더들에게 법정을 '사회, 경제, 그리고 정치적' 도구로 사용하라고 주장했다"[31]라고 썼다.

앤더슨은 그 메모가 파월이 상원에 의해 대법원장으로 확정되기 전까지는 발견되지 않았다는 점을 지적하면서 "상원의원들은…… 파월에게 그의 지위를 이용해서 기업의 이익을 위하여 법정에 영향력을 행사할 것인지 물어볼 기회조차 갖지 못했다"[32]라고 썼다.

이는 나라의 법을 공명정대하게 적용해야 하는 신참 대법원장에게 폭탄과도 같은 기사였다.

그 메모에 대한 기사에서 앤더슨은 다음과 같이 썼다. "[파월은] 법정에서부터 대학 캠퍼스에 이르기까지, 공격적 정치 행동 프로그램을 시행할 것을 권장했다."[33]

파월의 메모는 수십 년 전 루스벨트 전투에서의 함성과 1960년대 소요에 대한 직접적인 대응이었다. 앤더슨은 계속해서 "조금이라도 생각이 있는 사람이라면 미국 경제 시스템이 광범위한 공격을 받고 있다는 것에 대해 의문을 제기할 수 없다"[34]라고 썼다.

시드노어와 상공회의소가 파월의 메모를 받았을 때, 기업들은 미국에서 자신들의 지위가 2등급인 것에 대해 신물을 느끼고 있었다.

비록 이전 40년 동안 미국 경제와 중산층 노동자들이 성장하고 영향력을 획득했지만 – 그리고 기업의 이익도 꾸준히 증가하고 있지만 – CEO들은 뭔가 잘못되고 있다고 느꼈다.

만약 그들이 (1920년대 왕당파의 착취를 잊기 시작한) 사람들의 마음을 쥐고 흔들 수 있는 방법만 찾아낸다면, 다시 세금을 줄일 수 있고 숨 쉬는 공기, 마시는 물, 안전한 먹거리에 대한 '거추장스런' 규제들을 폐지할 수 있으며, 금융깡패들은 자신들을 믿기 어려울 만큼 부자로 만들어줄 엄청난 경제 거품을 부풀릴 수 있다. 제대로만 된다면, 광란의 1920년대로 돌아갈 수 있다.

그러면 어떻게 할 것인가? 어떻게 대폭락과 전쟁을 겪은 미국인들에게 이미 위험한 것으로 인식된 '자유시장' 이데올로기 및 경제체제에 대한 관점을 바꿔야 한다는 확신을 심어줄 수 있는가?

파월은 해답을 가지고 있었으며 전략을 가지고 – 미국 기업 권력의 중심인 – 상공회의소에 손을 뻗었던 것이다.

파월의 메모에 따르면, "이를 추진할 수 있는 힘은 조직적이고 장기적이며 신중한 계획과 실행, 지속적이고 일관된 행동, 공동 노력을 통해서만 가능한 대규모 자금 조달, 연합된 행동과 국가 조직을 통해서만 가능한 정치권력 등에 있다". 따라서 "상공회의소의 역할이 결정적이다"[35]라고 단언했다.

약 6,000개의 단어로 쓰인 이 메모에서 파월은 기업의 리더들에게 대학과 고등학교 캠퍼스, 미디어, 법정, 그리고 미국 의회를 상대로 경제적·이데올로기적 공격에 착수하라고 요구했다.

목적은 간단했다. 왕당파가 통제하는 '자유시장' 체제의 부활이다.

또는 파월이 왕당파의 비유를 사용하여 말했듯이, "궁극적인 문제는…… 우리가 자유 기업 체제라고 부르는 것, 그리고 미국의 강인함과 번영, 국민의 자유를 위한 모든 것이 살아남는 것이다".

대학에서

파월이 상공회의소가 공격해야 할 첫 번째 대상으로 지목한 것은 교육 시스템이었다. "기업계 – 그리고 상공회의소 같은 기관 – 에서 수행해야 할 가장 우선적인 임무는 바로 학생들이 대기업에 적대감을 갖는 원인이 무엇인지 그 기원을 밝히는 것이다"라고 파월은 썼다.[36]

파월은 미국의 젊은 세대가 기업 문화에 적개심을 갖는 것을 우려했다. 파월은 대학에 '마르크스주의 교수'가 득실거리고 하딩, 쿨리지, 그리고 후버의 기업 친화적인 어젠다는 대공황 이후 환영받지 못하고 있다고 생각했다. 파월은 경제 이데올로기 전쟁에서 승리하려면 다음 세대 리더들에게 고등학교 때부터 경영대학원을 졸업할 때까지 자유시장 이데올로기 원칙을 하나하나 가르쳐주어야 한다고 보았다.

당시 대학 캠퍼스에는 급진적 행동주의자들이 학생들을 결집시켰고, 젊은이들은 빈곤과 베트남 전쟁에 반대하거나 시민권을 지지하는 시위를 벌였다.

파월은 이러한 고등교육 시스템을 원래 상태로 되돌리기 위한 방안을 강구했다. 첫째, 교육에 영향을 미칠 수 있는 기업 친화적인 싱크탱크 집단을 만들 것. 이를 위해 그는 다음과 같이 제안했다. "상공회의소는 사회과학 분야에서 일정한 자격을 갖춘 학자들이 우리를 위해 일할 수 있도록 하는 방안을 고려해야 한다."[37]

다음으로 교과서를 검토할 것. "우리와 함께 일하는 학자들은 사회과학 교과서, 특히 경제학, 정치학, 사회학 분야의 교과서들을 평가해야 한다. …… 이러한 교과서들은 정부 시스템과 기업 시스템, 각각의 성과, 개인 권리와 자유의 기본적인 관계, 사회주의, 파시즘, 공산주의 등에 대해 객관적이고 실제적인 내용을 다루어야 한다."[38]

파월은 민권운동과 노동운동 단체에서 이미 교과서 전면 개정 과정을 밟고 있다고 주장했다. "민권운동 단체는 대학과 학교에서 사용하는 교과서를 전면 개정해야 한다고 주장한다. 노동조합 역시 조직화된 노동에 대해 교과서가 중립적인 관점을 견지해야 한다고 주장한다."[39] 이처럼 파월은 이처럼 진보적인 영향력이 점차 커져가는 것을 막고 금권정치에 우호적인 시각을 형성하기에 상공회의소는 역부족이라며 우려했다.

"아마도 가장 근본적인 문제는 교수들의 시각이 한쪽으로 편향된 것이다. 이는 매우 어려운 과제로, 장기적으로 접근해야 한다. 그리고 전체적인 프로그램의 일부로 계획하여 반드시 해결해야 한다. 대학 행정가들과 이사회는 점점 더 교수들에게 균형 잡힌 시각을 요구하고 있다"[40]라며 상공회의소가 교수 채용을 담당하는 대학위원회에서 기업 친화적인 교수들을 채용하도록 관리해야 한다고 지적했다.

이러한 파월의 제안은 대학에 국한되지 않았다. 파월은 고등학교도 문제 삼았다. "가장 우선적으로 신경 써야 하는 곳은 대학이지만, 고등학교에도 위와 같은 문제점들이 나타난다. 따라서 적절한 실행 계획이 고등학교에서도 반드시 고려되어야 한다"라고 그는 주장했다.[41]

그다음으로 파월은 미디어 쪽에 대해서도 "대학과 고등학교에 다가가는 것은 장기적으로 중요하다. 단기적으로는 대중에게 다가가는 것이 더 중요하다. 언론을 다루고 대중과 커뮤니케이션을 할 줄 아는 사람이 꼭 필요하다"라고 언급했다.

그는 대학 교과서를 모니터링하는 데 사용하는 시스템을 텔레비전과 라디오 네트워크에도 사용해야 한다고 말했다. "이는 교육 프로그램에만 적용할 수 있는 것이 아니다. …… 은근히 기업 시스템을 비판하고 있는 '뉴스 분석'에도 적용할 수 있다."

파월은 알지 못했지만, 닉슨 정부의 누군가가 이미 그와 같은 입장에서 왕당파 이데올로기를 미디어에 주입하고 있었다.

GOP TV 메모와 로저 아일스

로저 아일스Roger Ailes는 현 폭스 사의 의장이다(그는 말 그대로 '의장'이라는 직책으로 불린다). 그는 상사인 루퍼트 머독Rupert Murdoch과 함께 미국에서 가장 영향력 있는 언론인 중 한 명이다 – 비록 그가 역량을 발휘하는 분야가 정확히 '언론'이라고 말하기 힘들긴 하다. 다른 경제 왕당파와 마찬가지로 그 역시 수익성이 매우 높은 기업을 운영하고 있다.

미국 정치에 대한 영향력에 비해 폭스 뉴스의 수익성은 그리 높지 않지만(이 점에 대해서는 그에게 감사할 수 있다) 아일스는 미국에서 왕당파가 부활하는 순간마다 그들에게 숨통을 틔워준 인물이다.

《롤링 스톤》의 팀 디킨슨Tim Dickinson은 "아일스는 정치 컨설턴트로 일하면서 1968년 리처드 닉슨을 TV 출연에 걸맞게 포장했고, 1984년에는 알츠하이머 초기 증세를 보이던 로널드 레이건을 그럴듯하게 보이도록 했으며, 1988년 조지 부시가 선거에서 이길 수 있도록 인종 문제에 대해 대중의 공포심을 무차별하게 조장했다. 그리고 1993년 의료 혜택 개혁을 무마하기 위해 거대 담배회사를 대신해서 비밀 캠페인을 벌이는 대가로 돈을 받았다"[42]라고 말했다.

1970년 닉슨 정부에서 일하는 동안 아일스는 'GOP TV'로 알려진 계획을 열렬히 지지했다.

공화주의자·왕당파가 텔레비전을 독점하기 위해 수립한 이 계획은 최근까지도 널리 알려지지 않았는데, 탐사보도 전문 기자인 존 쿡John Cook이 닉슨 대통령 도서관에서 관련 문서 다발을 발견하면서 알려졌다. 그 문서 중 하나가 'GOP를 TV 뉴스에 끼워 넣기 위한 계획'으로, 닉슨 정부가 텔레비전 뉴스를 독점하여 공화당 측에 우호적인 뉴스를 미국 전역으로 내보낼 수 있게 하는 등의 굉장히 구체적인 계획이 담겨 있었다. 누가 그 문서를 처음 작성했는지는 분명하지 않지만, 아일스가 'GOP TV'를 어떻게 입수해 운영할지에 대해 여기저기에 친필로 기록한 듯한 흔적이 있었다.

그 메모는 미국인들이 뉴스를 접하는 방식에 중대한 변화가 생겼다는 점을 강조하면서 다음과 같이 시작된다. "사람들은 신문을 읽거나 라디오를 듣거나, 또는 다른 언론 매체를 읽고 수집하는 것보다 텔레비전 뉴스를 가장 많이 접한다."[43]

마지막 부분에서 아일스는 다음과 같은 점을 강조했다. "44퍼센트의 사람들이 TV가 다른 미디어 매체보다 더 신뢰감을 준다고 응답함."

그다음에 자신들의 진짜 의도를 밝히고 있다. "정부에 우호적인 비디오테이프를 미국의 주요 도시에 제공하기 위해 생산 장비, 뉴스 기자단, 고객들에게 최적화된 원고를 작성하고 배달할 수 있는 운송 수단에 드는 비용을 예측할 필요가 있다."

'TV 뉴스 사업 계획'이란 제목의 메모에는 GOP TV가 어떤 방식으로 기능할지에 대해 상세하게 적혀 있었다. 예를 들면 다음과 같다. 워싱턴 DC에서 공화당 소속 정치인이 당시 의회에서 어떤 이슈에 대해 논의하고 있는지 상관하지 않고 자신의 지역 유권자를 대상으로 메시지를 녹음한다. 그다음, 그 메시지는 이미 다른 뉴스로 가득 찬 텔레비전 뉴스 상황에 맞게 수정되고 복사된다. 이 시점에서 GOP TV 트럭이 필요하다. 시간을 절약하기 위해 모든 비디오는 촬영 후 워싱턴 공항으로 이동하는 동안 트럭 안에서 편집된다. 촬영분은 그날 밤 미국 전역의 지방 방송국에서 방송된다. 메모에 의하면 이 모든 과정이 '네 시간에서 여덟 시간' 안에 완료된다.

당시는 위성 TV가 보급되기 전이었기 때문에 GOP TV 계획은 국가 차원에서 공화당의 메시지를 국민들에게 가장 빠르게 전달할 수 있는 유일한 방법이었다.

'GOP TV'에 드는 장비 비용은 37만 달러이고 한 해 운영비로 16만 7,000달러가 추가로 들어 굉장히 많은 돈이 필요했다. 아일스는 백악관 또는 공화당 전국위원회가 이 비용을 부담할 수 있을 것이라고 여겼다.

메모의 마지막 부분에 아일스는 GOP TV를 운영하는 뉴욕에 있는 자신의 제작사를 홍보하며 다음과 같이 썼다. "제작자로서 우리는 이 계획의 전 과정을 도맡아서 수행할 의향이 있다. 나는 이 일이 어떻게 진행되어야 하는지 알고 있다. …… 만약 여러분이 관심이 있다면, 내가 운영하는 뉴욕 사무실에서 90일간의 프로그램 운영, 1년간 정기적 프로그램 운영, 이렇게 두 가지 프로그램을 마련할 것이다."

아일스는 "로저 올림"이라 쓰고 서명했다.

이 메모는 왕당파 이데올로기를 미디어에 주입하려는 청사진을 분명하게 보여주는 것으로, 2010년 말에 발견되었다. 당시는 폭스 뉴스가 전미 정치 토론에서 공화당이 목적을 달성하도록 하는 데 전례가 없는 성공과 영향력을 발휘하고, 2010년 중간선거에서 공화당에 유례없는 승리를 안겨준 때였다. 그 메모는 거의 주목받지 못했다.

폭스 뉴스의 비약적 성장과 GOP TV를 현실화하려는 아일스의 계획은 닉슨 정부의 계획만은 아니었다. 왜냐하면 닉슨 정부의 인사들은 비용적인 면에서 실현 불가능하다고 판단하고 그 계획을 거부했기 때문이다.

그로부터 한 세대 후, 파월의 메모 덕에 아일스가 예견했듯이 왕당파미디어를 위한 재정적 후원이 활발히 이루어졌다.

법원과 국회의사당

미국 국민들이 경제 왕당파를 지지하도록 하기 위해서는 장기적인 관점에서 국가의 교육 시스템과 미디어를 장악해야 한다. 그런데 보다 급격한 변화를 위해 파월은 법원과 국회의사당에서 기회를 노렸다.

파월은 "위에서 제안한 교육 프로그램은 대중을 계몽하기 위한 목적으로 고안되었다. 그러나 교육과 정보로 대중의 생각이 점차적으로 변하기를 기다리면서 대중에게 직접적으로 영향을 미칠 수 있는 정치적 행동을 미뤄서는 안 된다"라고 썼다.

파월은 이 계획을 분명하게 밝혔다. "기업은 오래전 노동자 단체와 이익집단을 통해 배웠던 교훈을 반드시 기억해야 한다. 정치권력이 반드시 필요하다는 것, 그 권력을 키워나가야 한다는 것, 필요한 경우 망설이거나 당황하지 말고 단호하게 그 권력을 사용해야 한다는 것 – 이것은 오랫동안 미국 기업의 특징이기도 했다."

그는 "의회로서는 그다지 환영할 만한 일은 아니지만, 의회는 정계에서 좀 더 광범위한 역할을 활발하게 해야 한다"라고 결론지었다.

파월의 조언이 받아들여져서인지 혹은 대망각 때문인지 아니면 둘 다이든지 간에 파월의 메모를 받은 직후 워싱턴에서 기업의 로비는 폭발적으로 증가했다.

1971년에는 불과 175개 기업만 로비스트로 등록했지만 1982년에는 2,500개 가까이에 이르렀다. 왕당파는 자신들에게 유리한 법안을 통과시키기 위해 엄청난 돈을 가지고 로비에 뛰어들고 있었다. 동시에 그들은 과거 대폭락을 일으킨 자유시장, 앤드류 멜론, 워런 하딩의 이데올로기인 엄청난 감세, 탈규제, 민영화 등에 헌신할 새로운 우파 싱크탱크들을 양산하고 있었다.

1973년 미국 입법의견교환평의회가 설립되었고, 헤리티지 재단도 설립되었다. 1977년에는 찰스코크 재단(몇 년 후 '카토CATO 연구소'로 명칭이 바뀌었다)이 설립되었다. 이들 왕당파 싱크탱크들은 기업 경제 왕당파로부터 수백만 달러의 재정 지원을 받았다.

법조인이었던 파월에게 법원을 공략하는 것보다 더 중요한 것은 없었다. 그는 "대법원이 혁신적인 행동가 마인드를 갖고 있는 현 사법 체계에서 사법부야말로 사회·경제·정치 변화의 가장 중요한 도구다"라고 썼다.

파월은 "만약 상공회의소가 미국 재계의 대변인 역할을 할 의향이 있다면, 그리고 그 보답으로 재계가 자신들의 자금을 제공할 생각이 있다면 지금이 상공회의소로서는 엄청난 기회다"라고 썼다.

그는 구체적인 방안을 덧붙였다. "상공회의소는 매우 경쟁력 있는 변호인들을 필요로 할 것이다. 특별한 상황에서, 명망이 있는 변호인들이 법정 조언자로 대법원에 관여하고 개입할 수 있게 하는 권한을 부여해야 한다. 그들이 어떤 재판에 참여하고 소송을 진행할지 굉장히 신중하게 정해야 한다. 이를 위해 노력을 기울일 만한 가치가 있다."

1970년대 왕당파의 편에 서 있던 상공회의소는 사법부를 공략하기 위해 많은 노력을 기울였고, 수완이 좋은 변호사들을 고액으로 고용했다. 이들은 법정 조언자로서 작성한 의견서를 대법원에 다량으로 발송했으며, 이는 1960년대에 막을 내리고 있던 루스벨트의 뉴딜 정책을 타도하려는 왕당파의 요구를 들어준 것이었다.

1976년 버클리 대 발레오 판결에서 대법원은 정치적 자금이 일종의 표현의 자유에 해당한다고 판결했다. 즉 이는 좀 더 많은 자본을 가진 사람이 정치적으로 좀 더 많은 표현의 자유를 갖게 된다는 것을 의미한다. 같은 해, 미국 대 마틴 리넨 서플라이 사 판결에서는 기업에 대하여 일사부재리의 원칙인 수정헌법 제5조가 적용되었다. 버지니아 주 약사회 대 버지니아 시민소비자연합 사건에서 대법원은 광고 매체에 표현의 자유가 보장되어야 한다고 판결했다.

그로부터 1년 후인 1977년, 보스턴 퍼스트내셔널 은행 대 벨로티 사건에서 대법원은 기업의 정치적 투자를 금지하는 주州의 판결이 수정헌법 제1조에 위배된다는 이유로 이전 판결을 뒤집었다.

그 사건에서 대법원의 결정에 반대 의견을 냈던 화이트White, 브렌난Brennan, 마샬Marshall 판사는 다음과 같이 주장했다. "만약 기업에 제재를 가하지 않는다면, 기업은 특별한 지위를 이용해 경제권력을 좌지우지하면서 경제뿐만 아니라 미국 민주주의의 핵심인 선거 과정에도 개입할 것이다."

1982년에는 왕당파와 연합한 브래들리 재단에서 기부한 수백만 달러의 후원금으로 연방주의자 협회라는 공화당 진영의 단체가 설립되었다. 이 단체는 왕당파의 편에 선 단체로, 기업도 법적으로 인격이 있고 자본이 곧 발언권이며 민주주의는 신성한 것이 아니고 자본은 언제나 사람보다 우위라는 왕당파의 생각을 새로운 세대의 법률 체계에 반영하기 위해 미국 전역에 걸쳐 판사, 검사, 법학자, 정치가들의 전국적인 연결망을 구축했다.

그러면서 새로운 물결이 일어나 미국의 정치·경제 전반을 휩쓸고 있었다. 1960년대와 달리 경제 왕당파는 이 물결에 편승했다.

Chapter 3

위기의 자본주의자

시민 대신 소비자를 양산한다. 공동체 대신 쇼핑몰을 생산한다.
그 결과, 타락하고 사회적으로 무력한 개인으로 이루어진 세분화된 사회를 만들어냈다.
요컨대 신자유주의는 미국뿐만 아니라 전 세계에 걸쳐
진정한 참여민주주의의 최대 적이며, 당분간은 그럴 것이다.

로버트 W. 맥체스니, 1999년

파월의 메모가 미국 전역에 있는 기업 이사회실로 전해질 무렵, 중남미
에서 압박받던 사회민주주의가 몰락했다. 경제 왕당파는 이러한 상황을
전 세계를 신봉건적 기업주의로 재편할 수 있는 기회라고 판단했다.

1973년 9월 군사 쿠데타 이후 민주적인 선거 절차를 거쳐 선출된 칠
레의 사회주의 출신 대통령 살바도르 아옌데Salvador Allende는 머리에 총
탄을 맞고 암살되었다. 정권을 장악한 국방 장관 아우구스토 피노체트
Augusto Pinochet는 수만 명의 국민들을 억압과 죽음으로 몰아넣으면서
10년 넘게 공포정치를 이어나갔다.

피노체트는 군사정권을 유지하고 정치적 불화를 무자비하게 진압하는

데 능했지만 경제에 대해서는 아무것도 몰랐다. 미국에서 이제 막 양지로 나오기 시작한 경제 왕당파에게 백지상태의 칠레는 세계로 다시 나아갈 수 있는 완벽한 기회를 제공했다.

케인스 죽이기

18세기에 애덤 스미스가 경제학을 세상에 알린 반면, 존 메이너드 케인스는 경제학을 정부에 유용하도록 만들었다.

케인스는 일반 시민이 자유롭게 사고파는 시장경제의 중요성을 알고 있었다. 그것이야말로 사회의 모든 개인이 부를 축적하고 삶의 질을 향상시킬 수 있는 최선의 방법이라고 생각했다. 한편으로 케인스는 왕당파가 주장하는 대로 자유시장을 완전히 자유롭게 놓아둘 경우 어떤 위험성이 있는지도 알고 있었다. 완전 시장경제체제는 영속적인 호경기를 거치는데, 그 과정에서 사람들이 엄청나게 돈을 벌게 만들었다가 그다음 그것을 모두 잃고 투신하게 만드는 결과를 가져올 것이라고 보았다.

케인스는 시장경제체제를 안정적으로 유지하려면 정부가 개입해야 한다고 주장했다. 이를 위한 방법들 중 하나는 자본의 공급을 조정하는 것, 그리고 엄청난 자본을 투자하면서 동시에 규제하는 것 등인데, 이로써 정부가 경제 기조를 조정할 수 있다. 물론 경기 침체가 발생할 수도 있지만, 새로운 케인스주의 경제하에서는 오래가지 않을 것이고 침체기를 벗어나 사회는 지속적으로 성장할 것이다.

케인스 이론의 핵심은 경제가 세 가지 기본 주체에 의해 결정된다는 것이다. 그것은 소비 지출, 기업 투자, 그리고 정부 지출이다. 경기 침체로 기업이 도산하고 소비자가 직장을 잃고 소비를 할 수 없게 되면 세 번째 요소인 정부 지출로 경제를 유지해야 한다는 논리다.

1932년 루스벨트가 대통령으로 당선되었을 때, 그는 대공황으로부터 미국을 구하기 위해 케인스를 찾았다. 루스벨트는 소비자의 지출을 늘리고, 기업이 사업을 확장하고 고용을 증대할 수 있도록 엄청난 금액의 돈을 투입했다. 이는 효과적이었다.

대공황 이후 미국은 처음으로 재정을 안정적으로 유지했고, 중산층은 괄목할 만한 성장을 이루었다. 점점 더 많은 사람들의 호주머니가 넉넉해지면서 소비가 늘어났고, 기업은 점차 사업을 확장하고 더 많은 사람들을 고용했다.

경기 침체는 단기간에 해결되었고, 경제성장은 지속되었다. 모든 것이 계획대로 진행되고 있었다. 이는 미국 사회민주주의 ─ 또는 뉴딜 경제 ─ 의 탄생으로, 승자와 패자가 모두 살아남는 자본주의 시스템이다. 이러한 경제체제하에서는 패자도 사형선고를 받지 않고, 승자도 전체 시스템을 붕괴시킬 정도의 권력을 갖지 못한다.

경기가 과열되거나 침체될 때 정부가 중재자 역할을 하는 시장경제체제서부터 북유럽처럼 정부가 경제의 모든 면에 적극적으로 개입하는 사회민주주의 경제체제까지 전 세계 국가들은 모두 케인스주의 경제 원리를 받아들였다.

그러나 모든 사람이 케인스주의를 수용하지는 않았다. 케인스의 케임브리지 킹스 칼리지의 동료로, 저명한 경제학자인 프리드리히 하이예크 Friedrich Hayek는 케인스와 정반대 입장에 서 있었다.

두 사람은 서로 잘 아는 사이였다. 그들은 제2차 세계대전이 절정이던 때에 킹스 칼리지의 예배당 지붕 꼭대기에서 여러 날 밤을 함께 보냈다. 독일이 영국에 폭탄을 투하하자 케인스와 하이예크에게 예배당이 폭파되기 전에 폭탄을 찾아 제거하라는 임무가 주어지기도 했다. 당시 케인스는 60세가 넘었고, 하이예크는 40대였다. 둘 다 그 임무를 수행하기에는 나이가 너무 많았다. 다행히도 그들이 폭탄을 제거해야 하는 일은 일어나지 않았다.

하이예크는 완전 자유시장을 기반으로 하는 경제, 즉 신자유주의를 진흥시켰다. 규제받지 않는 자유시장이 부의 불평등과 사회안전망 해체로 인해 반복적으로 경제 손실을 일으킴에도 불구하고 그는 이러한 절망적인 이데올로기를 포기하지 않았다.

하이예크 같은 신자유주의자들은 민주주의의 개입으로부터 자유로운 시장이 모든 사람을 일정 수준까지 부유하게 만들고 경제 유토피아를 만들어낼 것이라고 믿었다. 세계적으로 이러한 시도를 한 곳마다 모두 실패했지만 그들은 신념을 버리지 않았다. 신자유주의자는 지난 대폭락과 전쟁 이후 전 세계에서 거절당했다. 그러나 그들은 재기를 위한 음모를 꾸몄다.

몽펠르랭회

제2차 세계대전이 끝나고 2년 후인 1947년, 하이예크는 스위스 몽펠르랭에서 경제학자, 역사학자, 저널리스트, 재계 쪽 사람들과 모임을 가졌다.

그 모임에는 밀턴 프리드먼Milton Friedman이라는 경제학자도 참석했다. 그는 거의 20년 전이자 주식시장 붕괴 1년 전인 1928년에 고등학교를 졸업했고, 대공황이 한창이던 때에 러트거스 대학과 시카고 대학에서 공부했다.

프리드먼은 자신의 가족 중에서 처음으로 대학에 진학했는데, 당시 미국이 겪고 있던 경제 대변동이 그로 하여금 경제학을 택하도록 만들었다고 한다. 그는 "여러분이 인구의 4분의 1이 일자리를 갖지 못한 1932년에 살고 있다면 가장 시급한 문제는 무엇이라고 생각하는가? 명백하게 경제이고, 그래서 나는 한 치의 망설임도 없이 경제학을 전공하기로 했다"라고 언급했다.[44]

대학을 졸업한 뒤 프리드먼은 루스벨트 정부하의 국가자원위원회에서 근무했고 국립경제연구실, 재무성 등을 거쳤다. 당시 그는 넓은 의미에서 뉴딜과 뉴딜 정책을 관통하는 케인스주의 경제 이론에 대한 믿음을 갖고 있었다.

그러나 제2차 세계대전이 끝나고, 20년 전 대공황에 대한 기억이 점차 사라지면서 프리드먼은 하이에크의 자유시장주의에 동조하고 있었다.

1947년 프리드먼이 참석한 몽펠르랭회의 목적은 분명했다. 하이에크는 전 세계적으로 가속화되고 있는 사회주의 혁명과 시장 규제 강화를 중단시키려 했다.

그 모임을 묘사한 프리드먼의 말은 24년 뒤 파월이 작성한 메모의 전조처럼 들린다.

"모임의 목적은 명확했다. 하이에크는 자유가 심각한 위험에 처해 있다고 믿었으며, 모임에 참석한 사람들 역시 그렇게 믿었다."[45]

프리드먼에 의하면, 전쟁 기간 동안 모든 국가가 경제를 정비하고 군비 확충과 군사적 목적을 위해 생산성을 향상하는 데 있어 지나치게 정부에 의존했기 때문이다. 그리고 전쟁은 정부가 주도하는 계획에 따르는 것이 효과적이라는 광범위한 믿음을 가지고 전쟁에서 벗어났기 때문이다.

"그래서 여기저기에서 강력한 움직임이 있었다. 영국에서는 사회주의자 클레멘트 애틀리Clement Attlee가 선거에서 승리했고, 프랑스에서는 국가 발전을 위해 유도 계획 경제를 시행했다. 하이예크와 다른 사람들이 보기에 자유는 위험에 처해 있으며, 우리 모두는 이러한 움직임을 상쇄할 수 있는 지적 흐름을 발전시켜야 한다고 생각했다."

"본질적으로 몽펠르랭회는 그러한 움직임, 이를테면 자유로의 길을 열기 위한 시도였다"라고 프리드먼은 말했다.

하이예크는 모든 사람이 자유시장주의로 인해 최악의 결과를 맞이했음을 생생히 기억하고 있기 때문에 실행하지 못했지만, 프리드먼은 규제 자본주의, 뉴딜에 대한 세계적인 반反혁명을 선도했다.

프리드먼은 하이예크의 생각을 가슴속에 품고 자신의 모교인 시카고 대학으로 돌아갔고, 다른 자유시장경제주의자들과 함께 농담을 주고받는 동안 세계의 나머지 국가들은 성공적으로 사회주의 경제로 전환됐다.

프리드먼이 이끄는 '시카고학파'는 신자유주의를 다시 소개할 순간을 준비하고 있었다. 프리드먼은 그 순간을 위해 대망각 - 또는 위기 - 참을성 있게 기다려야 했다.

타격부대

1962년 프리드먼은 자신의 책 『자본주의와 자유』에서 위기에 대해 이렇게 기술했다.

"사적인 부문뿐만 아니라 공적인 부문에서도 – 현 상황을 유지하려는 횡포 – 엄청난 관성이 있다."[46] 여기에서 '현 상황'은 중산층이 출현하고 미국이 비공산주의 국가들에게 선망의 대상이 되었던 케네디 시절을 가리킨다.

"오직 위기 – 그것이 실제이건 의식적이건 – 만이 실질적인 변화를 가져온다"라고 프리드먼은 썼다.

프리드먼은 위기를 좋아하는 사람이었다. 그는 변화를 내포하고 있는 위기가 현 상황을 변화시키는 데 얼마나 효과적인지 알고 있었으며, 자신이 가진 어떠한 기회라도 활용할 줄 알았다. 그는 "우리가 가장 기본적으로 해야 할 일은 현 정책에 대한 대안을 개발하고, 정치적으로 불가능한 것이 필연적인 것이 될 때까지 그 정책들의 실현 가능성과 적용 가능성을 높이는 것이다"라고 썼다.

나오미 클레인Naomi Klein은 『쇼크 독트린』에서 자유시장 자본주의를 확산시키기 위해 프리드먼이 어떻게 위기를 조장했는지 연대기별로 기술했다. 클레인은 다음과 같이 설명한다. "이 시대에 악명 높은 인권유린은 반민주적 체제가 저지른 가학적 행위로만 보는 경향이 있다. 그러나 사실은 대중에게 공포심을 주기 위해 고의적으로 저질러지거나 급진적 자유시장 '개혁' 기반을 마련하기 위해 적극적으로 사용되었다."[47]

몽펠르랭회 회원들과 시카고학파 회원들이 옹호했던 자유시장 개혁을 지지할 만한 경제 이론은 없었고, 사실 그들은 그러한 경제 이론을 마련하기 위한 시도를 한 적도 없었다. 그들은 종교를 만들었다.

이 종교는 여전히 경제 왕당파의 계획을 뒷받침하는 지적인 토대를 제공한다. 이는 경제 왕정주의자들의 권력을 되찾기 위한 검의 날로 보일 것이다.

1973년 칠레에서 첫 번째 기회가 찾아왔다.

아우구스토 피노체트는 프리드먼과 시카고학파 회원들에게 칠레에 새로운 경제 기반을 마련하는 작업을 의뢰했다. 프리드먼의 시카고학파는 피노체트를 기꺼이 돕고자 했다. 이는 그들의 첫 데뷔 무대로, 프리드먼은 칠레의 침체된 경제를 급진적으로 개혁하겠다는 야심 찬 계획을 세우고 칠레로 건너갔다.

그들은 즉시 공기업을 민영화하고 정부 지출을 삭감했으며, 자유무역을 위해 시장을 개방했다. 정부가 탐욕과 독점을 통제하는 케인스주의 경제학은 더 이상 없었다. 시카고학파는 칠레의 백만장자들에게 국고의 황금 열쇠를 건네며 "일을 시작하시오"라고 말했다. 점진적 개혁은 없었다. 시카고학파는 간단하게 이전의 배를 가라앉히고 새로운 배를 건설했다.

그 결과 칠레의 경제는 몰락했고(이전의 역사를 살펴봐도 전 세계 어디에서나 이러한 방식은 늘 실패를 초래했다), 사람들을 도울 수 있는 사회안전망도 없었다. 불안감이 커지면서 폭동이 일어났다.

그러나 시카고학파에게는 이 또한 계획 중 일부일 뿐이었다. 그들은 개혁은 고통을 수반하며 "고통 없이는 얻는 게 없다"라고 생각했다. 시카고학파는 이 문구에 대해 인구의 절대다수가 경제개혁으로 인해 고통을 경험하지 않으면 극소수의 부유한 엘리트가 거대한 부를 얻지 못할 것이라고 정의했다.

외교관이자 경제학자인 올란도 레텔리에르Orlando Letelier는 피노체트가 피비린내 나는 쿠데타를 일으키자 칠레를 탈출하여 미국의 워싱턴 DC로 망명했다. 칠레에서 시카고학파의 실험이 시작된 지 3년이 지난 1976년, 레텔리에르는 《더 네이션》에 '칠레의 시카고학파 : 경제 자유를 위한 엄청난 대가'라는 사설을 기고했다. 제목이 암시하듯, 레텔리에르는 자신의 고국 칠레에서 프리드먼이 저지른 실패를 낱낱이 지적했다.

레텔리에르에 따르면, 피노체트와 시카고학파가 경제를 장악한 지난 2년 동안 인플레이션이 341퍼센트 상승했는데, 전 세계에서 가장 높은 수치라고 지적했다. 상품의 가격은 375퍼센트 상승했다. GDP는 15퍼센트 하락했다. 농업 생산은 멈췄다. 수출 가치는 28퍼센트 하락했고, 무역에서 2억 8,000만 달러의 적자를 기록했다. 설상가상으로 프리드먼이 칠레에 오기 전 3퍼센트였던 실업률은 10퍼센트로 치솟았으며, 프리드먼이 칠레를 떠난 뒤에도 일부 지역의 실업률은 22퍼센트를 기록했다.[48]

레텔리에르는 "프리드먼이 칠레에서 실험을 시작한 지 3년이 지났으며 여러 가지 정황이 그가 실패했음을 보여준다"라고 결론지었다.

한편 시카고학파는 이런 식의 경제 지표에 근거하여 성공 여부를 판단하는 데에 동의하지 않았다. 레텔리에르의 지적처럼 그들은 다른 방식으로 성공 여부를 판단했다. "그들의 목적은 중·하류 계층으로부터 독점자와 금융 투자자 쪽으로 부를 이동시킴으로써 소수 지배계층의 경제적·정치적 권력을 보장하는 것이었다. 이러한 목적을 감안할 때 최소한 그들은 일시적인 성공을 거둔 것으로 보였다."

프리드먼의 경제학을 조금이라도 반대하면 누구라도 죽일 수 있는 독재자 밑에서 모든 국민은 경제적인 고통을 겪어야 했다. 레텔리에르도 예외가 아니었다. 1976년 그는 피노체트 암살단의 폭탄 테러로 암살당했다.

계속되는 폭동과 최악의 경제 지표에도 불구하고 시카고학파는 자신들이 완수한 일에 대해 만족해했다. 시카고학파와 프리드먼의 경제 '충격 요법'을 지지하는 사람들에게 위기는 부당하게 이용되었고 '부자의, 부자에 의한, 부자를 위한' 신경제 개발이 시작됨에 따라 남미와 구소련에서도 이것이 유행했다.

경제 왕당파의 기준에 따르면, 칠레에서 행한 프리드먼의 실험은 대성공이었다. 대망각이 시작되면서 전 세계 기업가 집단은 이전 세대에 엄청난 고통을 초래했던 왕당파의 정책과 동일한 정책들을 서서히 준비하고 있었다.

세계적 변화

1974년 프리드먼이 칠레를 망치느라 바쁜 가운데, 그의 멘토였던 프리드리히 하이에크는 스웨덴 중앙은행이 수여하는 노벨 경제학상을 받으며 다시 한 번 세계의 이목을 집중시켰다.

스웨덴 중앙은행은 처음에 스웨덴의 사회주의자인 군나르 뮈르달 Gunnar Myrdal에게 단독으로 상을 수여하려 했다. 뮈르달은 『미국의 딜레마 : 흑인 문제와 근대 민주주의An American Dilemma: The Negro Problem and Modern Democracy』라는 책으로 유명세를 탄 인물로, 이 책은 1944년 미국 대법원의 브라운 대 교육위원회 사건 판결의 기반이 되었던 미국의 인종 문제를 다루고 있다.

그런데 스웨덴 중앙은행은 자국민에게만 노벨상을 수여할 경우 자국민 우대라는 비판이 제기될 것을 우려하여 하이예크에게도 상을 수여하기로 결정했다. 뮈르달을 비롯하여 하이예크의 자유시장 이데올로기를 극단적 수구들의 것이라고 생각하는 많은 경제학 집단은 이 결정을 받아들이지 않았고, 당시 대부분의 사람들 또한 이를 받아들이지 않았다.

다니엘 여진Daniel Yergin은 『경제의 고지Commanding Heights』에서 이 문제에 대해 다음과 같이 지적했다. "하이예크에게 노벨상이 수여됐다는 것은 경제학계의 무게중심이 시장의 복원, 즉 경제 행위에 있어서 다른 어떤 것보다도 시장이 우위라는 쪽으로 바뀌었다는 것을 의미한다." 여진은 "15년 내에 그러한 이동이 거의 다 완결될 것이다"라고 강조했다.

그로부터 2년 뒤인 1976년, 밀턴 프리드먼이 노벨 경제학상을 단독 수상했다.

하이예크의 수상 때와 마찬가지로 어느 누구도 프리드먼의 노벨상 수상을 기뻐하지 않았다. 칠레는 공황 상태에 빠졌고, 수만 명이 피노체트의 명령에 의해 살해되었다. 스웨덴에는 프리드먼과 스웨덴 중앙은행을 비난하는 시위자로 넘쳐났다.

1998년 프리드먼의 부인인 로즈는 《후버 다이제스트》에 '스톡홀름에서의 한 주'라는 제목의 글을 기고했다. 노벨 경제학상 수상을 위해 프리드먼 부부가 스웨덴을 방문한 이야기였다. 로즈는 자신들은 계속되는 위협 속에 처해 있었다며 당시의 적대적인 분위기를 묘사했다.

"우리가 도착해서 떠날 때까지 줄곧 경호원 두 명이 따라다녔다. 우리가 머무는 방은 밤낮으로 경찰의 보호를 받았다. 심지어 호텔 도우미조차 경찰의 호위 없이 우리 방에 들어올 수 없었다!"[49]

1974년에 하이예크와 노벨 경제학상을 공동 수상했던 군나르 뮈르달은 스웨덴 중앙은행에 노벨 경제학상을 폐지하라고 요구했다.

이 모든 불만에도 불구하고 신자유주의의 움직임은 계속되었으며, 그 정당성을 획득했다. 왕당파는 환호했다. 다니엘 여진이 지적했듯, '거대한 움직임'이 진행 중이었다.

그로부터 3년 뒤 영국에서는 프리드먼 경제 철학의 지지자인 마가렛 대처Margaret Hilda Thatcher가 정권을 잡았다. 대처는 탈규제화를 추진하고 시장을 개방했으며 정부 지출을 줄였다.

미국에 '위기'가 오다

1973년 여름, 나와 아내 루이스는 디트로이트로 이사했다. 루이스가 첫째아이를 임신하는 바람에 내가 건강보험을 제공하는 RCA에 입사했기 때문이었다. 우리는 디트로이트 공항 활주로 외곽의 웨스트랜드에 있는 작은 집을 빌렸다.

1973년 10월 초, 이집트가 시리아의 도움을 받아 이스라엘을 공격하면서 제4차 중동전쟁이 일어났다. 반격에 나선 이스라엘은 6일간의 전쟁에서 이집트 땅의 상당 부분을 차지했다. 미국이 이스라엘을 지지하자 아랍권은 분노했고, (이스라엘의) 공격이 있고 몇 주 후 OPEC 국가의 장관들이 만나 미국과 몇몇 국가에 대해 석유 수출량을 줄이겠다고 발표했다. 이 조치는 1974년 3월까지 계속되었으며, 그 여파는 이후 몇 년간 지속되었다.

나는 닉슨 대통령이 주유소의 주유 배급을 중단하고 주유소가 문을 닫을 것이라고 발표한 순간을 기억하고 있다. 첫째아이가 태어나던 1973년 12월, 부자들이 사는 수마일 떨어진 리보니아라는 곳에 병원이 있어서 나는 밴에 연료를 가득 채워야 했는데, 연료를 구하기가 힘들었다. 사람들이 길게 늘어서 있고, 몇몇 주유소는 문을 닫아버렸다.

석유를 운송하는 트럭 운전사들의 파업으로 연료 공급은 더욱 어려워졌고, 슈퍼마켓 진열대도 비었다. 주유소에서는 싸움이 벌어졌고, 우리는 석유를 구하기 위해 몇 시간 동안 기다려야 했다. 한번은 퇴근 후 거의 두 시간 동안 밴에 앉아 기다리고 있는데, 내 앞에서 기다리던 두 사람이 차 밖으로 나와 싸웠다. 다행히 총에 맞은 사람은 없었지만 가끔 다른 지역에서 총을 쐈다는 언론 보도가 나왔다.

1974년 1월, 다우지수가 엄청나게 하락하자 언론은 경악했다. 이후 11개월 만에 다우지수는 거의 반 토막이 났다. 미국 전역에서 기업들이 도산했고, 은퇴 후 주식시장에 투자한 사람들은 파산했다.

위기는 1970년대 말까지 지속되었고, 지미 카터Jimmy Carter의 첫 번째 임기까지 계속되었다. 경제 위기의 압박하에서 미국인들의 마음속에 의심이 싹트기 시작했다. 사람들은 뉴딜이 양산한 제도들이 실패인지, 새로운 제도가 구축되어야 하는지 의문을 제기했다.

파월의 메모는 왕당파의 원칙하에서 기업가 계층을 조직했고, 몽펠르랭회와 시카고학파의 신자유주의는 왕당파와 긴밀히 연결된 정치·경제 계층을 키웠다.

1980년 선거에서 카터는 패했고 로널드 레이건이 권력을 잡았으며, 레이건은 밀턴 프리드먼을 경제 조언자로 삼았다.

중산층에게 혜택을 주었던 뉴딜 경제학과 케인스주의에 따른 안정된 시대는 빛이 바랬다. 1970년대의 위기로 인해 발생한 국가적인 심리 균열이 너무나 커서 로널드 레이건 및 신자유주의 타격부대들은 그 속으로 비집고 들어가 모든 것을 무너뜨릴 경제 왕당파 혁명에 착수할 수 있었다.

　　'2016 대폭락'을 향한 도화선에 불이 붙었다.

PART **2**

미국은
왜 몰락했는가

Chapter 4

중산층, 사회의 기둥

공산주의는 혐오스럽고 평화와 조직화된 정부에 위협적이지만
압박된 빈곤과 역경의 공산주의는 자유로운 제도의 진실성과 정의를
치밀하게 약화시키는 지나친 탐욕과 이기심의 결과물로,
부와 결합한 자본의 공산주의보다 더 위험하다.

그로버 클리블랜드, 1888년 연두교서

로널드 레이건과 경제 왕당파가 중산층을 몰락시키고 그 결과로 새로
운 대공황을 어떻게 야기했는지 알아보기 전에, 중산층이 어떻게 형성되
었는지부터 이해해야 한다.

나의 할아버지 세대에 미국에서는 엄청난 변화가 일어났고, 그로 인
해 나의 아버지 세대는 할아버지 세대에서 불가능했던 삶을 누렸다. 나
의 아버지가 성년이 된 때는 뉴딜과 제대군인원호법이 최대 효과를 내던
1940년대 후반~1950년대 초반이었다.

루스벨트의 지도력 덕분에 정부는 미국 중산층을 형성하는 역할을 했
다. 유능한 상인, 대학 교육을 받은 사람, 또는 사업가가 아닌 보통사람이

중산층의 삶이라는 아메리칸 드림을 이루려면 좀 더 구체적인 정부의 개입이 필요했다.

아버지께서 고등학교를 졸업하고 제2차 세계대전에 참전했다가 2년 만에 일본에서 돌아왔을 때 프랭클린 루스벨트, 해리 트루먼Harry Truman, 드와이트 아이젠하워의 정책이 없었다면 아버지는 남은 생애 동안 가난한 노동자가 될 수밖에 없었을 것이다.

1949년 아버지는 제대군인원호법에 따라 무상으로 미시간 주에 있는 그랜드래피즈 대학에 다니기 시작했다. 아버지의 목표는 박사 학위를 취득한 뒤 ─ 아버지는 당연히 그럴 만한 지적 능력을 갖고 있다 ─ 역사학 교수가 되는 것이었다. 그 이듬해 아버지는 어머니를 만나 결혼했고, 13개월 후 아버지가 2학년을 마칠 즈음 내가 태어났다.

아이가 생겼다는 것은 아버지가 더 이상 학교에 다닐 수 없다는 것을 의미했다. 학교를 그만둔 아버지는 그 지역 백화점에서 카메라 판매 아르바이트를 하면서 그랜드래피즈에 있는 알코아 철강 공장에서 일하기 시작했다. 내가 아기였을 때 잠깐 어머니가 할아버지, 할머니와 함께 살기도 했지만, 아버지가 하루에 열네 시간씩 일하면서 ─ 그중 여덟 시간은 석면에 둘러싸여 있었다(그 일로 아버지는 거의 죽일 뻔했다고 한다) ─ 겨우 생계를 꾸려나갈 수 있었다. 내가 태어나고 2년 뒤 남동생 스티브가 태어나면서 아버지와 어머니의 경제적 부담감은 더욱 커졌다.

아버지와 어머니는 삼촌과 숙모가 있는 랜싱으로 이사했고, 아버지는 두 가지 일을 했다. 렉스에어 진공청소기와 세계대백과사전을 판매하는 일이었는데, 둘 다 방문 판매였다. 당시 미국은 전쟁 이후 경기가 회복되는 중이었기 때문에 방문 판매는 매우 힘든 일이었다. 내 어릴 적 기억 중에 '치즈 가게 가기'가 있다. 치즈 가게에서 부모님은 양동이에 담긴 분말 우유나 공짜 (아니면 공짜나 다름없는) 치즈 덩어리, 마카로니가 들어 있는 커다란 주머니를 얻을 수 있었다. 몇 달 동안 마카로니와 치즈가 나의 주식이었기 때문에 나는 지금도 마카로니와 치즈에 대한 애증이 있으며, 분말 우유를 싫어한다.

내가 네 살 때 어머니는 또 임신을 했고, 다섯 살 때 남동생 스탠이 태어났다. 아버지는 이제 제대로 된 직장을 구해야 했다.

운이 좋게도 그 당시 랜싱은 자동차 산업의 핵심 도시였다. 시내에는 제너럴모터스와 피셔바디의 주요 공장들이 있었다. 아버지는 랜싱 다이싱킹 사에 첫 직장을 잡은 후 메탈 기계 회사로 이직했다. 아버지는 직장에서 유능한 기계 기술자가 되기 위해 일을 배우는 동안 날품팔이는 하지 않아도 되었다. 아버지는 세부적인 업무나 장부 작성에 훨씬 능했다. 이후 40년간 아버지와 한 친구분은 장부 기재, 원료 구입, 제품 판매, 기계 공급 등의 일을 하면서 열네 명이 함께 사무실을 운영했다.

기술자 노동조합은 아버지에게 좋은 일이었다 ─ 그 회사는 노조에 가입되어 있었다. 아버지가 직장을 얻었던, 내가 여섯 살이었을 때부터 2006년에 아버지가 돌아가실 때까지 아버지, 어머니, 그리고 우리 형제는 의료보험 혜택을 받았으며(나는 의사가 우리 집에 왕진을 왔던 것도 기억한다!) 퇴직할 때 아버지는 연금을 받았다. 매년 우리는 2주 정도 휴가를 갔다. 우리는 대개 뉴웨이고에 있는 고모와 사촌들을 방문했다. 1957년 아버지는 정부 보증 이자율이 3퍼센트대인 주택담보대출을 받아 1만 5,000달러짜리 집을 살 수 있을 만큼 돈을 벌었고, 퇴직할 때에는 대출금을 모두 갚았다. 아버지는 3~4년에 한 번씩 현금으로 새 차를 샀다.

아버지와 어머니는 골동품과 책 수집가였다. 2만 권 이상의 책을 수집했고 지하에 있던 내 침실을 도서관처럼 꾸몄다. 매일 밤 아버지는 TV를 보는 대신 책 한 권을 읽는다는 데 자부심을 갖고 있었다. 부모님은 우리 형제가 잠자리에 들기 전까지(어머니는 우리가 잠들 때까지) 몇 시간이고 책을 읽어주셨다.

이것은 대학을 중도에 그만둔 한 남자의 이야기다.

만약 아버지가 반세기만 더 빨리 태어났다면, 혹은 구체적인 정책이 마련되지 않은 나라에서 태어났다면 하루에 열두 시간, 1주일에 6~7일을 일해야 했을 것이고 집과 자동차 또는 휴가, 더군다나 매주 주말 구세군에 가서 원하는 골동품과 책을 찾는 즐거움을 누리지 못했을 것이다.

나의 아버지 이야기는 전혀 특별하지 않다. 1950~1970년대에 미국 전역에서 아메리칸 드림이 현실적으로 가능했다.

나의 아버지가 아메리칸 드림을 누리고 중산층으로 행복하게 살았던 것은 루스벨트가 미국의 상업 관련 법률을 개정했기 때문이다. '자유시장' 대신 인류 역사상 전례가 없는 '중산층을 위한 시장'이 있었다.

멀어진 중산층의 꿈

아인 랜드Ayn Rand는 자유주의 이론의 기초가 된 자신의 글에서 정부의 유일한 목적은 폭력에 의한 억압을 막는 것이라고 했다. 그러나 그녀는 폭력이라는 개념에서 인간 본성에 내재한 폭력을 간과했다.

배가 고플 때에는 생물학적인 '폭력'이 있다. 집이 없을 때에는 바람과

태풍, 얼음과 눈과 같은 '폭력'에 직면한다. 몸이 아플 때에는 질병의 '폭력'과 손상에 직면한다.

바로 이런 폭력들이 최초의 정부, 최초의 공동체, 집단, 부족, 그리고 최초의 민족국가를 일으켰다.

아인 랜드의 『아틀라스』를 읽는 수백만장자나 대학생 같은 자유주의 엘리트들에게 왜 정부가 경찰, 군대, 법정에 관한 것 이상으로 관여하면 안 되는지 이야기하기는 쉽다. 자유주의 엘리트들은 스스로 충분한 자원을 갖고 있기 때문에 인간 본성과 관련한 폭력을 겪은 적이 없기 때문이다. 이는 억만장자들이 왜 자유주의 사상을 가진 싱크탱크들을 재정 지원하며 '큰 정부'에 의해 몰락이 야기되는지를 설명한다.

그러나 실제 세상에서 인간은 인간 본성과 인간, 모두에 맞서야 한다. 이것이 정부를 설립한 이유이자 경제를 만든 이유다.

1776년 토머스 제퍼슨이 존 로크John Locke의 '생명, 자유, 그리고 재산'의 권리를 '생명, 자유, 그리고 행복 추구'의 권리로 대체하고 나서야 '행복을 추구'할 자격이 있는 노동자 계층―중산층―에 대한 견해가 정부의 중요한 기초 의무로 간주되었다.

(정부의 공식 문서에 '행복'이라는 단어가 등장한 것도 처음이었다. 1817년 제퍼슨이 존 매너스John Manners 박사에게 보내는 편지에 쓴 것처럼, "생명, 자유, 능력 발휘, 행복 추구 같은 자연권에 대한 증거는 이성에 대한 미미하고 현학적인 탐구가 아니라 모든 이들의 의식에 내재해 있다".)[50]

제퍼슨이 깨달았던 것처럼, 정부가 사업과 공정한 세금에 있어서 경기의 규칙을 적용하는 '개입'을 하지 않으면 광범위한 중산층은 형성될 수 없다. 아마도 극소수의 소상인이나 장인이 있을 수 있지만, 대부분은 핵심 엘리트들 밑에서 일하는 노동자로 남을 것이다.

경제 왕당파는 자신들이 왜 정부의 경제 개입을 막아야 하는지 알고 있다.

중산층이 중심이 되는 경제 구조에서 경제 왕당파는 결국 자신들의 권력 일부를 포기해야 하고 재산의 일부는 학교나 공원, 도서관이나 다른 것들로 '재분배'될 것이다. 이는 중산층 중심의 사회를 견고하게 유지하기 위한 것이지만, 보통사람들이 살아가는 세계와 분리되어 있는 부자들에게는 필요 없는 것이다.

1816년 제퍼슨은 새뮤얼 커치벌Samuel Kercheval에게 보낸 편지에서 "강압적인 정부와 마찬가지로 기업이 통치하는 완전한 '자유'시장은 사회를 범죄와 고통 외에는 아무런 감정이 남아 있지 않은 비참한 자동 장치로 바꿀 때까지 미국을 변형시킬 수 있다. 그러고 나서 만인의, 만인에 대한 투쟁이 시작되는데, 이것이 이 세상에서 매우 보편적인 현상임을 관찰한 몇몇 철학자는 그것이 인간에게 폭력적 상태가 아닌 자연적 상태인 것으로 오인했다"[51]라고 썼다.

많은 사람들에게는 갑작스런 깨달음일 수도 있지만, 우리는 삶을 통해 이를 알고 있다.

실제로 6,000년에 걸친 문명화된 인류 역사상 중산층의 출현은 찾아보기 힘든 희귀한 것이었다.

미국에는 오늘날의 의미로 중산층이라 부를 만한 계층이 형성된 두 차례의 위대한 시기가 있었다. 첫 번째 시기는 1700년대에서 1800년대 중반까지로, 이주 정착민들은 (인디언으로부터 훔친) 무료 토지와 (남부 노예제와 북부 도제계약으로) 무료 노동력을 토대로 중산층을 형성했다.

그 결과 (토크빌이 지적한 것처럼) 세계에서 가장 교육을 잘 받고 정치적으로 왕성한 활동을 하는 '비귀족적인' 중산층이 탄생했다.

두 번째 시기는 나의 아버지 세대로, 제2차 세계대전의 종전과 함께 등장했다. 첫 번째 시기가 무료 토지와 무료 노동력으로 가능했던 것과 달리, 두 번째 시기는 뉴딜 기간 동안 마련된 구체적인(몇몇 사람은 이를 '사회주의적'으로 정의한다) 정책으로 주도면밀하게 계획되었는데, 이 시기에는 왕당파를 저지하기 위해 일자리를 포함해 경제 전반을 좀 더 민주적으로 통제했다.

제1단계 : 누진세

미국 내 경제 활성화와 균형 있는 발전을 위해 루스벨트 대통령은 과세 제도를 누진세로 재정비했다. 누진세는 노동자들에게 소비할 수 있는 돈을 더 많이 주고, 노동자들이 더 나은 환경에서 일할 수 있도록 사업장을 안정적으로 운영하는 부자들에게는 인센티브를 지불하는 방식인데(부자들이 사업장 운영에 돈을 사용하는 대신 그냥 돈을 가져갈 경우 고스란히 세금으로 납부하게 되어 있다), 이는 재화와 서비스에 대한 수요를 촉진시켰다.

누진세의 역사는 길다. 1785년 제퍼슨이 제임스 매디슨James Madison에게 보낸 편지에 썼듯이, "부의 불평등을 줄이는 또 다른 방법은 일정 기준 아래에 있는 사람들에게는 세금을 감면해주고 그 이상에 있는 사람들에게는 기하급수적으로 세금을 매기는 것이다".[52]

루스벨트는 결국 미국 재벌에게 매기는 소득세율을 90퍼센트까지 높였다. 이는 두 가지 효과를 가져왔다.

첫 번째 효과는 불평등을 억제하고 모든 계층의 소득 성장을 동일하게 하는 것이다. 황금시대와 달리 경제는 빠른 속도로 성장하지만 소득은 악덕 자본가에게만 돌아갔는데, 1947년부터 1979년 사이에는 전에 없이 모든 계층에 걸쳐 균등한 소득 성장이 이루어졌다.

이 30여 년 동안 미국 하위 20퍼센트에 속하는 사람들의 소득은 116퍼센트 증가했고, 중간 20퍼센트에 속하는 사람들의 소득은 111퍼센트 증가했다. 상위 5퍼센트에 속하는 사람들의 소득은 85퍼센트 상승했다. 최고한계세율은 70퍼센트를 웃돌았고, 모든 계층이 시대의 번영을 공유할 수 있었다.[53]

두 번째 효과는 경제 안정이다.

작가이자 정치·경제 평론가인 래리 베인하트Larry Beinhart는 세금이 너무 낮을 경우 오히려 경제를 해친다는 사실을 발견했다.

그는 감세의 역사와 경제 호황·불황의 역사를 분석한 뒤 그 둘의 관계를 알아냈다. 최고한계세율이 60퍼센트 정도로 비교적 높을 때 경제는 가장 안정적이었다. 재벌들이 금융시장에서 굴릴 돈이 없을 때 경제 거품이 발생하지 않았다. 빚과 적자는 줄고 정부는 강한 사회안전망을 구축할 수 있는 재원을 획득했다. 노동자들의 임금은 지속적으로 상승했다. 그 결과 경제는 지속적인 성장을 기록했다.

그러나 최고한계세율이 하락하면 반대 현상이 발생했다. 재벌들이 시장에서 굴릴 여유 자금을 갖게 되면서 엄청난 돈을 기술에서부터 석유, 음식, 부동산 등 분야에 상관없이 신설 회사에 투자했고, 경기가 활성화될 때 이렇게 투자한 몇몇 사람은 믿을 수 없을 만큼 부자가 되었다. 그러나 경기가 침체하면 대부분의 미국인들은 빈털터리가 되었다.

1920년대 재무 장관이었던 앤드류 멜론이 최고세율을 73퍼센트에서 25퍼센트로 낮추면서 시장 투기가 과열되었고, 결국 1929년 대공황이 닥치고 나서야 우리는 이러한 사실을 깨달았다.

미국진보센터의 연구에 따르면, 최고한계소득세율이 50퍼센트를 상회할 때 경제가 전체적으로 잘 돌아간다. 지난 50년간 미국을 살펴보면 최고한계소득세율이 75퍼센트에서 90퍼센트 사이였을 때에 GDP 상승률과 고용 상승률은 최고를 기록했다. 반면 최고한계소득세율이 35퍼센트였을 때 GDP 상승률과 고용 상승률은 최저를 기록했다.[54]

이 외에도 누진세는 중산층에게 또 다른 혜택을 제공한다.

제2단계 : 사회안전망

누진세로 인해 정부에 더 많은 세금이 들어오면, 중산층은 좀 더 강력한 사회안전망의 보호를 받을 수 있다.

1912년 테디 루스벨트 대통령은 세 번째 대통령 출마를 선언하면서 자신의 기본 계획을 발표했는데, 이는 이후 뉴딜 정책의 토대가 되었다. 그는 기본 계획을 '공정 거래'라고 명명하면서 다음과 같이 말했다.

최저 생활 임금은 다음과 같은 것들을 반드시 포함한다.
• 보통의 생활 수준을 가능하게 하는 요소 확보
• 도덕성을 가능하게 하는 높은 규범 확립

- 교육과 여가 제공
- 미숙한 가족 구성원을 돌봄
- 아픈 가족을 돌봄
- 노후를 대비한 저축 가능

　1935년 사회보장법을 발안하면서 프랭클린 루스벨트 대통령은 사회보장이라는 것을 최초로 만들었는데, 그는 그의 사촌인 테디 루스벨트의 '공정 거래'의 일부를 빌려 국가가 실업보험 프로그램을 운영할 수 있는 토대를 마련했다. 처음으로 미국의 노인들이 은퇴 후에도 높은 삶의 질을 누릴 수 있었고, 경제적으로 어렵거나 직장을 잃은 사람도 궁핍하지 않게 되었다.

　1936년 민주당 전당대회 연설 – 루스벨트 대통령이 처음으로 경제 왕당파를 언급한 연설 – 에서 루스벨트 대통령은 한 영국 판사의 말을 인용하면서 "가난한 사람은 자유인이 아니다"라고 말했다.

　그가 말하고자 했던 것은, 만약 어떤 필수품이 필요한데 그것이 충족되지 않았다면 자유롭지 않다는 것이다. 배가 고픈데 먹을 음식이 없다면 여러분은 자유롭지 못하다. 살 집이 없다면 여러분은 자유롭지 못하다. 건강보험이 없다면 여러분은 자유롭지 못하다. 직업이 없다면 여러분은 자유롭지 못하다.

　루스벨트는 계속해서 말했다. "최소한의 삶을 충족시켜야 자유가 보장됩니다. 그 삶은 시대의 기준에 맞는 삶이며, 단지 어떤 것에 의해 살아지는 것이 아니라 무언가를 위해 살아가는 삶입니다."[55]

　중산층이 강력해지기 위해서는 기초 생활이 충족되어야 한다. 1944년 루스벨트는 한 걸음 더 나아가 제2권리장전을 제안했다. 그는 제2권리장전의 필요성에 대해 다음과 같이 설명했다. "우리의 의무는 현재의 평화를 지속하면서 미국인들의 생활 수준을 향상시키기 위한 계획을 세우고 전략을 수립하는 것이다."[56]

그는 다음과 같이 강조했다. "보통사람들의 삶의 수준이 얼마나 높든지 국민의 일부가 ― 그것이 3분의 1이든 5분의 1이든, 아니면 10분의 1이든 ― 잘 먹지 못하고, 잘 입지 못하고, 잘 곳이 없고, 안전하지 못한 것을 결코 그냥 둘 수는 없다."

그가 제안한 제2권리장전은 다음과 같은 것들을 포함하고 있다.

- 공장이나 농장, 광산에서 보람을 갖고 일하면서 보수도 많은 직업을 얻을 권리
- 적당한 음식과 옷과 여가를 보장받을 권리
- 수확한 농작물을 가족이 안락한 삶을 누릴 만큼의 소득을 얻을 수 있는 가격으로 팔 권리
- 크든 작든 기업을 운영하는 기업가가 자국이나 외국에서 비합리적인 경쟁과 독점으로부터 자유로운 환경에서 거래할 권리
- 모든 가족이 안락한 가정을 가질 권리
- 적당한 의료 혜택을 받고 건강을 영위ㆍ유지할 수 있는 기회를 가질 권리
- 노령, 질병, 사고, 실업으로 인한 경제적 공포로부터 보호받을 권리
- 좋은 교육을 받을 권리

루스벨트의 제2권리장전이 결실을 맺지는 못했다. 그러나 1965년 린든 존슨 대통령의 '위대한 사회'는 루스벨트의 '뉴딜' 사회보장법을 토대

로 65세 이상의 노인들에게 건강보험을 제공하는 노인의료보험을 만들었다. 그 결과 린든 존슨의 위대한 사회 정책은 10년 만에 미국의 가난을 절반으로 줄였다.

제2차 세계대전 후 미국에서는 서로가 서로에게 관심을 갖고 모든 사람 – 심지어 부자들도 70퍼센트 이상 혹은 90퍼센트 이상 소득세율을 부담했다 – 이 사회안전망 구축을 위해 협력함으로써 점점 더 많은 미국인에게 자유가 전파되었다. 그 후 1940년대 말과 1950년대 초, 제대군인원호법은 나의 아버지 같은 수백만 명의 젊은이들이 대학이나 기술학교에 다닐 수 있도록 해주었다.

점점 더 많은 미국인들이 예술가나 발명가, 혹은 가르치거나 집을 짓는 일 등 자유롭게 자신의 꿈을 좇을 수 있게 되었고 가족과 좀 더 많은 시간을 보내거나 휴가를 떠날 자유가 생겼다. 혁신과 기회의 증가, 미국 중산층의 부흥은 그러한 자유의 결과였다.

제3단계 : 노동자 보호

조지 워싱턴은 취임식 때 미국에서 만든 정장을 구할 수 없었던 것을 기억하며 재무 장관 알렉산더 해밀턴Alexander Hamiton에게 미국이 더 이상 영국에 의존하지 않고 자체적으로 재화와 서비스를 생산하는 자급자족 국가가 될 수 있도록 계획을 세우라는 임무를 내렸다.

해밀턴 계획의 제목은 '알렉산더 해밀턴의 미국 제조업에 대한 보고서' 였다. 그 보고서에서 해밀턴은 미국 제조업을 부흥시킬 수 있는 열한 가지 계획을 제안했다. 그 계획이 실현된다면 미국은 세계 초강대국으로 변모할 수 있었다.

계획의 핵심은 매우 간단했다. 미국은 제조업을 최우선으로 삼아야 한다. 보조금 – 혹은 해밀턴의 용어로 '장려금' – 을 지급하여 세계적 경쟁력을 갖추도록 하고, 외국으로부터 수입하는 물품에 대해서는 높은 관세를 부과하여 미국의 산업을 보호한다. 여타 다른 기업 모델과 마찬가지로 무역정책의 핵심은 사는 것보다 파는 것이 많아야 한다. 따라서 자국의 판매자들을 보호하고, 사는 것을 제한할 것. 이것이 해밀턴 계획의 골자였다.

이러한 계획은 전혀 새로운 것이 아니었다. 해밀턴은 이 계획을 15세기에 헨리 7세가 시행하여 영국을 경제대국으로 만들었던 '튜더 계획'에서 차용했다. 그런데 헨리 7세는 네덜란드에서, 네덜란드는 로마에서, 그리고 로마는 수천 년 전 그리스에서 차용한 생각이었다. 즉 경제 번영을 위해 수천 년 동안 시행되었던 신뢰할 수 있는 방법이었다.

1900년대에 접어들면서 미국은 수입보다 국내에서 생산하고 수출하는 물품을 더 늘린다는 해밀턴 계획의 목표를 실현하면서 세계 시장에서 경제대국으로 부상하고 있었다.

1900년대에 약 5억 달러였던 미국의 무역 흑자는 1940년대와 1950년대에 이르자 1,000억 달러로 증가했다. 해밀턴 계획 덕분에 미국은 냉장고부터 옷과 자동차까지 전 세계에 제품을 수출했고, 높은 연봉이 보장되는 일자리 수천만 개를 양산할 수 있는 거대한 제조업 기반을 구축했다.

또한 1935년에 제정된 와그너법은 제조업에 종사하는 이들에게 노동조합을 결성하여 협상할 수 있는 권리를 보장했다. 와그너법 제정 이전에는 실제적으로 노동조합 결성이 허용되지 않았다. 직장에서 노조를 만들려는 사람은 해고되기 일쑤였고, 최악의 경우 살해될 수도 있었다.

새로운 보호법이 등장하면서 한자리 숫자에 불과했던 노조 가입 회원은 전체 미국인 노동자의 3분의 1로 늘어났다. 노조의 성장과 함께 중산층의 임금도 상승했고, 전체 국가 수입에서 중산층의 수입이 차지하는 비중도 증가했다.

중산층은 견고한 제조업과 임금 협상에 앞장서는 강력한 노동조합을 바탕으로 번창했다.

제4단계 : 시장의 규칙

중산층의 안정화를 위한 마지막 단계는 왕당파가 세력을 확장하거나 비합리적으로 행동하지 못하도록 시장에서의 규칙을 정하는 것이다.

예를 들어 1890년 셔먼 반독점법은 기업의 규모를 제한하기 위해 제정되었다.

악덕 자본가의 독점이 문제되자 그 해결책으로 하워드 태프트Howard Taft 대통령과 우드로 윌슨Woodrow Wilson 대통령은 기업 활동을 분리했다.

태프트는 존 록펠러의 스탠더드 석유 트러스트 사를 33개 기업으로 분리시켰다. 미국 사람들은 태프트의 결정에 환호했다.

기업의 규모가 크다는 것만이 잘못은 아니었다. 기업이 대중의 이익에 반하여 경영된다면 이 또한 중산층을 망칠 수 있다. 미국에는 소위 '기업 사형선고'에 관한 오랜 역사가 있다. 1800년대 초에 기업이 대중의 이익에 반하여 경영되면 기업의 인가를 취소할 수 있는 법안이 여러 주에서 통과되었으며 이후 정기적으로 발생했다.

오하이오 주, 미시시피 주, 펜실베이니아 주에서 재정적으로 불건전하다는 이유로 은행들이 폐쇄되었다. 뉴욕 주와 매사추세츠 주에서 유료 고속도로를 운영하던 기업은 도로를 제대로 보수하지 못했다는 이유로 사형선고를 받았다.

1825년까지 20개 주가 시민들에게 해를 끼칠 경우에 기업의 인가를 '취소, 변경 또는 무효'로 하는 법안을 통과시켰다.

펜실베이니아 주의 경우 대중의 이익에 반하여 운영한다는 이유로 1832년 한 해 동안 10개 기업의 인가를 취소했다.

이러한 조치는 1800년대 후반까지 계속되었으며, 위스키 합동기업들, 설탕업체들, 석유업체들이 여러 주에서 사형선고를 받았다. 뉴욕 주에서는 스탠더드 석유 사가 노동자들을 착취한다며 노동자들이 법정에 탄원서를 제출했고, 1894년 법정은 스탠더드 석유 사의 인가를 취소했다.

1929년 주식시장 붕괴 이후 루스벨트 대통령은 은행 쪽으로 관심을 돌렸다. 루스벨트 대통령은 증권거래위원회SEC를 창설하여 최초로 주식시장에서 주식을 사고파는 것을 규제했다. 사람들의 은행예금을 보장해줄 수 있는 연방예금보험공사FDIC도 설립했다. 그리고 글라스–스티걸법으로 악덕 은행업자들이 일반인들의 은행예금으로 주식시장에 위험한 투자를 못하도록 상업은행 업무와 투자은행 업무를 분리했다.

새로운 개혁으로 인해 월스트리트의 망상이 저지되었고 미국은 거의 60년 동안이나 재앙과 같은 경제 폭락을 겪지 않았다. 미국 역사상 가장 오래 지속된 안정기였다.

이러한 시장에서의 규칙이 성공하려면 정치권에서의 규칙과 병행되어야 한다. 테디 루스벨트는 "우리는 정계로부터 특별한 관심을 끌어내야 한다. 미국의 시민들은 자생력을 가진 강력한 상업적 힘을 효과적으로 통제해야 한다. 정치적 행동이 변하지 않으면 기업을 효과적으로 통제할 수 없다"[57] 라고 충고했다.

1907년 테디 루스벨트는 선거에서 기업의 후원을 금지하는 틸먼법을 통과시켰다. 법을 어긴 사람은 구속되었고 기업은 문을 닫아야 했다.

이처럼 정부가 개입한 결과, 미국 역사상 가장 안정적인 성장이 이루어졌고 20세기 중반 중산층의 황금시대가 도래했다.

이와 같이 위대한 두 시기가 있었던 것처럼 경제 왕당파가 지배하던 암흑기도 두 차례 있었으며, 중산층은 거대 기업에 의해 억압당했다. 그 첫 번째 시기는 바로 1857년 대폭락과 미국 남북전쟁 이후 찾아온 대호황 시대였는데, 이 시기에 미국 중산층의 첫 번째 전성기가 끝났다.

독점의 최종 심판

구매력이 있는 강력한 중산층이 왜 경제적 안정에도 도움이 되는가를 쉽게 이해할 수 있는 방법이 있다.

모노폴리 게임을 떠올려보라. 만약 당신의 적이 보드워크, 파크 플레이스, 노스캐롤라이나 거리와 그곳에 있는 모든 기초 시설, 네 개의 철도회사, 그 외 자산을 모두 차지한다면 게임은 끝이 난다.

한때 중산층이었던 나머지 선수들은 집과 서비스, 수도·전기·가스 등의 시설, 교통 등을 이용하기 위해 점점 더 많은 돈을 지불해야 하고, 그로 인해 파산할 것이다. 결국 한 명의 선수가 모든 돈을 가져가고 게임에 진 선수들은 추위에 벌벌 떨며 밖에 서 있게 된다.

만약 모노폴리 게임이 여기서 끝나지 않는다면 어떻게 될까?

한때 중산층이었지만 지금은 파산한 선수들이 계속 신용카드를 쓰면서 주사위를 굴리며 게임을 포기하지 않는다면 말이다.

그들이 점점 더 개인 부채 또는 소규모의 기업 부채를 지며 가산을 탕진하는 동안 모든 것을 소유한 독점자 역시 상대편으로부터 돈을 빼앗기가 점점 더 어려워진다는 사실을 깨닫게 된다. 상대편은 집값을 지불할 능력도, 공공요금을 지불할 능력도, 철도를 이용할 능력도 없다. 소비자들이 현금과 신용카드를 더 이상 쓰지 못하게 되어 지불 능력을 상실하면 독점자 역시 파산하게 된다. 이 경우 게임은 그냥 끝나는 것이 아니라 엄청난 재앙 속에서 끝을 맺게 된다.

이는 바로 안정적인 중산층이 가난해질 때 현실 경제가 작동하는 원리와 상당히 유사하다.

보드게임 모노폴리는 미국의 황금시대가 끝났을 때 개발되었다. 게임을 만든 리지 매기Lizzie Magie는 그 게임을 '지주 게임'이라고 이름 붙였다. 그녀는 "이 게임은 현실 세계의 성공과 실패 요소를 모두 담고 있으며, 그 목표가 부의 축적이라는 점에서 '인생 게임'이라고 부르는 게 더 나을지도 모르겠다"[58]라고 말했다.

리지는 조지주의자(경제학자 헨리 조지의 가르침을 따르는 사람들)였는데 자연 내에 존재하는 것들, 특히 토지나 광물 자원 같은 공유물로 사적인 이익을 취해서는 안 되며 국민들이 소유해야 한다고 생각했다.

이러한 사상은 악덕 자본가들이 철강, 석유, 철도, 그리고 미국 경제를 좌지우지할 수 있는 금융을 독점적으로 운영하던 황금시대에 생겨난 이데올로기였다. 악덕 자본가들은 엄청난 부를 축적했고, 노동자들의 삶은 대폭락을 겪던 시기의 수준으로 추락했다.

카네기, 아스토, 록펠러, 모건을 비롯하여 이름만 들으면 알 만한 이런 인물들은 자신들에게 도전하는 신출내기들을 무자비하게 짓밟으며 거대한 독점을 형성했다. 과거(미국 남북전쟁)에 창출된 거대한 자본은 철도 사업에 의해 종횡무진 유통되었다. 미국의 GDP는 가장 빠르게 상승하여 두 배 가까이 뛰었다. 그러나 부는 서민층으로까지 이어지지 않았다. 악덕 자본가들이 부를 독점했다.

악덕 자본가들을 제외한 나머지 사람들은 모두 파산 직전이었다.

1990년 인구조사에 따르면, 1인당 소득은 현재 환율로 연 5,000달러보다 적었다.[59] 자영업자들은 점점 더 생계 기반을 빼앗기고 악덕 자본가의 착취에 무방비 상태로 버려졌다. 황금시대였던 1850년에는 대부분의 미국인들이 자영업자였지만 1900년에는 누군가 – 대부분의 경우 독점자본주의자 – 를 위해 일했다.

1888년 연두교서에서, 그로버 클리블랜드 대통령은 "시민이…… 철 발꿈치에 짓밟혀 죽고 있습니다"라고 말하면서 악덕 자본가들로 인해 부패하고 있는 의회의 실상에 대해서도 말했다.

"제조업자들이 일궈낸 부는 건실한 산업과 그들의 선견지명으로 인한 것이 아니라 정부의 특혜와 대중을 강제 노동에 동원하여 이룬 것임을 알고 있습니다."[60]

1888년 클리블랜드 대통령이 처한 현실은 미국 건국의 아버지가 처했던 최악의 상황과 같았다. 1787년 12월 20일 제퍼슨은 제임스 매디슨에게 쓴 편지에서 새로 작성된 헌법의 초안이 권리장전, 특히 '독점 제한' 조항을 포함하고 있지 않다며 우려를 표명했다.

리지 매기가 보드게임 모노폴리의 초기 버전을 만들어낸 이유 또한 바로 이것이다. 이 시대 경제 왕당파의 목조르기가 어느 정도는 깨지기를 희망했다. 매기는 다음과 같이 말했다. "우리 아이들이 현실의 부당함을 제대로 볼 수 있도록 키운다면 그 아이들이 성인이 될 때쯤 악은 해결될 것이다."[61]

초기에 파커 형제Parker Brothers가 오늘날 우리가 알고 있는 모노폴리 게임에 대한 특허권을 요구하기도 전, 부유한 대학생들은 스콧 니어링Scott Nearing – 그의 자서전 제목은 '급진주의자 만들기The Making of a Radical'다 – 같은 극좌파 경제학자들의 제안에 따라 남학생 클럽하우스에서 그 게임을 하곤 했다.

1925년 모노폴리 게임의 초기 사용안내서에는 다음과 같이 쓰여 있었다. "게임을 시작할 때 모든 선수는 똑같은 금액의 돈을 받고 똑같은 성공기회를 갖게 된다. 한 사람이 모든 돈을 벌면 게임은 끝난다. 남은 사람들의 실패를 무엇으로 설명할 수 있으며, 이 상황이 상징하는 전체 공동체의 불균등한 부의 분배를 설명할 수 있는 단 한 가지 요인은 무엇인가?"[62]

이것은 크리스티아 프릴랜드Chrystia Freeland가 『플루토크라트』에서 '가장 유명한 미국의 대중적인 경제학자'[63]라고 언급한 헨리 조지에게 제기했던 것과 유사한 질문이다.

조지는 『진보와 빈곤』이라는 책에서 미국의 황금시대와 관련하여 '경제 팽창에도 불구하고 어떤 사람들은 점점 부유해지는 데 반해, 왜 많은 사람들은 빈곤에 허덕이는가?'라는 본질적인 질문에 답하고자 했다.

『진보와 빈곤』에서 조지는 다음과 같이 썼다. "현 세기에 부의 생산력은 비약적으로 증가했다.[64] 이제는 분명한 사실을 직시하지 않을 수 없다. 문명 세계의 모든 곳에서 들려오는 소식은 불황, 비자발적 실업, 자본의 낭비, 기업인의 자금 부족, 노동자 계층의 빈곤과 불안이다."

그는 계속해서 다음과 같이 말했다. "일부 계층의 생활은 무한대로 개선되고 편리해지지만, 나머지 사람들은 생계를 꾸리기조차 힘들어진다. 기차가 생기면 부랑자도 생기고 물질적 진보로 고급스러운 주택, 상품으로 가득 찬 창고, 거대한 교회가 생기면 빈민구호소와 교도소도 틀림없이 생기게 마련이다."

미국은 둘로 쪼개졌다. 남쪽과 북쪽이 아니라 악덕 자본가와 그 외의 모든 사람으로 나뉘었다.

결국 미국은, 엘리트 귀족주의자의 손에 쥐어진 거대한 부는 노동자 계층에게 결코 좋은 것이 아닐 뿐만 아니라 경제 전체에도 이롭지 않다는 교훈을 배웠다. 이것이 바로 모노폴리 게임의 교훈이다.

우선 이는 끔찍한 폭락을 야기했다.

미국 역사상 1870년대부터 1890년대 후반까지 — 당시 경제 왕당파는 1857년의 대폭락에서 빠져나와 미국 남북전쟁에서 권력을 행사했다 — 는 가장 길면서도 심각하고 잔인했던 대공황이었으며, 1930년대보다도 훨씬 나빴다. 그 상황에서도 부유층은 오늘날에도 볼 수 없는 방식으로 더 많은 부를 축적했다. 당시 미국은 건국의 아버지들이 꿈꾸었던 이상적이고 평등한 사회라기보다는 빅토리아 시대의 영국과 비슷했다.

위기의 최고점은 1893년의 폭락이었다.

미국 노동자 중 5분의 1이 일자리를 잃었다. 셀 수 없을 만큼 많은 사람들이 저축한 돈을 찾지 못했고, 국영 은행 50곳 이상, 주 은행 170곳 이상,

사설 은행 177곳 이상이 줄줄이 도산했다. 최악의 경제 공황이었다.

악덕 자본가들은 중산층이 무너지면 자신들도 동반 몰락할 것임을, 즉 동반 자살에 합의하는 것과 마찬가지라는 사실을 알지 못했다. 악덕 자본가는 자신들의 고객 또는 동업자를 몰락시켰다. 노동자들이 바닥을 치고 더 이상 어떤 것도 구매할 수 있는 여유가 없어지면 모든 것이 무너진다.

결국 미래 세대는 모노폴리 게임에 대한 리지 매기의 조언에 귀를 기울였다. 악덕 자본가는 1900년대 초 진보주의 시대에 세력을 잃었고, 프랭클린 루스벨트는 뉴딜과 함께 중산층을 재건했다.

그러나 1980년대에 다시 왕당파가 지배하는 두 번째 암흑기가 시작되었다. 당시는 로널드 레이건이 다시 백악관으로 입성하던 때였다.

| Chapter 5 |

레이건, 젯슨을 납치하다

모닌 : 그거 좋네요. 왜냐하면 저는 세 가지 일을 하고 있고,
제가 어딘가에 도움이 되고 있다는 기분이 들거든요.
대통령 : 세 가지 일을 한다고요?
모닌 : 네, 세 가지요.
대통령 : 좀 독특하네요, 그렇지 않나요?
그러니까, 세 가지 일을 하고 있다니 매우 멋지다는 말이에요.
조지 W. 부시, 오마하 타운홀, 2005년 2월

1966년《타임》은 미래 자동화 사회의 도래가 평균적인 미국인 근로자에게 어떤 의미로 다가올지를 예측했다.

기사의 결론은 다음과 같았다. "2000년까지 기계가 어마어마한 양의 물품을 생산함에 따라 미국의 모든 사람이 부유해질 것이다. 정부의 혜택을 받으며 일을 하지 않는 가족들조차 연 소득이 3만~4만 달러에 이를 것이다. 여가를 어떻게 의미 있게 보낼 것인가가 사람들의 주요 걱정거리가 될 것이다." 1966년 당시 3만~4만 달러는 2010년 현재 19만 9,000~26만 달러 정도가 된다. [65]

1960년대에 10대였거나, 그보다 나이가 많았던 사람에게 물어보라. 그 기사는 자동화와 컴퓨터 시대의 도래에 대해 대대적으로 홍보했다. 심지어는 '우주가족 젯슨'이라는 만화영화까지 있었고, 모든 사람은 로봇, 컴퓨터로 생산성이 증가되고 자동화로 노동시간이 줄어들거나 또는 임금을 더 받게 되거나, 아니면 노동시간도 줄어들고 임금도 더 받게 되는 날을 고대했다.

이러한 견해에는 좋은 논리가 뒷받침되어 있었다.

그 전제는 간단했다. 더 나은 기술은 회사를 더 효율적으로 만들어 적은 시간에 더 많은 물건을 만들 수 있다. 매출이 폭발적으로 증가하여 미국인들은 점점 더 적게 일하면서 점점 더 높은 임금을 받게 된다.

그래서 2000년, 우리는 '여가 사회'로 진입하게 될 것이다. 미래학자들은 젯슨 가족이 맞이할 미래에 미국이 직면하게 될 가장 큰 문제는 여가 시간을 도대체 어떻게 사용할 것인가라고 예측했다!

물론 많은 돈과 자유 시간이 주어짐에 따라 어떤 종류의 퇴보가 발생할지도 모른다고 우려하는 사람들도 있었다.

그런데 이 모든 일은 일어나지 않았다. 로널드 레이건이 '여가 사회'를 훔쳐 경제 왕당파의 손에 넘겨주었기 때문이다.

대규모 세금 삭감

1981년 왕당파는 프랭클린 루스벨트가 미국 중산층을 재건하기 위해 세웠던 첫 번째 기둥인 누진세를 없애는 작업에 바로 착수했다.

석유파동의 위기를 틈타 신자유주의자인 타격부대들은 1981년 경제회복조세법으로 혁명적인 변화를 가져왔다.

레이건이 승인한 첫 번째 주요 법안은 최고한계소득세율을 70퍼센트에서 50퍼센트로 낮추고, 부유한 기업인에 대한 유산상속세의 삭감과 자본 이익과 기업 이윤에 대한 세금을 낮춘 것이다.

몇 년 후, 레이건은 최고소득세율을 28퍼센트까지 낮추는 데 성공했다(대공황 이전에는 없었다). 이는 역사상 두 번째로 큰 세금 삭감이었고 1920년대 재무 장관 앤드류 멜론이 시행했던 가장 큰 폭의 세금 삭감과 맞먹는 수준이었다. 앤드류 멜론은 '광란의 20년대'라고 알려진 거품을 일으켰고 결국 1929년에 그 거품은 터졌다.

확실하게 대망각이 도래했다. 1920년대의 경제 시행착오가 다시 반복되고 있었다. 시장에는 다시 핫머니가 유입되었고 1980년대에서 1990년대에 걸친 강력한 탈규제화와 결합하여 고통스러운 재정 공황을 촉발시켰다.

《타임》이 여가 사회를 꿈꿀 수 있었던 것은 1900년 이후 줄곧 생산성 향상과 함께 노동자들의 임금이 꾸준히 상승했기 때문이다.

자동화의 증가와 더 나은 기술력 덕분에 생산성이 꾸준히 향상됨에 따라 모든 사람의 임금도 상승했다. 그리고 현재의 한계소득세율이 이러한 논리를 탄탄하게 뒷받침했다.

1966년 《타임》 기사가 쓰일 당시 최고한계소득세율은 70퍼센트였다. 그것이 효과적이었던 것은 CEO들로 하여금 기업에 투자하는 자본을 적절하게 유지하고, 새로운 기술에 자본을 투자하고, 노동자들에게 좀 더 많은 임금을 지불하고, 새로운 노동자를 좀 더 채용하고, 사업을 확장하라고 독려했기 때문이다.

70퍼센트까지 세금을 내야 한다면, 엄청난 돈을 벌어들이는 것이 무슨 소용이 있겠는가?

논리적으로 생각해보면, 만약 자동화 덕분에 기업이 좀 더 수익을 내고 효율적으로 바뀐다면 모든 사람의 삶의 수준이 높아지고 여가 시간이 늘어나면서 자본은 기업으로 흘러 들어갈 것이다.

그러나 레이건이 최고세율을 28퍼센트로 낮추면서 모든 것이 변했다. 내야 하는 세금이 믿을 수 없을 만큼 줄어들면서 회사는 수익성이 좀 더 높아졌고 CEO들도 많은 성과급을 받게 되었다.

그들이 바로 이런 짓을 했다.

자동화로 인하여 생기는 모든 새로운 이익이 상위, 즉 경제 왕당파에게 만 주어졌다.

'생산성 대 임금 상승' 그래프에서 대칭이 갑자기 무너졌다. 기술이 향상되면서 생산성도 계속 증가했지만, 임금은 그대로였다.

그리고 기업은 점점 더 수익이 높아지면서도 세금을 적게 내기 때문에

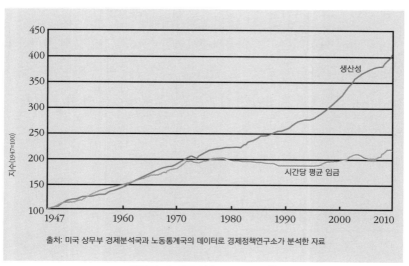

출처: 미국 상무부 경제분석국과 노동통계국의 데이터로 경제정책연구소가 분석한 자료

생산성 대 임금 상승(1947~2010년) [66]

근로자들의 근로 시간을 줄일 이유가 없어졌다.

《타임》이 '여가 사회'를 예견하는 기사를 싣기 전인 1950년대 제조업에 종사하는 미국인의 평균 근로 시간은 1주일에 약 42시간이었다.

오늘날 제조업에 종사하는 미국인의 평균 노동시간은 1주일에 약 40시간이다. 1950년대 이후 생산성이 400퍼센트 증가했음에도 불구하고 미국인들은 이전보다 평균적으로 1주일에 두 시간 적게 일한다.

1950년보다 오늘날 생산성이 네 배 가까이 향상되었다면 미국인 4인 가족이 한 달 월급으로 자신의 집에서, 자신의 차로 아이들을 학교에 보내고 휴가를 즐기며 은퇴 후 편안히 사는 등 1950년대와 똑같은 생활을 하는 데 그때보다 네 배 적게 일하거나 1주일에 열 시간 적게 일해도 가능하다.

'여가 사회'의 정의는 1주일에 열 시간 일하고 나머지 시간을 가족과 보내거나 여행을 하거나 창의적인 활동을 하거나, 아니면 당신이 원하는 일을 하는 것이다.

이 모든 것이 레이건의 세금 삭감으로 인해 날아가버렸다.

이와 함께 레이건은 전문항공관제사협회PATCO의 파업을 무자비하게 진압하면서 중산층을 지탱하고 있던 또 다른 기둥인 노동조합에 대한 30년간의 긴 공격을 시작했다. 미국 노동자들에게 삶은 더 이상 '여가적'이지 않았다.

로마 시대보다 불평등하다

근로자들은 여가 대신 봉건주의를 얻었다.

레이건의 세금 감축 결과 1947년부터 1979년까지 모든 계층의 소득이 증가하던 시대는 막을 내렸다. 경기 호황일 때 가장 부유한 사람만 더 부자가 되는 새로운 시대의 막이 올랐다.

인구조사에 따르면, 미국인 근로자가 시간당 받는 임금은 물가상승률을 감안했을 때 지난 36년 동안 겨우 1.23달러 올랐다. 1979년부터 2008년까지 중간 계층 20퍼센트의 임금은 겨우 11퍼센트 상승했다. 그 이전 30년 동안에는 111퍼센트 상승했다. 반면 하위 계층 20퍼센트의 임금은 1979년과 2008년 사이 7퍼센트 감소했다. 이전 30년 동안 그들의 임금은 118퍼센트 상승했다.

한편 경이로운 자동화와 레이건의 세금 삭감으로 인해 상위 1퍼센트에 속한 사람들의 소득은 275퍼센트 상승했다. (상위 0.1퍼센트에 해당하는 사람들의 소득증가율은 이보다 높았고, 상위 0.01퍼센트는 소득증가율이 훨씬 더 높았다.)

오늘날 미국 GDP에 대한 백분율로 볼 때, 근로자들의 임금은 사상 최저인 반면 기업의 이익은 사상 최고다.

미국인 상위 1퍼센트가 국가 자본의 40퍼센트를 소유하고 있다. 400명이 나머지 1억 5,000만 명의 전 재산을 합한 것보다 더 많은 재산을 보유하고 있다.

세계에서 가장 큰 사기업인 월마트는 이러한 불평등을 보여주는 전형적인 사례다. 2011년 월마트는 미국에 있는 회사 중에서 매출이 가장 높았고 164억 달러의 수익을 냈다. 그런데도 월마트는 고용인들에게 최소 임금을 지급한다.

월마트의 상속자로, 재산이 1,000억 달러로 추정되는 월튼Walton 가 사람들은 미국에서 가장 부자인 400명의 포브스 명단에서 6~9위에 포진해 있으며, 그들의 재산은 미국의 하위 40퍼센트에 속하는 사람들의 재산을 모두 합친 것보다도 많다. 보통의 월마트 직원이 한 명의 월마트 상속자만큼의 재산을 모으기 위해서는 1주일에 평균 40시간씩 7,600만 주 동안 일해야 한다.

역사학자 월터 샤이델Walter Scheidel과 스티븐 프리즌Steven Friesen은 몇몇 흥미로운 역사 분석을 통해 미국의 불평등이 로마 시대보다도 심하다고 평가했다.

즉 로마 황제들처럼 왕당파만 '여가 사회'를 손에 넣었다.

왕당파에게는 레이건의 세금 삭감 정책 뒤에 숨겨진 또 다른 혜택이 있었다.

'채무' 위기

1981년 대통령 취임 연설에서 로널드 레이건은 채무 위기에 대해 경고했다.

"수십 년 동안 우리는 현재의 일시적인 편의를 위해서 우리와 우리 아이들의 미래를 담보로 손실에 손실을 거듭해왔습니다.[67] 이런 현상이 계속될 경우 엄청난 사회·문화·정치·경제적 격변이 닥칠 것입니다."

당시 미국의 국가 부채는 1조 달러에 조금 못 미쳤지만, 레이건의 세금 삭감 결과 부채는 3조 달러로 세 배가 되었다. 그는 이전의 어떤 대통령보다도, 심지어 조지 워싱턴부터 지미 카터까지 모든 대통령의 부채를 합한 것보다도 많은 부채를 얻었다.

1989년 대통령 고별 연설에서 레이건은 자신의 재임기간 동안 높은 적자를 기록한 것이 유감이라고 말했다. 그 이후로도 공화당은 점점 더 부채를 늘렸다.

레이건에 이어 대통령이 된 조지 H. W. 부시는 1조 달러 이상의 부채를 보탰다. 그리고 그의 아들 조지 W. 부시는 6조 달러 이상의 부채를 보탰다. 레이건 이후 공화당 출신 대통령은 국가 부채에 약 10조 달러를 보탰다.

그러나 이들 모두 대통령 취임 연설에서는 적자를 줄이고 국가 부채를 탕감하겠다고 약속했다. 레이건의 정신에 입각한 공화당 출신 정치인들은 '부채 위기'에 대해서 '부채' 걱정은 기우에 불과하다며 부자들을 위한 감세를 추진한다.

이는 지극히 평범한 정치적 변절이나 영합으로 인식될 수도 있다. 그러나 이것이 전부는 아니다. 이 뒤에는 교활한 정치적 계략이 숨어 있다.

산타클로스 죽이기

1936년 루스벨트 대통령이 선거에서 대승을 거둔 것을 시작으로 2년 간 '아무것도 하지 않은 의회'가 1946년 선거에서 이긴 이후 1995년까지 공화당은 하원에서 한 번도 다수당이 되지 못했다. 이 기간은 우연히도 경제 왕당파가 권력을 잡지 못한 기간과 일치한다.

이들이 정치적 슬럼프에서 마침내 탈출할 수 있었던 것은 주드 와니스키Jude Wanniski라는 공화당 전략가이자 가짜 경제학자의 말을 들었기 때문이다. 1976년 와니스키는 《내셔널 옵저버》에 공화당이 새롭게 권력을 잡을 수 있는 방법을 제시하는 혁신적인 논문을 게재했다.

'세금과 두 산타 이론'이라는 논문에서 와니스키는 "민주당 의원들은 정치에서 성공하기 위한 첫 번째 규칙이 산타를 절대로 죽이지 않는 것임을 알고 있다. 그런데 공화당 의원들은 이러한 민주당 의원의 손에 놀아나면서 스크루지 역할만 하고 있다"라고 경고했다.[68]

그는 "공화주의자들이 균형 예산을 주장하는 한 그들의 영향력은 줄어든다"라고 말했다.

공화주의자들은 뉴딜 이후인 1930년대와 1940년대에 이 교훈을 처음 알게 되었다. 민주당 출신 대통령인 프랭클린 루스벨트가 산타클로스 역할을 맡아 미국 사람들에게 사회보장과 실업급여를 보장하던 때였다. 당시 공화주의자들은 자신들에게 그것을 감당할 재정적 능력이 없다며 스크루지 역할을 했다. 공화주의자들은 1960년대에도 스크루지 역할을 했고, 민주당 출신 대통령인 린든 존슨이 산타클로스 역할을 했다. 린든 존슨은 미국 사람들의 가난을 줄이기 위해 의료 혜택과 '위대한 사회' 프로그램을 제공했다.

그렇다면 공화주의자들은 스크루지 역할을 하면서 무엇을 얻었는가? 그들은 선거에서 패배하고 또 패배했을 뿐이다.

와니스키는 공화주의자들 역시 산타클로스 역할을 해야 한다며, "공화주의자들이 세금을 삭감하는 산타클로스가 되어야 한다"라고 주장했다.

와니스키는 다음과 같이 썼다. "유일하게 잘못된 것이 있다면…… 공화당이 산타클로스 역할을 하는 데 실패했다는 것이다. …… 두 명의 산타 이론은 공화주의자들도 세금 삭감에 대해 고심해야 한다는 것을 제안한다."

민주당이 사회보장이나 의료 혜택 같은 '선물'을 선사할 때, 공화당은 엄청난 세금 삭감이 가져올 악영향에 대해 논박할 수 있다. 1980년 레이건이 선거에 출마했을 때 그들은 와니스키를 정책 조언자로 발탁했다.

그런데 와니스키의 전략에는 논문에 정확히 제시되지 않은 또 다른 중요한 점이 있었다. 이는 다음과 같다. 만약 공화주의자들이 산타클로스 역할을 해서 (레이건과 두 명의 부시가 했던 것처럼) 정부의 지출은 줄이지 않은 채 세금만 삭감한다면, 세입이 바닥나서 정부는 민주당 정부가 제공했던 사회보장이나 고용보험, 의료 혜택 같은 사회복지를 제공할 수 없게 된다. 공화주의자들은 이 모든 것을 '선물'이라고 명명했지만, 사실이 모든 것은 중산층에게 생존 '필수품'이다.

공화주의자들이 세금 삭감으로 인한 세입 손실에 대해 항의한다면, 아마도 역할이 바뀌어 민주주의자들이 스크루지 역을 맡고 결국에는 산타클로스를 쏘아 죽일 것이다.

나는 로널드 레이건의 전 예산 담당관인 데이비드 스톡먼David Stockman에게 와니스키 이론이 공화당의 세금 삭감 정책에 동기부여를 했는지 물어보았다.

스톡먼은 와니스키를 '완전히 미친 과격주의자'라면서 두 명의 산타 이론은 레이건의 기본 경제 정책이 아니었다고 말했다.

스톡먼이 인정했던 것처럼 세금 삭감은 별다른 효력이 없었다. 오히려 부채가 증가하면서 백악관이 이를 감지했다.

"백악관 내에서는 의견이 양분되었다. 한쪽 사람들은 합리적인 사람들로, 수입과 지출이 맞지 않고 수치들이 예상했던 대로 나타나지 않으며 세금 삭감의 폭이 너무 크다고 생각했다. 다른 쪽 사람들은 선동가들로,

'그냥 이대로 우리가 감당할 수 없더라도 세금 감축을 계속하자'라고 주장했다."[69] 다시 말해 백악관은 합리적인 공화주의자와 경제 왕당파로 양분된 것이다.

스톡먼은 백악관 내의 이러한 논쟁에서 왕당파가 승리했다고 인정했다. "불행하게도 공화당 내에는 그 논의에 대해서 재정적으로 보수적인 입장에 서 있는 사람이 매우 적었다. 점점 더 많은 공화주의자가 세금 감축에 대해서는 언제, 어디서나, 어떤 이유를 불문하고 교리문답 같은 대답을 되풀이했다. 당신은 정부 고지서에 적힌 돈을 꼭 납부하지 않아도 된다. …… 다만, 아무튼 민주당원들에게 책임을 물어라."

와니스키가 말했던 것과 같았다. 계획은 효과적이었다.

공화주의자 클린턴

아이러니컬하게도 레이건 정부의 경제 왕당파는 미국 중산층을 지탱했던 사회안전망에 실질적인 피해를 끼치지 않았다.

오히려 피해를 끼친 것은 민주당 출신 대통령이었다.

프랭클린 루스벨트 대통령이 1932년에 했던 것과 마찬가지로 엄청난 변화를 약속하며 1992년에 빌 클린턴이 대통령으로 당선되었다. 클린턴의 구호는 '새 언약'이라 불렸는데, 클린턴은 1991년 조지타운 대학에서의 연설에서 자신의 공약을 다음과 같이 요약했다. "전환점을 돌기 위해 우리는 새로운 방식으로 접근해야 합니다. …… 모두에게 기회를 제공하기 위해서 국민과 정부 사이에 새 언약, 엄숙한 합의가 필요합니다. ……

정부를 강력한 이익으로부터 돌려세워…… 우리 조국의 보통사람들에게 이익을 돌려주는 새 언약이 필요합니다."[70]

그러나 새 언약은 결실을 맺지 못했다. 애덤 커티스Adam Curtis가 '더 트랩'이라는 제목으로 BBC에서 방영한 다큐멘터리 시리즈에 의하면, 빌 클린턴이 대통령 선서를 하기 몇 주 전에 당시 골드만삭스의 CEO였던 두 명의 악명 높은 왕당파가 클린턴을 찾아갔다. 한 명은 나중에 클린턴 정부의 재무부 장관이 된 로버트 루빈Robert Rubin이고, 다른 한 명은 연방준비제도 의장인 앨런 그린스펀Alan Greenspan이었다. 루빈과 그린스펀은 젊은 대통령과 함께 앉아 왕당파가 총괄하고 있는 것에 대해 설명했다.

파월의 메모가 처음 유포된 지 벌써 20년이 지났고 민주당 출신 대통령이 당선되었지만 로비스트들, 기업으로부터 재정 지원을 받는 싱크탱크, 정치 기금 모금자들이 활동하던 그림자 정부와 아무런 차이가 없었다. 클린턴은 정치적 편의를 택했다. 그는 왕당파의 어젠다를 수행하기로 했다.

1993년 취임식에서 클린턴은 왕당파가 그에게 원했던 것처럼 "우리의 엄청난 채무를 삭감하겠습니다"라고 선언했다.

이후 1996년 클린턴의 임기 중, 마치 로널드 레이건이 말한 것이 아닐까 싶게, 클린턴은 "큰 정부의 시대는 끝났습니다"[71]라고 선언했다. 그것은 왕당파가 뉴딜에게 '패배를 인정'하게 만든 것이었다. 그다음 클린턴은 복지를 '개혁'하며 산타를 저격했다. 클린턴은 레이건이 꾸며낸 것이 분명한 '복지 여왕'이라는 사기성 짙은 근거 없는 이야기를 받아들여 1996년 개인책임과 근로기회조정법에 서명했다. 이 법은 1963년 22퍼센트였던 미국의 빈곤율을 1970년 12.6퍼센트로 줄인 린든 존슨의 '위대한 사회' 법안을 무효로 만드는 결과를 가져왔다.

1960년대 이후 처음으로 빈곤 가정이 라이프라인(국민 생활과 산업 및 경제활동에 필수적인 시설로 도로, 철도 등의 교통 시설과 전화, 방송 등의 정보통신 시설, 상하수도, 전력, 가스 등의 공급처리 시설과 네트워크 연결망 – 옮긴이)을 보장받지 못하게 되었다. 일을 하고 있다는 것을 증명해야 정부의 도움을 받을 수 있는 자격이 주어졌다. 이론적으로 보았을 때, 특히 1990년대처럼 경기가 좋아서 일자리가 많을 때는 이것이 그럭저럭 실효성이 있었다. 그러나 경기 침체로 한 가족 중 서너 명이 구직 활동을 하고 있을 경우에는 무척이나 부담스러운 것이었다.

통계치가 이러한 사실을 보여주었다. 복지 개혁을 시행한 지 16년 후, 훨씬 더 많은 사람들이 혜택을 받지 못하게 되었고 빈곤층이 증가했다. 복지 개혁 이전에는 빈곤 가정 중 70퍼센트가 라이프라인을 보장받았지만, 개혁 이후 2009년까지 겨우 30퍼센트만 라이프라인을 보장받았다.[72]

'위대한 사회' 프로그램에 대한 공격은 사회안전망에 대한 일련의 공격 중 첫 번째에 해당한다.

클린턴은 로스 페로Ross Perot의 말을 듣지 않으면서 중산층의 최대 배신자가 되었다.

빨아들이는 굉음

레이건이 대통령으로 취임하던 당시 미국은 세계에서 가장 부유한 국가였다. 두 차례의 세계대전으로 약간의 타격을 입었지만 조지 워싱턴 정부 이후 국가 부채는 인플레이션을 감안하더라도 상대적으로 안정적이었다.

미국은 세계에서 가장 큰 채권국이었고, 많은 국가들이 미국에 돈을 빌렸다. 그러나 오늘날 미국은 세계에서 가장 큰 채무국이고, 국가 부채는 GDP를 훨씬 넘는다.

흥미로운 수치가 또 있다. 레이건이 취임하던 1988년, 미국은 세계에서 원자재를 가장 많이 수입하는 국가이자 완제품과 제조물품을 가장 많이 수출하는 국가였다. 미국은 철광석을 들여와 TV와 컴퓨터, 자동차, 의류까지 모든 것을 수출했다. 그러나 오늘날 상황은 완전히 역전되었다. 미국은 현재 가장 많은 원자재를 수출하고, 가장 많은 완제품과 제조물품을 수입한다.

이는 엄청난 무역 불균형을 초래했으며, 1981년 150억 달러였던 무역 적자가 2012년에는 5,390억 달러로 늘어났다.

미국의 초대 재무 장관이었던 알렉산더 해밀턴이 제조업자들을 위한 열한 가지 계획을 마련한 1791년부터 불과 몇십 년 전까지 미국은 수입에 대한 높은 관세 및 자국 산업에 대한 정부 지원을 기반으로 제조업을 보호했다.

이러한 '보호주의적' 접근은 미국을 세계 최대 수출국으로 등극시켰고 공장에서 일하는 근로자들도 높은 임금으로 중산층이 될 수 있도록 함으로써 미국 내에서 중산층 수를 늘리는 데 기여했다.

이후 세계화에 대한 압력이 거세지면서 국경으로부터 자유롭고 자국 제조업을 보호하지 않는 것이 세계 경제의 미덕으로 칭송받았다.

1980년대 레이건 혁명에 따라 미국 중산층을 지지하는 또 하나의 기둥이었던 알렉산더 해밀턴의 '열한 가지 계획'은 폐기되었다. 1986년 레이건은 관세를 인하했고, 1988년에는 캐나다와 자유무역협정을 맺었다. 재임기간 동안 그는 보호주의자들의 무역법안에 반대했고, 세계 경제에서 미국의 지출을 두 배로 늘렸다.

그러면서 클린턴은 노동자들을 완전히 속였다.

1992년 대선 토론회에서 제3당 후보자인 로스 페로는 보호무역을 포기하면 욕조에서 물이 소리를 내며 빠져나가듯 미국의 일자리가 남쪽의 멕시코로 빠져나갈 것이며, 이는 큰 사회적 문제를 일으킬 것이라는 의미에서 '빨아들이는 굉음'이라는 용어를 사용하며 경고했다.

페로의 생각이 옳았지만, 당시 정부 내 누구도 그의 말을 듣지 않았다.

관세는 폐지되었고, 그런 다음 1990년대에 빌 클린턴이 백악관에 입성했다. 클린턴은 레이건의 무역정책을 계속 추진했고 GATT, NAFTA, WTO 같은 자유무역협정을 체결함으로써 지난 2세기 동안 외국의 기업 포식자들로부터 미국의 제조업을 안전하게 지켰던 보호 조치들을 모두 파기했다.

1960년대 미국인 세 명 중 한 명은 제조업에 종사했지만, 오늘날 잇따른 자유무역협정 체결로 미국인 열 명 중 한 명만 제조업에 종사하고 있다.

지난 10년 사이 미국에서는 5만 개의 제조업 공장이 문을 닫았고, 제조업과 관련된 500만 개의 일자리가 사라졌다. 정확히 말하면, 그것들은 사라진 것이 아니라 외국에 있는 폭스콘 같은 저임금 공장으로 이동한 것이다.

그로 인한 피해가 어떤 것인지 내가 처음으로 느꼈던 것은 뉴욕으로 주말여행을 떠났다가 집으로 돌아오는 길에 보스턴에서 워싱턴까지 한 시간에 한 대씩 운영하는 암트랙 기차를 탔을 때였다. 나는 비즈니스석에 앉아 창밖을 바라보며 활동가이자 다큐멘터리 필름 제작자인, 오랜 친구

얼 카츠Earl Katz와 전화 통화를 하고 있었다.

몇 달 전 나는 독일 프랑크푸르트에서 쿨름바흐까지 장거리 기차 여행을 했다. 독일의 기차는 새것이었고, 내부는 반짝거렸다. 플라스틱과 티크 판넬로 디자인한 인테리어, 차분하고 우아한 카펫, 조절 가능한 최신식 좌석도 인상적이었는데, 심지어 화장실도 깨끗했다. 기차는 시속 100마일(약 161킬로미터 – 옮긴이)로 달리면서도 덜컹거리지 않고 부드럽게 운행되었다.

반면 미국의 암트랙 기차는 가장 비싼 좌석도 오래되어 낡았고, 카펫과 시트는 더러웠고, 문은 삐걱대고 투박했다. 화장실 시설도 매우 낡았다. 기차는 시속 50~70마일로 움직였고, 덜컹거리며 끽하는 소리를 냈다. 기차가 계속 덜컹거려서 사람들은 균형을 잡으려고 애쓰지 않고서는 이 칸에서 저 칸으로 움직이기 힘들었다.

그 무엇보다도 충격적인 것은 창밖으로 보이는 것들이었다.

독일을 여행할 때는 창밖으로 공장들이 매우 활기차게 가동되고 한 마을에서 3분의 1 정도의 주택이 지붕 위를 태양열 전지판으로 덮여 있는 광경을 보았다(독일은 10년이 채 되지 않은 기간 동안 태양열 전지판 쪽으로 방향을 바꿔 각 가정의 지붕을 태양열 전지판으로 덮기 시작했다). 반짝반짝 빛나는 (엄격한 에너지 절약 기준에 의해 세워진) 빌딩 등 모든 곳이 번창하고 있었다.

반면 미국 동부를 여행하는 동안 나는 오래되고 낡은 빨간 벽돌 또는 시멘트로 만들어진 공장들을 1마일에 한 번꼴로 보았다. 공장 벽은 낙서로 뒤덮여 있고 갈라진 틈새에는 잡초가 무성하며 건물 여기저기는 판자로 막았거나 창문이 부서져 있었는데, 마치 이빨 빠진 노인이 구세군에게 받은 초점이 맞지 않는 중고 안경을 끼고 기차를 응시하고 있는 것 같았다.

가끔은 공장의 콘크리트 벽이나 지붕의 벽돌, 처마의 돌림띠 등에 새겨진 어떤 이름의 흔적도 보였다. 그 이름은 19세기 말이나 20세기 초에 자랑스럽게 쓰였을 것이다. 그 이름들은 오래전 철강 산업, 자동차 부품 산업, 잔디 깎는 기계 산업, 방직 기계 산업이 부흥했음을 보여주었다.

기차가 10여 개의 빈 공장을 지나 빈집들을 지나칠 때 나는 특히 가슴이 아팠다. 대부분 기품 있는 벽돌로 지은 연립주택 같았는데, 만약 그 집들이 워싱턴 DC나 뉴욕에 있다면 주택당 몇백만 달러에 팔렸을 것이다. 예전에 중산층의 주거 공간이었겠지만 그들이 일했던 공장이 모두 문을 닫으면서 그 집들 또한 대부분 창문이 깨지고 벽에는 낙서가 가득하며 천장은 부식되고 있었다.

내가 보고 있는 광경을 얼에게 이야기했는데 그는 이미 그러한 것들에 대해 매우 잘 알고 있었다.

"이 모습은 마치 미국의 마지막을 보는 것 같아."

얼은 부드럽지만 슬픈 목소리로 말했다. "정확히 말하면 미국 중산층의 마지막이지. 미국 전역에서 볼 수 있는 모습이야."

이것이 바로 폭락의 초기 단계다.

나는 지금 단지 철도와 건물이 낙후되고 있는 것에 대해 이야기하고 있는 것이 아니다. 건강한 경제, 넓은 중산층, 강한 민주주의를 건설할 수 있는 기둥들, 그 근본이 썩어가고 있는 것에 대해 이야기하고 있는 것이다.

그 모든 것은 국가로부터 빨아들인 것이다.

클린턴이 중산층에게는 사형집행장과도 같은 자유무역협정에 서명할 때 잠시 망설이던 순간이 있었다.

밥 우드워드Bob Woodward에 따르면, 이 무역 협상과 관련하여 대통령

집무실에서 모임이 있을 때 클린턴이 비꼬는 투로 다음과 같이 말했다고 한다. "민주당원들은 모두 어디에 있습니까? 저는 여러분 모두가 자신이 아이젠하워의 공화당원임을 인식하고 있기를 바랍니다."[73]

그는 계속해서 덧붙였다. "여기에 있는 우리 모두는 아이젠하워의 공화당원입니다. 우리는 여기에 모였고 국가 손실 감축, 자유시장, 채권시장을 위해 여기 서 있습니다. 멋지지 않습니까?"

정치적 좌파들은 프랭클린 루스벨트가 경제 왕당파와 벌였던 싸움을 포기했다. 그들은 이제 아이젠하워와 같은 뉴딜 공화당원의 자세를 취했다.

그것도 그리 나쁘지는 않을 것이다. 아이젠하워도 결국 뉴딜을 신뢰했다. 1954년 아이젠하워는 자신의 형제 에드가Edgar에게 보내는 편지에 "어떤 정당이라도 사회보장과 실업보험을 폐지하고 노동법과 농장 프로그램을 없애려 한다면, 우리 정치사에서 그 정당을 다시는 보지 못할 것이다"라고 썼다. 그는 "그렇게 할 수 있다고 믿는 군소 정당들이 있다. 그들 중에는…… 텍사스의 석유 부호, 예비 정치인 또는 타 분야의 사업가들이 있다. 그 숫자는 무시할 정도로 적고, 또한 그들은 멍청하다"[74]라고 덧붙였다.

문제는 민주당원들이 아이젠하워 공화당원이 되는 동안 공화당원들은 완전히 다른 무언가로 변했다는 것이다.

2001년 조지 W. 부시가 대통령으로 취임했을 때 경제 왕당파는 공격을 개시했고, '여가 사회' 대신 격변하는 폭락이 있을 뿐이었다.

광기

나는 조직, 특히 은행과 여타 다른 조직들이 자기 이익을 추구하면서
주주와 회사의 자산을 가장 잘 보호할 수 있을 거라고 간주하는 실수를 저질렀다.

앨런 그린스펀, 2008년 10월

왕당파가 권력을 잡았던 시대에 가장 위대한 연대기 작가 중 한 명이
경제학자 존 케네스 갤브레이스John Kenneth Galbraith다. 그는 1908년에
태어났고 젊은 시절에 일어난 모든 것을 목격했다. 하버드 대학교 경제학
교수로 재직 중이던 1954년, 갤브레이스는 『대폭락 1929 The Great Crash
1929』를 저술했다.

그 책에서 갤브레이스는 (부자들에게 세금을 적게 매기는 대신 받은)
9년간의 '불법 자금'과 '최소 규제'가 노동자 계층이 소유한 부를 부자들
에게 가도록 했으며, 이로 인해 미국 경제의 공동화 현상이 발생했다는
점에 주목했다.

갤브레이스는 1929년에는 "경제가 근본적으로 건실하지 못하다"는 점에 대해 "거의 의문을 제기하지 않는다"고 강조했다. 그에 의하면 "계속되는 재앙을 잉태하는" 다음과 같은 다섯 가지 주요 요인이 있었다.[75]

1. 열악한 소득분배
2. 부실한 기업 구조
3. 취약한 금융 구조
4. 불안정한 국제수지
5. 빈약한 경제 지식

갤브레이스가 무엇보다 주목한 것은 대폭락을 일으킨 재계 및 정계의 유력자들이 자신들의 책임에 대해 양심의 가책을 느끼거나 후회하는 모습을 보이지 않는다는 것이었다. 인류 공동체 혹은 국가 공동체, 아니면 자신들이 일하거나 경영하는 산업 분야에 종사하는 사람들에 대해 어떠한 사명감도 느끼지 못하는 사람들이 미국의 통치와 산업을 이어받은 것이었다.

당시에는 모호하고 이해하기 힘든 단어였기 때문에 직접적으로 사용하지 않았지만 갤브레이스는 사이코패스들, 즉 자신들이 경제에 미치는 해악을 전혀 이해하지 못하는 사람들이 권력을 넘겨받았다고 했다. 단도직입적으로 그는 '광기'라고 지칭했다.

갤브레이스는 이러한 광기의 결과를 다음과 같이 분석했다. "공동체 전체에서 금융계가 느끼는 책임감은…… 제로에 가깝다. 아마도 그들은 그렇게 타고났을 것이다."

"주된 관심이 돈을 버는 데 있는 공동체에서 가장 필수적인 규칙 중 하나는 살아남는 것이고 살아남도록 하는 것이다."

갤브레이스는 미친 – 제정신이 아닌 – 사람들이 경제를 좌지우지하는 것은 매우 위험하다고 지적했다. 그 결과 사이코패스들 – 그는 '멍청한 사람들'이라고 불렀다 – 이 권력으로 더욱더 무장하여 국가의 부를 더 많이 가져갈 뿐만 아니라 정부와 기업에 대한 규제를 없애 자신들의 착복이 더 용이해지도록 한다.

광기에 반대하는 목소리를 높이는 것은 광기에 굴복한 사람들을 망칠지도 모른다. 그래서 월스트리트의 현명한 사람들은 거의 항상 침묵을 지킨다. 따라서 '멍청한 사람들'은 경쟁 상대가 없다. 아무도 그들을 힐책하지 않는다.

갤브레이스와 대부분의 경제학자들은 이념가들, 권력으로 무장한 사이코패스들이 경제의 핵심을 도려낸다는 것을 대폭락이 발생하고서야 사람들이 깨닫게 되었다고 지적했다.

광기의 진화

80년의 폭락·전쟁의 주기하에 미국 기업과 정부를 주도하는 사이코패스의 수를 늘렸다 줄였다 하며 조절하는 하위 집합이 있을 수 있는가?

다윈의 되새류는 그렇다고 말한다.

찰스 다윈Charles Robert Darwin은 1830년대에 HMS 비글스로 알려진 탐

험선을 타고 갈라파고스 섬에 갔고, 그곳에서 (여러 종 중에서) 다양한 되새류를 관찰했다. 예를 들어 일부 되새류는 크고 딱딱한 씨앗을 먹으면서 큰 부리를 갖게 되었고, 다른 되새류는 작은 씨앗을 먹으면서 작은 부리를 갖게 되었다. 또 다른 몇몇은 선인장 안에 있는 씨앗을 먹으면서 길고 얇은 부리를 갖게 되었다.

다양한 종류의 되새류는 처음에 한두 종이 폭풍우에 휩쓸리거나 다른 방법으로 갈라파고스에 오게 된 후 진화한 것으로 추정된다. 이러한 관찰 결과를 토대로 다윈은 진화가 어떻게 종 형성에 기여하는지에 대한 자신의 이론을 정리하여 『종의 기원』을 발표했다.

그 뒤 다윈은 갈라파고스 섬에 다시 가지 못했고, 시간이 지남에 따라 되새류가 환경 변화에 대응하여 어떻게 변화했는지 확신할 수 있는 기회를 갖지 못했다. 그 작업은 피터와 로즈매리 그랜트Peter and Rosemary Grant 부부가 맡게 되었는데, 그들은 몇십 년 동안 매년 그 섬을 찾아가 특징적인 변화를 관찰하고 연대기별로 기록하여 『생태학과 다윈의 되새류의 진화』를 출간했다. 훗날 이 책은 조나단 와이너Jonathan Weiner의 베스트셀러인 『핀치의 부리』라는 책으로 대중들에게 널리 알려졌다.

그랜트 부부는 갈라파고스 제도 중 하나인 다폰 메이저를 매년 방문하면서 다윈이 수백억 년에 걸쳐 서서히 진행된다고 가정한 진화 과정을 목격했다. 그들은 진화가 급격한 환경 변화에 대한 반응으로 발생하여 되새류를 수차례 변형시켰다는 점도 발견했다.

1977년 당시 섬에 매우 심한 가뭄이 닥쳤다. 섬은 그전부터 이미 황량하고 척박했는데 가뭄으로 인해 작은 씨앗들이 거의 메마르거나 죽는 등 녹초의 피해가 심했다. 그 결과 작은 부리를 지닌 핀치새들은 남아 있는 큰 씨앗을 쪼개지 못해 죽었다.

1978년 가뭄에서 살아남은 핀치새의 새끼들은 대부분 더 큰 부리를 지니고 있었는데, 이들이 환경에 적응하는 데는 1년도 채 걸리지 않았다.

1984~1985년에는 평소와 달리 우기가 2년간 지속되어 이전과 다른 방식의 진화가 발생했다. 수분이 많은 환경에서 섬 전체에 작은 식물들이 성장했고, 작은 부리를 지닌 핀치새들은 크고 무거운 부리를 지닌 새들만큼 많은 에너지를 쓰지 않으면서 씨앗을 먹을 수 있게 되었다. 1986년까지 작은 부리를 지닌 되새류의 수가 다시 높은 수준으로 회복되었다.

진화가 이루어질 뿐 아니라 환경 변화에 따라 진화 주기가 반복되기 시작한 것이다.

생태계를 경제계에 비교해볼 때 – 경제계와 생태계 사이에는 유사점이 많다 – 서로 다른 경제 환경이 각기 다른 유형의 사람에게 적합한지를 살펴보는 것은 어렵지 않다.

경제가 폭락할 때 사이코패스들은 환영받지 못할 것이다. 그러한 환경에는 모험을 좋아하지 않고, 사회 공헌도가 높고, 사업을 느리고 꾸준하게 하는 사람들이 최적이다. 대공황 발생 후 그다음 반세기 동안 일반적으로 널리 퍼져 있는 사업 모델을 따르던 전통적인 CEO들과 회사 중역들이 있었다. 이들 CEO는 고용자들이 받는 최저임금의 겨우 30배의 임금을 받았는데, 그들은 그 지위에 오르기 전에 25년 정도 근무했고 주가와 연계한 보상은 받지 않았다.

이 기간 동안 CEO들은 (노동조합을 통해서) 노동자들에게, (이사회를 통해서) 회사에, (지역·주·연방정부와 공동체의 압력을 통해) 공동체에 자신들이 한 일을 설명해야 했다. 예외적으로 그들은 월급과 보너스를 받았지만, 세법에 따라 주식이나 스톡옵션 등에 따른 보상은 받지 않았다. 이 기간 동안 가장 크고 강하며 회생 능력이 뛰어난 일부 회사가 설립되기도 했다.

마찬가지로 재계에 경쟁 ─ 특히 작은 지역 경쟁 ─ 이 허용될 수 있도록 보호 조치들이 마련되면서 기업이 시장에 진입할 수 있는 기회를 제공했다. 만약 대기업의 규모가 너무 방대해지면 1890년 셔먼 반독점법에 의해 분사分社된다.

결국 대망각이 다시 세를 장악했다. 그리고 왕당파와 그들의 광기가 다시 몰래 기어 나왔다.

독점이 다시 시작되다

왕당파의 감시하에서 레이건 정부의 철학은 기업 분사를 반대하는 것이었다. 그로부터 몇십 년에 걸쳐 대호황 시대에 있었던 독점이 다시 나타나기 시작했다.

월스트리트의 20개 대형 은행은 국가 전체 GDP의 84퍼센트에 맞먹는 자산을 보유하고 있다. 그중 12개 은행이 전체 은행의 70퍼센트에 해당하는 자산을 보유하고 있다. 즉 전체 금융 시스템은 몇 마리의 큰 고래에 의존하고 있으며, 모든 돈을 들여서라도 이 은행들이 도산하지 않도록 해야 한다. 그러지 않으면 모두가 망한다.

음식 산업을 생각해보자. 《마더 존스》의 톰 필포트Tom Philpott에 따르면, 농업 부문의 독점은 농장에서부터 부엌 선반에까지 이른다. 겨우 4개 기업이 세계 곡물 무역의 90퍼센트를 장악하고 있다. 소고기 산업의 경우 3개 기업이 전체 산업의 70퍼센트를 차지하고 있다. 돼지고기와 닭고기 산업은 4개 기업이 전체 산업의 58퍼센트를 장악하고 있다.[76]

소매 부문에서는 월마트가 전체 미국 식품 산업의 4분의 1을 차지하고 있다. 우리가 아침에 먹는 시리얼의 경우 4개 기업이 미국 전역 슈퍼마켓 시장의 75퍼센트를 차지하고 있는데 과자 시장의 경우 75퍼센트, 쿠키 60퍼센트, 아이스크림 50퍼센트를 각각 장악하고 있다.[77]

건강보험 시장의 경우에는 4개 건강보험 관련 회사 - 유나이티드 헬스, 웰포인트, 애트나, 휴매나 - 가 전체 건강보험 시장의 4분의 3을 차지하고 있다. 그리고 미국 시민단체HCAN가 2007년 밝혀낸 바에 따르면, 38개 주에서 2개 보험회사가 전체 시장의 57퍼센트를 점하고 있다. 15개 주에서는 단 한 개의 보험회사가 전체 시장의 60퍼센트를 점령하고 있다.

이런 시장에는 경쟁이 없기 때문에 가격은 계속 상승하며, 그 결과 소수의 고래에게 돌아가는 이익이 증가할 수밖에 없다.

휴대전화 시장에서는 4개 회사 - 에이티앤티, 베리즌, 티모바일, 스프린트 - 가 전체 시장의 89퍼센트를 차지하고 있다. 인터넷 시장은 AT&T, 컴캐스트, 타임워너, 베리즌 같은 몇몇 회사가 시장의 절반 이상을 점하고 있다.

신문에서 텔레비전, 라디오에서 영화까지 '독점'이 시장을 지배하고 있다.

만약 현재 인터넷 독점에 대해 1970년대 리처드 닉슨이 AT&T에 취했던 조치를 따른다면, 미국인들은 다른 대부분의 선진국이 누리는 저렴한 초고속 인터넷을 제공받을 수 있을 것이다. 예를 들어 한국의 인터넷 속도는 미국보다 200배가 빠르지만 한국 사람들은 한 달에 겨우 27달러를 지불한다. 『피동적인 수용자 : 새로운 대호황 시대의 텔레콤 산업과 독점력Captive Audience: The Telecom Industry and Monopoly Power in the New Gilded Age』의 저자이자 전 ICANN(국제인터넷주소관리기구 – 옮긴이) 이사회 멤버였던 수전 크로포드Susan P. Crawford 교수는 미국의 소비자가 휴대전화 요금으로 월 평균 약 90달러를 지불하는 데 비해 유럽인들은 겨우 19달러를 지불한다고 지적했다(그리고 유럽인들이 이용하는 통신 상품이 훨씬 훌륭하며, 속도도 훨씬 빠르고 데이터도 무제한이다).[78]

미국의 이러한 독점 때문에 건강보험료, 음식값, 연료비 등이 상승한다.

현재는 제2의 대호황 시대로, 또 다른 독점의 최종 심판으로 향하고 있다. 그리고 이전보다 상황은 더 악화되었다.

19세기 후반 약 반세기 동안 노동자들을 무참하게 공격했던 악덕 자본가들을 더 이상 상대할 수는 없다. 그들은 프랭클린 루스벨트 시절 쿠데타를 모의했던 경제 왕당파가 아니다. 그들은 새로운 형태의 왕당파다.

퓰리처상 수상자인 저널리스트 크리스 헤지스가 말한 것처럼 "봉건적 악덕 자본가들은 민족국가 내에서 자신들의 기업을 운영했다. 지금의 법인체들은 중국의 죄수 노동처럼 가능한 한 가장 낮은 임금의 노동력을 얻기 위해 세계 이곳저곳을 찾아다니며, 그들은 다른 기업에게도 이러한 노예 노동과 경쟁하도록 압력을 가하고 있다".[79]

그는 계속해서 오늘날의 왕당파를 다음과 같이 묘사했다. "현 세대는 악덕 자본가들이 득세한 19세기 후반과 유사하지만, 민족국가에 대한 충성심 같은 것이 존재하지 않는다는 점에서 그때보다 상황은 더 좋지 않다. 기업들은 국가 내부에서부터 속을 도려내고 있다. …… 일종의 신봉건주의가 만들어지고 있다."

세계적인 사이코패스

『세계화의 몰락 The Collapse of Globalism』에서 존 랄스톤 사울John Ralston Saul은 세계화의 주요 이데올로기를 제시했는데 GATT, WTO, NAFTA 등 이 설립되면서 전 세계에 널리 퍼졌다.

사울은 "세계화는 무역협정, 탈규제, 민영화를 통해 정치적으로 독립한 민족국가의 힘을 심각하게 약화시켰다"[80]라고 주장한다.

미국 역사 대부분의 시기에 기업은 영리적이든 비영리적이든 단순히 기업의 주주나 CEO들의 이익에 급급하기보다 기업 조직 강령을 마련함으로써 기업, 노동자, 그리고 소비자의 장기적인 이익에 관심을 가졌다. 그리고 무엇보다도 가장 중요한 것은 장기적인 국가 이익이다. 만약 국가가 지옥의 나락으로 떨어진다면 시장 역시 그렇게 될 것이다. 시장 붕괴는 기업에게도 좋지 않다.

세계화는 게임을 변화시켰다. 세계화는 경계를 허물고 있다. 국가 산업에 대한 정부 보호를 없애고, 경제 왕당파가 다 같이 달려들어 마구 배를 불리게 하고 있다. 사울의 설명에 따르면, 일단 정부가 손을 떼면 초국가 기업들이 힘을 얻게 된다. "세계 대부분의 민족국가보다 더 부유하고, 이전의 국가들에 제한을 가했던 지정학적·사회적 규제로부터 자유로우며, 국가주의가 요구하는 것을 넘어선 초국가주의는 시민들의 요구로부터도 자유로우며 세계 문제를 자신들이 원하는 대로 좀 더 합리적·효율적으로 조직할 수 있다."

기업들은 '국가주의의 요구'에 따르지 않기 때문에 미국인 노동자들을 고용하지 않아도 되고, 세금을 내지 않아도 되고, 독성 화학 물질을 배출할 수도 있다. 기업들은 국가주의 대신 높은 이윤을 창출하는 효율성을 추구한다. 그리고 기업들은 값싼 인도 노동자들을 고용하고, 수십억 달러의 세금을 내지 않기 위해 수백만 달러를 들여 로비를 하고, 사람들로 하여금 석유 시추장치를 계속 가동하게 함으로써 생태학적 재앙들을 예방하기 위한 각종 규제를 피하면서 훨씬 더 높은 효율성과 수익성을 획득한다.

클린턴이 세계화로의 문을 열었으나, 조지 W. 부시는 세계적 사이코패스들이 미국을 약탈하는 것을 내버려두었다.

자유무역의 결과, 2001년 이후 미국에서는 매달 평균 약 5만 개의 제조업이 사라졌다. 그리고 같은 기간 동안 5만 개 이상의 제조업 공장 – 예를 들어 기차 레일을 깔았던 동부 해안의 공장 등 – 이 영구적으로 문을 닫았다.

미국의 산업들이 중국 갑부, 사우디 왕자, 또는 러시아 과두제 집권층 등이 제안하는 비싼 가격에 빠르게 팔려나갔다. 여러분이 이 책 한 쪽을 읽는 동안 24만 달러어치의 미국 산업이 외국 투자자들에게 팔려나가고 있다.[81]

과거 30년간 해외 투자자들은 약 3조 달러의 미국 산업을 매입했다.[82] 이는 미국인들에게 이익을 가져다주고 미국인 노동자를 고용하며 '미국산 제품'이라는 도장을 찍는 상품 3조 달러 정도가 다른 나라 소유가 되었음을 의미한다. 따라서 그 산업들이 계속 가동된다면 그 모든 수익은 외국으로 간다. 이는 마치 한 국가가 사업을 정리하면서 점포 정리 세일을 하는 것과 같다.

21세기 미국의 경제적 지위가 얼마나 위험에 처해 있는지 다음과 같은 현상을 한번 살펴보자. 21세기 들어 10년 동안 전체 미국인 근로자 중 5분의 1을 고용한 미국의 초국가 기업들이 일자리를 대거 줄여왔다. 2000년 이후 이들 초국가 기업은 290만 명의 미국인을 해고하고 240만 명의 외국인 근로자를 고용했다.[83]

모든 분야에서, 잘 알려진 미국 회사들이 모두 이러한 조치를 취했다. 캐터필라, 시스코, 셰브런, GE, 인텔, 머크, 오라클, 스탠리워크스, 유나이티드 테크놀로지 등 그들이 필요로 하는 인력의 최소 45퍼센트를 다른 나라에 위탁했다. GE는 다른 나라 고용자를 50퍼센트 이상 고용했는데, CEO인 제프리 이멜트Jeffrey Immelt는 오바마 정부에서 미국 경제 회복을 위한 방향을 제시하는 경제자문기구 의장으로 임명되었다.

이러한 제조업의 외국 위탁은 엄청난 무역 손실을 일으키고 있다.

예를 들어 미국은 한국과의 자동차 무역 부문에서 108억 달러라는 엄청난 손실을 입었다. 2009년 한국은 미국에 117.2억 달러어치의 자동차를 수출한 반면, 미국은 4.92억 달러를 수출하는 데 그쳤다.[84]

인도와의 경우 2010년 미국의 무역 손실은 103억 달러에 달했다.[85]

중국과의 경우 2010년 무역 손실은 2,730억 달러로 상상하기도 힘들 정도인데, 이는 세계 역사상 양국 간 무역 손실로는 가장 큰 수치로 기록되었다.

중국과 미국의 무역 관계는 특히 염려스럽다. 다른 국가들이 다보스의 세계화에 충성을 바친 미국인 CEO들과 말도 안 되는 무역정책들을 논의하는 동안 중국은 차기 세계 패권국이 될 준비를 하고 있다.

말하기 조심스럽지만, 미국의 최첨단 기술을 개발한 기업들은 중국 소비주의를 이용해 돈을 벌 수만 있다면 중국 정부에 자신들의 기술을 팔 의향이 얼마든지 있다.

IT 제조업과 방위 산업의 선두주자들은 중국의 기술력이 성장하도록 노골적으로 돕고 있는데, 그 대가로 중국 시장에 더 깊숙이 침투하여 더 높은 이윤을 보장받았다. 2020년 중국은 보잉과 에어버스가 개발한 기술의 도움으로 최초의 상업용 여객기를 선보일 예정이다.[86]

물론 역사적으로 미국의 초국가 기업들은 미국의 이익과 반대되는 쪽과 한편이 되어 최소한의 도덕적인 선만 지키면서 신나게 활개를 쳤다. 미국에서 두 번째로 큰 사기업인 코크 인더스트리스의 해외 자회사의 경우처럼, 미국 CEO들은 이란의 마흐무드 아흐마디네자드Mahmoud Ahmadinejad와 거래했다. 다른 기업들은 독일의 나치, 남아프리카의 인종차별 정책과 협력했다. 그들은 리비아의 무아마르 카다피Mu'ammar Gadhafi 같은 독재자와도 거래했다(심지어 미국 군대가 카다피 정권에 폭격을 퍼붓고 있는 중에도).

무역 전문가이자 클린턴 정부의 상무부 관료였던 패트릭 뮬로이Patrick Mulloy는 2006년 미중 경제안보점검위원회 보고서에 다음과 같이 썼다.

"미국을 기반으로 하는 다국적기업은 대중미 정책에 많은 영향을 미치는데, 종종 그들의 이익은 미국의 이익과 일치하지 않는다."

즉 민족주의를 떠나서 비용이 얼마나 들든지 간에 그들에게는 수익이 가장 중요할 뿐이다. 뮬로이는 "오직 '주주 가치'만 중요시하면서…… 기업은 자신들의 결정이 미국 경제와 노동자에게 미치는 파급력과 그 결정으로 인해 오히려 중국이 세계적·정치적·군사적으로 강해질 수 있는 있다는 사실을 고려하지 않는다"[87]라는 결론을 내렸다.

경제학자이자 베스트셀러의 저자이며《포브스》의 편집자였던 에몬 핑글톤Eamonn Fingleton은 1987년 일본의 주식시장 붕괴와 2000년 기술 거품을 예측했는데, 미국의 무차별적 매각에 대해 다음과 같이 말했다. "단지 몇 년 동안의 이익을 위해 미국은 몇 세대에 걸쳐 축적한 기술 유산을 저버리고 있다. …… 그 최대 수혜자는…… 다보스에서 어슬렁거리는 겨우 몇천 명의 기업 고위직일 뿐이고, 그들은 보너스와 스톡옵션으로 엄청난 이익을 챙기고 있다."[88]

2006년 무역 불균형으로 인한 미국의 재정적 손실은 GDP의 7퍼센트에 이른다. 이는 안정적인 시기로서는 가장 높은 손실이다. (두 번째로 높은 재정적 손실은 1924년으로, 이탈리아의 베니토 무솔리니가 스스로를 파시스트 독재자로 지명하기 1년 전이었다.)[89]

많은 자본이 좀 더 값싼 노동시장을 찾고 있다. 부는 기하급수적으로 증가하며, 이로 인해 양 정당은 새로운 글로벌 패러다임을 받아들이게 되었다.

칼럼니스트인 크리스티아 프리랜드Chrystia Freeland는 2011년《애틀랜틱》에 기고한 '새로운 글로벌 엘리트의 출현'이라는 사설에서 이들의 생각이 무엇인지 완벽하게 설명했다. "한 영향력 있는 미국인 헤지펀드에 의하면 미국 경제가 위험에 빠진 것은 전혀 중요하지 않다. 왜냐하면 세계 경제의 변혁으로 인해 중국과 인도에서는 가난한 네 명의 사람이 중산층으로 이동하며, 이는 미국인 한 명이 중산층에서 하류층으로 추락한다는 것을 의미하지만 결코 나쁜 거래가 아니기 때문이다."[90]

새로 세계화된 시장의 결과로 수백만 명이 살던 곳을 떠나고 있다. 최저 생활 수준을 유지하던 남아프리카와 인도의 농부들은 거대한 초국가 기업 방식의 농업 때문에 슬럼가로 밀려났다.

한편 제조업 공장과 중산층으로 바쁘게 돌아갔던 미국의 디트로이트와 캠던 부근 공동체는 세계화의 힘에 완전히 무너졌다.

세계화에 반대하는 목소리들이 있었다. 사람들은 왕당파가 모두가 아닌 소수를 위한 번영을 가져올 것이라고 경고했다. 그들은 탈규제와 세계 자유무역 덕분에 모두가 부유해지고 전 세계인들의 삶의 조건이 향상될 것이라는 기대는 환상에 불과하다고 주장했다. 실제로 그들은 슈펭글러와 갤브레이스가 대공황 전에 경고했듯이, 미국 문화의 중심부가 썩고 있다고 말했다.

갤브레이스는 '광기'가 힘을 갖고 있을 때 "현자들은 침묵을 지킨다"라고 강조했다.

그러나 제임스 골드스미스James Goldsmith 경은 침묵하지 않았다. 그는 『올가미The Trap』라는 책에서 다음과 같은 의문을 제기했다.

"많은 사람들이 현재 직면하고 있는 문제를 지금까지 해왔던 방식으로 효과적으로 해결할 수 있다고 생각한다. 그들은 우리가 올바른 방향으로 나아가고 있다고 생각하지만, 우리의 목적을 달성하기 위해서는 두 배의 노력을 기울여야 한다."[91]

골드스미스는 왕당파가 올바른 방향으로 나아가고 있다고 생각하는 사람들에게 세 가지 질문을 제기했다.

• 인류 최대의 경제적 팽창을 낳은 산업혁명이 시작된 이래로 200년이 지났는데도 물질적으로, 그리고 사회적으로 참담하게 살아가는 사람이 기하급수적으로 증가한 것은 무엇 때문인가?

- 전 세계 빈민 인구가 인구 증가율보다 훨씬 더 빠르게 증가한 것은 무엇 때문인가?
- 놀랄 만한 기술 혁신에도 불구하고 세계가 이전에 겪은 암흑기의 전쟁, 기근, 전염병, 여타 격변들과는 또 다른, 인간이 스스로 만든 위협에 직면하고 있는 것은 무엇 때문인가?

골드스미스가 이 질문을 제기한 때는 1994년이었다. 몇 년 후에 사이코패스들이 월스트리트에서 제멋대로 행동하며 상황이 훨씬 더 악화될 것임을 그는 알지 못했다.

금융깡패 사이코패스

레이건이 셔먼 반독점법을 시행하지 않기로 결정함에 따라 대기업은 더 큰 호황을 맞이했고 '기업 합병 전문가들', '차입금으로 기업을 매수하는 전문가들', '기업 매수자들'에 의해 기업 합병 열풍이 불었다.

레이건 정부의 철학(이전 2년간 카터 정부에도 영향을 미쳤으며 교육, 여행, 여러 다른 산업에 대한 탈규제화를 의미한다)은 사이코패스인 기업체 중역들을 위한 포문을 열어주었다.

'전기톱 앨'이라는 별명의 앨 던랩Al Dunlap, '왕' 칼 아이칸Carl Icahn, 윌러드 '미트' 롬니Willard Mitt Romney, 이 세 사람은 모두 자신의 결정이 고용인들에게 미칠 영향에 대해서는 개의치 않고 회사들을 채굴하다시피 하여 수억 달러에 그칠 뻔한 수익을 수십억 달러로 만들었다. 잘 알려진 것처럼 던랩은 수천 명의 직원을 해고했다며 자랑스레 떠벌렸고, 롬니는 "나는 사람들을 자르는 것을 좋아한다"라고 공공연하게 말했다.

《포브스》기자 제프 베르코비치Jeff Bercovici는 '왜 사이코패스들이 위대한 CEO가 되는가'라는 사설에서 『사이코패스 테스트』의 저자인 존 론슨John Ronson을 인터뷰한 내용을 실었다. 존 론슨은 "전기톱 앨은 별다른 주의를 기울이지 않고 사이코패스 체크리스트를 '누가 내 치즈를 옮겼는가'로 바꿔놓았다. 앨은 체크리스트의 많은 항목을 자본주의에서 성공하기 위한 매뉴얼로 재정립한다"라고 말했다.[92]

론슨이 말했듯이, 사이코패스들이 회의실에서 수억 달러를 만들어낼 수 있었던 것은 "자본주의가 실제로 구조화되는 방식이 사이코패스의 뇌 이상 징후로 알려진 것과 긴밀한 관계가 있기 때문이다".

레이건 시대 이후 CEO나 기업 매수자들은 공동체, 근로자, 심지어 자신들의 회사와 고객들에 대해 어떠한 의무감도 느끼지 않는다. CEO를 옹호하는 '전문가들'의 공격적 로비로 인해 연방세법이 바뀌었다. 이는 (CEO를 포함해) 주주들에게 충실한 CEO 세대를 만들어냈고, CEO들은 스톡옵션으로 보상받았다.

1990년대까지 기업 매수자 및 기업 매수 전문가들의 평판은 좋지 않았다. 마이클 밀켄Michael Milken은 교도소에 갔고, 드렉셀 번햄 램버트Drexel Burnham Lambert는 파산했다. 대기업들은 기업 매각을 피하기 위해 포이즌 필(기업의 경영권 방어 수단 중 하나로, 적대적 M&A나 경영권 침해 시도가 발생하는 경우 기존 주주들에게 시가보다 훨씬 싼 가격에 지분을 매입할 수 있도록 미리 권리를 부여하는 제도 – 옮긴이)부터 빚이 있는 대차대조표를 끼워 넣는 등 다양한 전략을 사용했고, 기업 매수자들이 매수할 만한 좀 더 작은 회사를 찾아 빚을 떠안고 기업을 해체했다.

이들은 새로운 이미지가 필요하다고 결정하면서 스스로를 '침략자' 또는 'LBO 아티스트'로 부르지 않고 '미국 중산층'처럼 들리는, 애매모호한 '프라이빗 에쿼티private equity'(증권시장과 같은 공개 시장이 아닌, 기업 경영진과의 협상을 통해 지분을 인수한 뒤 3~5년에 걸쳐 경영을 정상화시킨 다음 지분을 되팔아 차익을 챙기는 자금 – 옮긴이)라는 단어를 사용했다.

그러나 핵심은 동일했다. 1985년 미트 롬니는 자신의 비공개 기업투자 회사가 하는 일을 다음과 같이 설명했다. "베인캐피털은 신생 회사와 사업을 진행하는 회사에 투자하는 투자조합이며, 다른 기업체의 경영에 적극적으로 도움을 줌으로써 5~8년 후에 그들이 엄청난 수익을 거둘 수 있도록 한다."

1982년 레이건 정부가 도입한 예금취급금융회사법[93]은 저축과 대출금 규제를 철폐하여 부유층의 유산 상속을 쉽게 했으며, 은행이 '변동'금리의 저당대출로 고객들을 속이는 것을 방관했고, 규제 관리 감독을 포기했다. 그 결과는 1982년에 반대론자들이 예견한 그대로였다. (1986년 산업은 붕괴했다.)

그럼에도 불구하고 규제 완화 요구는 계속되었다. 파월의 메모에 나타나 있듯, '보수주의자'와 '자유주의자' 싱크탱크들에게 수억 달러가 흘러들어갔고 그들은 1920년 워런 하딩이 대통령 유세에서 강조했던 것처럼 '비즈니스에 최소 정부'의 긍정적인 면을 강조한 정책 보고서와 성명서를 계속 발간했다.

엔론의 케네스 레이Kenneth Lay는 규제 감독을 받지 않고 회사를 은행처럼 분할·운영하여 에너지 유도체 부문에 투자하기를 원했다. 1985년부터 1988년까지 레이건 정부의 관리예산처 내 정보규제관리국의 담당자였던 웬디 그램wendy Gramm은 1988년부터 1993년까지 상품선물거래위원회를 담당했는데, 케네스 레이는 상품선물거래위원회에 엔론이 규제 감독을 받지 않도록 조치해달라고 강력하게 요구했고, 그램은 이를 승인했다. 그리고 그램은 상품선물거래위원회를 사직하고 엔론 이사회의 감사위원회에서 활동했다.

그램의 남편인 필 그램Phil Gramm 상원의원은 1999년과 2000년에 상품선물현대화법과 그램-리치-블라일리법을 통과시킴으로써 케네스 레이의 목표를 만족시키면서 동시에 2007~2008년 금융 폭락의 토대를 마련했다. 이는 1935년 상업은행이 고객의 예금으로 시장에 투자하는 것을 금지한 글라스-스티걸법을 무효화시켰다.

클린턴이 이 법안을 승인했고, 지난 대공황에 이어 월스트리트를 통해서 배웠던 중요한 교훈은 공식적으로 잊혔다.

광기가 다시 돌아왔다.

금융화

미국 전역에서 다 쓰러져가고 있는 공장들이 보여주듯 더 이상 아무것도 생산하고 있지 못하기 때문에, 최소한 다른 방식으로 부를 생산할 필요가 있었다. 이는 21세기를 향한 미국 경제가 사이코패스 금융깡패에게 의존했다(그리고 여전히 그러하다)는 것을 의미한다.

1950년대 초, 미국 전역에서 생산되는 자산의 5분의 1 이상이 공장과 건설업으로부터 창출되었다. 한편 대출과 투자를 담당하는 금융깡패들은 미국 전체 자산의 10분의 1 정도를 만들어냈을 뿐이다.

오늘날의 상황은 다르다. 제조업 생산은 10분의 1 수준으로 곤두박질쳤다. 반면 금융업 생산은 전체 경제의 3분의 1 수준으로 폭등했다. 많은 경제학자들은 이를 '금융화' 현상이라고 부른다.

지미 카터가 대통령으로 재임할 때 처음으로 금융의 탈규제화가 시작되었고, 10년이 지난 후 레이건의 전폭적인 지지와, 클린턴과 부시의 강화책으로 인해 지난 40년간 안전하기만 했던 금융업은 서부의 무법지대로 변신함으로써 일확천금을 얻었다.

시장은 '자유'로워야 한다는 신념에 근거한 탈규제화 단계는 다양한 방법으로 자본과 투자를 조작함으로써 높은 수익을 만들어냈다. 제조업이 더이상 국가에 수익을 가져다주지 못했기 때문에 미국 경제의 생존을 위해서는 높은 수익을 창출할 수 있는 새로운 길을 만들어내야 했음을 기억하라.

40년 전이라면 엔지니어링을 전공하고 1960년대라면 로켓 과학을 전공하겠지만, 규제 완화 이후 학생들은 자신을 억만장자로 만들어줄 매력적인 금융 상품이라는 새로운 게임에 합류하기 위해 월스트리트로 몰려들었다. 월스트리트는 '신용부도 스왑'(기업의 부도 위험 등 '신용'을 사고팔 수 있는 신용 파생상품의 거래 – 옮긴이)과 '부채담보증권'에 온 것을 환영한다. '금융화'의 세계에 온 것을 환영한다.

매트 타이비Matt Taibbi는 『오 마이 갓 뎀 아메리카』에서 이러한 새로운 금융 상품들이 경제의 남은 부분과 중산층을 어떤 방식으로 잠식하고 은행에 많은 돈을 가져다주었는지 살펴보았다.

2008년 석유와 음식 가격은 이해하기 힘들 정도로 상승했다. 수요· 공급과 관련하여 가격이 왜 오르는지 아무도 설명할 수 없었다.

2003년 1월과 2008년 7월 사이 석유 1배럴당 가격은 30달러에서 149달러, 즉 500퍼센트나 상승했다! 전 세계에는 수요를 충족하고 남을 만큼 석유가 충분한데도 왜 가격은 상승하는가?

석유 가격이 500퍼센트 오르는 5년 사이, 타이비는 파생시장에서 이상한 낌새를 느꼈다. 타이비는 "2003년에서 2008년 7월까지…… 상품지수 내 투자된 돈이 130억 달러에서 3,170억 달러로 증가했으며, 이는 5년이 채 안 되는 기간 동안 25배 증가한 것이다"[94]라고 썼다.

타이비는 거시적인 관점에서 "지난 5년 반 동안 중국의 총 석유 소비량은 10억 배럴, 정확히 말하면 9억 9,226만 1,824배럴이었다.[95] 같은 기간 동안 상품 시장에서 석유 제품과 관련하여 투기자들이 쏟아부은 현금 또한 거의 비슷하다 - 투기자들이 9억 1,896만 6,932배럴을 사들인 것이다. 그렇다. 투기자들은 환상적인 금융 무기를 이용해 마치 자신들이 거대한 중국 경제만큼 석유를 사들인 것처럼 속인[96] 것이다"라고 지적한다.

이들 투기자는 선택의 여지가 없었다. 미래 구매의 80퍼센트를 차지하는 투기자 금융깡패들 때문에 2008년까지 실질적인 상품 판매자와 구매자들은 시장에서 완전히 주변화되었다. 투기자 금융깡패들의 가격 조작으로 인해 파생 폭탄들이 석유 가격을 치솟게 만들었다.

다음으로, 식량 가격의 상승이다. 부시 초선 행정부 말기 무렵을 시작으로, 골드만삭스 상품지수는 세계 서명파생상품(기초 자산의 가치 변동에 따라 가격이 결정되는 금융 상품 - 옮긴이) 시장이다. 금융깡패의 투자 범위는 석유와 가스 같은 에너지자원과 육류, 밀, 옥수수, 콩 같은 식품을 포괄한다. 투기자들의 광적인 관심에서 식품 또한 예외가 아니었다.

교수이자 작가인 프레드릭 카우프만Frederick Kaufman은 2010년《하퍼
스 매거진》에 기고한 사설에서 투기자들이 식료품 가격에 미친 영향에
대해 자세히 기술했다.[97] "밀을 바꾼 것은 아니지만, 밀 시장을 바꾼 무언
가가 있었다. 악덕 자본가, 금본위제 지지자, 그리고 금융업자들은 모든
사람이 필요로 하거나 원하는 물품의 지배권을 장악함으로써 공급을 억
제했고, 그로 인해 수요가 증가하고 결국 가격이 오르기를 바란다."[98] 이
것이 투기자들의 행동이다. 그들은 엄청난 양의 밀을 계약하고 더 높은
가격으로 판매할 수 있을 때까지 상품을 공급하지 않는다.

이는 세계 식량 공급에 엄청난 영향을 미친다. 카우프만은 "세계적인
투기 열풍은 30개 이상의 국가에서 폭동을 일으켰으며, 세계 10억 곳 이
상에서 식량 안보가 불안정해졌다. …… 굶주림에 시달리는 계층은 한 해
2억 5,000만 명까지 증가했으며, 이는 인류 역사상 최악이다"라고 썼다.[99]

미국 대법원이 조지 부시를 대통령으로 지명했을 때, 뉴딜의 규제로부
터 쿨리지 번영의 탈규제로의 이행은 거의 완성되었다. 사이코패스 금융깡
패들은 자유롭게 활개를 쳤으며, 이러한 규제 완화를 통해 난데없이 800조
달러의 부를 창출해냈다. 이는 전 세계 GDP의 열 배 이상의 금액이다.

그리고 1929년의 광기와 마찬가지로 모든 것을 파괴했다.

다시 온 1920년대

조지메이슨 대학 '역사 뉴스 네트워크'의 노아 멘델Noah Mendel이 언급
한 것처럼 제임스 먼로 정부에서 후버 정부까지 비록 '대공황'이라는 용

어가 주기적으로 사용되기는 했지만, "그것이 적절한 명사로서의 가능성을 얻고 우리가 오늘날 알고 있는 고유명사로 사용되기 시작한 것은 다행히도 과거에 대공황이 진정되고 대공황이 하나의 역사적 시대로 기억될 수 있게 된 이후였다".[100]

많은 현대 경제학자들이 2007~2008년 미국 주택 시장 붕괴에 대해 논하지만, 1926년 주택 시장 붕괴에 대해서는 거의 언급하지 않는다.

역사학자 프레드릭 루이스 알렌은 갤브레이스가 언급한 광기를 환기시키면서 광란의 1920년대의 첫 6년을 "90년 동안 미국을 휩쓸었던 부동산 투기 중 가장 엄청난 것"이었다고 회상한다.[101] (흥미롭게도 그는 미국 독립전쟁 직전 주택 거품 파열을 함께 언급하고 있다.)

1920년대에 자동차가 등장하고 새로운 도로가 건설되자 수백만 명의 미국인들은 따뜻한 날씨와 새로운 꿈을 찾아 플로리다 주로 갑자기 몰려들기 시작했다. 1920년대 내내 주식시장은 호황을 거듭했고, 소비는 급증했으며, 경제에 대한 자신감은 사상 최고치를 기록했다. 그 시기가 바로 '쿨리지 번영'인데, 공화주의자들이 만든 이 용어를 1920년대 중반 언론이 사용했다. 당시 미국의 제30대 대통령(쿨리지 - 옮긴이)은 미국의 좋은 시절은 영원히 계속될 것이며 모든 미국인이 '자유시장' 덕분에 부자가 될 것이라고 호언장담했다.

하지만 나중에 알게 된 것처럼, 이는 진짜 '번영'이 아니었고 낮은 세금과 금융 규제 완화로 인한 경제 거품에 불과했다.

당시 그 사실을 알지 못했던 미국인들은 주택 시장이 계속 호황일 것이라고 생각하고 작은 부동산이라도 얻기 위해 햇살이 가득한 플로리다 주로 몰려들었다. 부시 역시 이러한 사람들의 생각을 이용해 주택 거품을 만들었다. 알렌이 쓴 것처럼 "쿨리지 번영은 …… 1년에 4,000달러 정도 버는 영업직 종사자들이 언젠가는 좋은 주택과 좋은 물건들을 구매할 수 있을 것이라는 확신을 갖게 했다".

1920~1925년까지 5년 동안 마이애미의 인구는 다섯 배 증가했다. 부동산 가격이 계속 오를 거라는 예측이 맞아떨어졌다면, 사람들은 플로리다 주의 코랄 게이블스에 있는 작은 땅에서 노후 대비 저축액 따위에 개의치 않으면서 일생을 보냈을 것이다. 왜냐하면 땅의 가치가 계속 오르면서 엄청난 돈을 벌 것이기 때문이다. 실제로 몇 년 동안 사람들은 엄청난 돈을 벌었다.

부동산 거품 초기, 800달러에 매매되던 남플로리다 주의 땅은 몇 년 후인 1924년에는 15만 달러에 다시 팔렸다. 1896년에 겨우 25달러였던 토지가 1925년에는 15만 달러에 팔렸다.[102] 그러나 실제로는 아무도 이렇게 터무니없이 비싼 집과 건물로 이사를 가지 않았다. 토지 매입자 중 90퍼센트는 새로 매입하거나 대출로 구입한 토지를 이익을 남기고 되팔 생각만 하고 있었다. 알렌이 쓴 것처럼 "사람들은 대출금을 갚는 것에 대해 거의 걱정하지 않았다".

그러나 사람의 일은 알 수 없다. 예상할 수 있듯이(그리고 몇몇 지방 신문에서 예측했듯이), 1926년에 허리케인이 플로리다를 강타해 2,000여 명이 사망하거나 부상했으며 주택 거품은 붕괴되었다. 남플로리다는 큰 타격을 입었다.

1928년 헨리 빌라드Henry S. Villard가 《더 네이션》에 쓴 기사를 보면, 호황 이후 플로리다 주의 모습을 잘 알 수 있다. "죽은 분양지가 간선도로에 줄지어 있고, 화려한 이름은 무너진 치장벽토 문 위에 반쯤 지워져 있다.

고독한 번화가의 조명은 수마일의 시멘트 보도 위를 감시하고 있으며, 풀들과 팔메토 나무는 [곧] ……이 될 집들을 대신하고 있다. 외딴 분양지의 구획은 빈집들로 이루어져 있고, 그곳을 지나 죽음에 사로잡힌 도시를 가로지르는 것처럼 광대한 도로 위로 속도를 낸다."[103]

부동산 열기에 사로잡혔던 사람들은 모든 것을 잃었다. 한때 활기가 넘쳤던 마이애미 거리의 여기저기에 흩어져 있던 은행과 부동산 사무실은 점점 침체의 길을 걸었다. 거품이 최고조에 달하던 1925년, 마이애미에 있는 은행들의 총 자산은 10억 달러에 달했다. 당시 1달러는 오늘날 환율로 13달러 정도다.[104] 하지만 1929년까지 은행들의 자산 가치는 이전의 90퍼센트 수준인 1억 5,000만 달러로 하락했다. 부동산 가격이 영원히 오르기만 할 수 없다는 것(1850년대와 1770년대에 이미 배웠지만 잊어버린 교훈들)이 분명해졌다.

1926년 플로리다 주의 주택 거품이 꺼졌을 때, 재무 장관 멜론의 세금 감축으로 만들어진 핫머니가 월스트리트로 흘러 들어갔다. 알렌이 쓴 것처럼 "1925년 플로리다 주의 골드 코스트에 관심을 쏟고 돈을 투자했던 투기자들의 열풍은 식지 않았다. 그들은 다만 상황을 지켜보고 있었다. 플로리다의 주택 지역은 투자하기에 적당하지 않은가? 쿨리지 번영의 빛나는 가능성에 사로잡힌 대중들은 여전히 말했다. '이제 또 무엇에 투자할까?'라고".

답은 뻔했다. 알렌이 썼듯이, "오래전 대중들의 투기는 새로운 유행을 만들어냈다. 이제는 부동산이 아니라 투자할 다른 무엇이 필요했다. 대중의 관심은 마이애미의 플라글러 스트리트에서 뉴욕의 브로드와 월스트리트로 이동했다. 주식시장이 상승세를 타고 있었다".

정부가 관여하지 않는다면 모든 것이 균형을 유지하고 다시 번영하게 될 것이라는 후버의 장담에도 불구하고, 예상할 수 있듯이 '주식시장 상승'은 몇 년 후 푹 꺼져버렸다. 그것은 자본 시장이 태동되던 때부터 오늘날까지 계속 보아온 '호황-파산-대공황'이라는 3막으로 이루어진 연극의 제3막이었다.

그리고 1929년 대공황 이후, 거의 정확히 80년이 흐른 뒤 그 모든 것이 다시 발생했다.

이전보다 심각한 상황

『폭로 경제학Debunking Economics』의 저자인 경제학자 스티브 킨Steve Keen은, 금융 시스템의 '광기'는 시스템 자체에 내재해 있다고 규정했다. 그는 "광기는 금융 구조 그 자체입니다. 자본주의 시스템에는 내재된 불안정이 있습니다"[105]라고 나에게 말했다.

자본주의는 가능한 한 많은 빚을 만들어내어 파는 '태생적인 유혹'을 해야 하는데, 이것이 주택담보대출 또는 학자금대출 등의 형태로 나타난다. 자본주의는 금융 시스템을 필요로 하며 금융 시스템은 태생적으로 잘못된 행동을 하도록 되어 있다고 킨은 설명했다.

"더 많은 돈을 빌려주려는 사람들이 항상 있고…… 빚을 만들어냄으로써 은행은 수익을 얻고 있습니다."

금융권이 단순히 생산적 투자를 위해 기금이 필요한 기업에, 그리고 주택 실소유자에게만 돈을 빌려준다면 은행의 수익은 미국 내 총수익에서 5~10퍼센트에 불과할 것이라고 킨은 추정했다.

그러나 소위 자유무역과 월스트리트의 무원칙으로 인해 제조업은 심각한 피해를 입은 반면, 왕당파 금융깡패들은 더 큰 이익을 위해 무분별하게 달려들었다. 그들은 국가에 점점 더 많은 채권을 발행하라고 강요했다.

대공황 이전인 1920년대에는 채권 금융의 최고치가 GDP의 10퍼센트가 되지 않았다. 그러나 2000년과 2008년 사이에 채권 금융은 GDP의 20퍼센트로 증가했다. 이는 매우 큰 거품이었다.

이 기간 동안 전체 이윤에서 월스트리트의 지분은 거의 50퍼센트를 차지하고 있었다. "이는 경제가 건강하지 못하다는 징후입니다. 경제가 병들어 있다는 것이죠"라고 킨은 말했다.

1920년대보다 훨씬 큰 또 다른 채권 거품이 발생한 것이다. 킨은 그 거품이 1982년에 시작됐다고 보았다.

내가 그 이유를 묻자 "사람들은 대공황과 제2차 세계대전 후 매우 끔찍한 경험을 했습니다. 비신사적인 금융권의 태도와 기꺼이 빚을 지려는 사람들에게 완전히 길들여졌습니다"라고 킨은 답했다.

그러나 사람들은 잊었다. 킨은 "다시 빚을 지는 사람들을 보면, 처음은 첫 베이비 붐 세대가 열여덟 살이 되던 때였는데…… 우리는 그 기억을 잊고 또다시 무책임한 행동을 반복하고, 그래서 광란의 1920년대가 돌아온 것입니다"라고 말했다.

나의 아버지 세대는 대공황을 기억하지만, 1951년에 태어난 나는 그에 대해 어떤 기억도 갖고 있지 않다. 내가 속한 '베이비 붐' 세대가 1970년대와 1980년대 비즈니스계를 이끌었지만 우리는 은행의 관행이나 개인 채무 위험에 대해서 어떠한 '기억'도 가지고 있지 않다.

2006년 10월, 사상 두 번째로 엄청났던 미국의 주택 거품이 꺼지기 시작하면서 역사는 반복되었다. 상황은 1929년보다 훨씬 더 좋지 않았다.

수완이 좋은 투기자들은 위험을 감지했다. 금융 규제에 대한 왕당파의 공격, 그리고 위험하고 잘못된 그린스펀의 시장 관리로 인해 팽창된 부시 정부의 주택 거품은 클린턴 정부의 닷컴 거품과 마찬가지로 끝났다. 연방 정부가 내놓는 통계치보다는 월스트리트의 직감이 좀 더 맞을 것이다. 재계 언론은 투기자들에게 이를 교묘하게 알렸고, 뉴욕 및 런던 내 거대 헤지펀드들은 다가오는 시장 붕괴에 대비하기 시작했다.

예를 들어 2006년 9월 27일자 《파이낸셜 타임스》는 '슬럼프에 빠진 헤지펀드'[106]라는 기사에서 "최근 몇 주 사이 점점 더 많은 헤지펀드가 주택 시장이 슬럼프에 빠질 것이라는 쪽에 내기를 걸고 있다"라고 인용했다. 이 기사는 주택 가격 폭락에 대비해서 보험에 투자하는 돈이 급속도로 증가하고 있으며, 이는 "주택 침체 상황에서 이익을 보기 위해서"라고 강조했다.

이러한 헤지펀드들의 내기는 문제를 더 악화시킬 뿐이었다. 그들은 지금 규모가 더 커진 파생 폭탄의 시작 지점을 골드만삭스 같은 거대 기업에서 AIG 같은 거대 보험회사로 바꾸었을 뿐이다. 이들 기업은 둘 다 규모가 너무 크기 때문에 망하지 않을 것이고, 구조적 위험에 처해 있었으며 - 이미 알고 있듯이 - 미국을 망하게 할 수 있었다.

그다음에는 심각한 경제 공황이 발생했다.

공황이 발생한 지 3년 후인 2011년 6월, 《파이낸셜 타임스》에 실린 '알프레드 히치콕의 은행가들'이라는 기사는 "금융에서 훌륭한 거래자와 투기자의 특징은 사이코패스의 특징과 상당히 유사하다"[107]라고 했다.

그 기사는 경제에 꼭 필요한 존재가 되어버린 사이코 같은 은행가들에 대해 의문을 제기했다. "심각한 정신적 장애를 가진 사람만이 CDO(미국 주택담보대출을 기초로 만들어진 파생 금융상품 – 옮긴이) 등과 같은 상품의 위험성을 분명하게 인지하지 못하는 투자자에게 상품을 파는 것이 좋다고 생각할 수 있지 않을까?"[108]

이러한 사이코패스들의 활약으로 시장은 완전히 망했다. 미국 전역에서 은행들이 문을 닫았으며, (다행히 큰 은행들은 곤경에서 벗어났지만) 수백만 명이 집과 일자리를 잃었다.

그러나 2007~2008년도 위기에 편승해 왕당파는 겨우 준비운동을 하고 있었을 뿐이다. 몇 년 후 그들은 자신들의 목적을 달성한다.

PART 3

억압, 반란, 개혁

Chapter 7

거부된 혁명

심각한 위기를 이용하지 않고 그냥 허비해서는 안 됩니다.
제 말은, 위기는 곧 이전에 할 수 없었다고 생각했던 것을
할 수 있는 기회라는 뜻입니다.

람 엠마뉴엘, 2008년

버락 오바마의 대통령 취임식이 있던 2009년 1월의 어느 추운 날 밤부터 2016년 폭락은 시작된다.

사실 미국의 폭락은 워싱턴 DC에 있는 백악관과 국회의사당 중간 지점인 펜실베이니아 거리의 한 식당에서부터 모의되었다. 알려진 대로 간부들이 회의했던 그 방은 FBI 본부인 에드가 후버 빌딩의 건너편이자 포드 극장 모퉁이 근처에 있다. 그곳에서 국가가 위기에 처했던 때에 대통령이 암살되었고, 그곳은 국가가 또다시 위기에 처했던 1931년 보너스 군대에게 점령당했던 내셔널 몰로부터는 북쪽으로 두 블록 떨어져 있다. 그곳은 루이스와 내가 워싱턴 DC에 살던 첫해에 거주했던 아파트의

끄트머리에 있다.

대통령 취임식이 있던 2009년 어느 날 밤, 부드러운 불빛과 반짝이는 벚나무 장식장에 둘러싸여 경제 왕당파는 모의를 꾸몄는데 왕당파가 유발한 경제 위기가 그들에게 이득이 되도록 하기 위해서였다. 왕당파의 지분은 그 어느 때보다도 높았다.

미국은 제2의 뉴딜 또는 제2의 대호황 시대 직전에 있었다. 혁명의 한가운데에 있었던 것이다.

실제로 토머스 제퍼슨은 이 혁명을 예견한 바 있으며, 그는 왕당파가 이 혁명에서 승리할 경우 미국에 어떤 일이 벌어질지도 예측했다.

제퍼슨의 혁명 주기

80년을 주기로 대공황이 발생하는 데 반해 또 다른 주기, 즉 혁명 주기가 있다.

실제로 미국에서 혁명을 겪었고 프랑스에서도 한 번의 실패를 목격한 제퍼슨은 미국뿐만 아니라 민주사회의 발전을 위해서는 주기적인 혁명이 필요하다고 생각했다.

제퍼슨은 또한 '모든 세대'가 작은 형태의 혁명이라도 겪어야 국가와 정부가 변화하는 시대의 요구에 적응할 수 있다고 보았다.

'세대들'이라는 개념은 정부 공식 문서에 여러 번 등장한다. 미국 헌법에 큰 토대를 마련한 이로쿼 연맹(미국 식민지 시대의 인디언 연맹 – 옮긴이)의 '대헌법'은 정부가 결정을 내릴 때에는 모름지기 그 결정이 '제7세대'까지 미칠 영향을 고려해야 한다고 했다.

'세대'를 어떻게 정의할 것인가에 대해서는 오랜 기간 연구가 이루어졌지만, 토머스 제퍼슨은 거기에는 분명한 두 개의 정의가 존재한다며 헌법과 향후 입법자들은 이를 존중해야 한다고 반복해서 강조했다.

첫째, 개인적·가족적 맥락에서의 '세대'다. 제퍼슨은 한 세대를 19년으로 규정했지만 오늘날에는 일반적으로 20년으로 받아들여지고 있으므로 1776년에 공식적으로 시작된 첫 번째 미국 독립혁명 당시의 세대를 첫 세대로 보면 오늘날 미국 젊은이들은 약 열두 번째 세대가 된다.

둘째, '세대'는 중요한 사건 혹은 변화가 일어나는 시대 – 정부의 역할을 이해하는 데 중요한 인식 변화가 발생하고 세계관을 재조정하는 데 충분히 긴 기간이면서 동시에 한 세대에서 다른 세대로 권력이 이동하는 시간의 단위 – 를 의미한다.

제퍼슨과 동시대인들은 각 세대가 후손들에게 가져야 할 의무에 대해, 그리고 미래 세대에게 (경제적 또는 법적으로) 족쇄를 채우는 정치범에 대해 말했다.

제퍼슨이 자신의 후배 제임스 매디슨에게 편지를 쓴 해는 헌법이 비준되고 근대국가가 탄생한 해였다. "한 세대가 다른 세대에게 의무를 부여할 권리가 있는지에 관한 문제는…… 결정할 가치가 있을 뿐만 아니라 모든 정부의 기본 원칙 중 하나로 두어야 할 만큼 중요한 문제다."[109] 그는 어떤 세대도 다음 세대에게 문제를 남기거나 채무를 부여할 권리를 가지지 않으며, 세대에서 세대로 "그러한 의무가 전승될 수 없다"는 것은 분명하다고 말했다.

제퍼슨은 그 문제에 관한 자신의 생각을 밝히면서 계속해서 말했다.

"토지에 대한 권리는 살아 있는 생명체에게 속해 있는 것처럼 자명한 문제라고 가정하고 이에 대한 근거를 마련했다. 죽은 사람은 토지에 대한 어떠한 권력이나 권리도 없다. 각각의 개인이 차지하는 지분은 그 자신이 그만두면 사회로 되돌아간다."

어떠한 개인이나 세대도 다음 개인이나 세대를 구속할 수 없다는 제퍼슨의 논리는 그의 전 생애에 걸쳐 나타나는 핵심적인 신념 중 하나였고, 그와 동시대인들 대부분이 그러한 신념을 공유했다. 그는 덧붙였다. "만약 어떤 사람이 할 수 있다는 이유로 살아 있는 동안 앞으로 여러 세대가 사용할 토지를 다 사용해버릴지도 모른다. 그러면 그 땅은 살아 있는 사람이 아니라 죽은 사람에게 속할 것이고, 그것은 우리의 원칙과 정반대다."

제퍼슨의 생각 중 가장 혁명적이었던 것은 '세대적 혁명'이라는 개념이다. 즉 국가는 스스로, 생물학적으로 구분된 세대든 시기적으로 구분된 세대든 간에, 한 세대에 한 번씩 근본적으로 변화를 겪어야 하며, 이조차 국가의 더 큰 주기적인 정치적 변모를 막을 수는 없을 것이다. 그는 이것이 단지 이상이 아니라 자연의 기본적인 힘이라고 믿었다. 그는 다음과 같이 썼다.

유사한 배경에서, 어떤 사회도 영속적인 헌법 혹은 영속적인 법률조차 제정할 수 없다는 것이 입증될 수 있다. 토지는 항상 현존 세대의 것이다. 그들은 그것을 관리할 수 있으며, 사용[공동 소유권] 기간 동안 그들이 원하는 대로 그것으로부터 일을 진행한다. 그들은 또한 그들 자신의 인격의 주인이며, 따라서 그들이 원하는 대로 지배할 수 있다. 그러나 개인들과 재산은 정부 목적의 총합이다. 조상들의 헌법 및 법률은 그들의 의지가 거기에 존재를 부여한 사람들과 함께 자연적 과정 속에서 소멸된다.

제퍼슨은 심지어 미국 헌법에 명시되어 있는 법에도 시한이 있으며, 그 법을 제정한 세대가 권력에서 물러나면 그다음 세대 또는 최소한 두 세대마다 한 번씩은 법을 다시 제정해야 한다고 생각했다.

제퍼슨은 "모든 헌법, 그리고 법은 34년이면 효력을 잃는다. 그것을 억지로 더 연장하는 것은 무력적인 행위일 뿐 누구도 그럴 권리는 없다. 만약 다음 세대가 실제로 법안을 폐지한다면, 이는 그들을 자유롭게 할 것이다"라고 썼다.

20년에서 34년마다 한 번씩 혁명을 일으킨다? 제퍼슨은 이를 사실상 제안 – 또는 예견 – 할 수 있었던 것인가?

실제로, 그렇다.

제퍼슨은 미국을 새로운 시대로 향하게 하는 혁명이라는 바퀴를 매 세대마다 일으켜야 한다고 강조했다. 그는 헌법 초안이 작성되었을 때 미국 헌법에 태생적인 약점이 있음을 간파한 후 이 결론에 도달했다. 그래서 각각의 새로운 세대는 계속해서 헌법을 완벽하게 만들기 위해 노력해야 하며, 또는 최소한 변화하는 시대에 맞게끔 헌법을 개정해야 한다고 생각했다.

나아가 시대의 성장·변화에도 아랑곳하지 않고 엄격하기만 한 헌법의 불합리성에 주목하면서 제퍼슨은 "문명 사회를 야만적인 조상이 통치하도록 두느니 소년일 때 입던 코트를 입고 있는 성인 남자를 요구하는 게 나을 것이다. …… 우리는 그런 예를 따라가지도 말고, 다른 세대만큼 유능하지 않다고 생각하지도 말자"라고 말했다.

과거를 돌아보았을 때, 제퍼슨의 혁명 이론은 여전히 유효하다.

혁명의 역사

1776년 미국 독립혁명 세대였던 젊은이들은 1800년이 되자 나이 든 기득권층이 되었다. 그러나 그들은 (1796년에 선출된) 존 애덤스 대통령이 정부를 권위적이고 군주제적인 방향으로 이끌어가는 것에 불만이 많았다.

그 결과 역사가들이 '1800년 제2의 미국 혁명'이라 부르는 일을 젊은 사람들이 선거를 통해 해냈다. 역사상 최초로, 한 당(존 애덤스의 연방주의자)에서 다른 당(제퍼슨의 민주공화당으로, 오늘날의 민주당)으로의 평화적인 권력 이양이 이루어졌다. 제퍼슨은 이를 1776년의 혁명만큼이나 '의미 있는 혁명'이라고 말했다. 이처럼 각각의 새로운 세대가 새로운 '혁명'을 일으키며 이 주기가 계속해서 반복되었다.

1800년의 젊은이들은 1820년대에 권력을 잡았고 1828년에는 앤드류 잭슨을 선출했는데, 이는 가히 혁명적이라 할 만하다. 앤드류 잭슨은 자신의 선거 캠페인을 발판 삼아 기존 질서를 전복했다. 1832년 잭슨은 제2미합중국은행에 관한 재인가를 거부함으로써 '이기적'이며 '부유하고 권력이 있는' 금융깡패들과 대결하여 승리했다. 그는 민중의 영웅이었고, 그의 거부권 행사는 1800년 혁명 이후 30년 동안 공고해진 기득권층을 상대로 한 혁명이었다.

그로부터 대략 30년 후, 잭슨 혁명 시대의 아이들은 에이브러햄 링컨하에서 남북전쟁을 겪었다.

1880년대에 그다음 세대가 성인이 되어 권력을 잡았고, 당시 미국은 다시 풀뿌리 혁명을 맞이하고 있었다. 그 세대는 종종 '대호황 시대'라 부르는, (철도, 철강, 석유, 금융 부문의) 악덕 자본가가 주도하는 산업 시대의 등장을 반대했다.

클리블랜드 정부 세대의 아이들은 엄청나게 부패한 맥킨리 대통령이 암살되면서 권력이 부통령 테오도르 루스벨트(별칭은 테디 루스벨트다 – 옮긴이)에게 이양되는 것을 목격했다. 1907년 혁명이 다시 일어났고, 테오도르 루스벨트는 틸만법을 강행했는데, 이 법은 기업이 연방공무원 후보자에게 돈이나 어떤 종류의 지원을 제공하는 것을 법법행위로 간주할 뿐만 아니라 선거에 영향을 미치는 행위에 대해 기업과 그 회사의 고용자 모두에게 법적 책임을 물었다.

한 세대 후인 1932년, 혁명 시기가 도래하고 있었다. 제1차 세계대전에 참전했던 군인 4만 5,000명이 백악관 잔디에서부터 포토맥 강까지 모여들어 참전한 대가로 보너스 쿠폰을 요구했다. 쿠폰은 현금이나 상품으로 교환할 수 있었는데, 1945년에 그들은 이를 즉시 현금으로 교환하여 대공황 시기를 이겨낼 수 있었다. 뉴욕 주의 주지사였으며 상대적으로 온화한 성품의 소유자로, 부유한 집안에서 태어난 프랭클린 루스벨트가 백악관에 입성했다. 1936년 루스벨트는 혁명의 시기가 도래했음을 감지했다. 금융계와 산업계에 종사하는 사람들 중 그에게 적대적인 사람들은 그가 매우 혁명적이라는 이유로 미디어에서 '공산주의자' 혹은 '독재자'라고 부르기도 했다. 비록 성공하지는 못했지만 쿠데타를 모의하기도 했다.

1945년 프랭클린 루스벨트의 죽음, 제2차 세계대전의 종식과 함께 루스벨트의 혁명은 끝이 났다. 그러나 역사의 바퀴는 계속 돌았고, 다음 세대는 1960년대에 혁명을 맞이했다.

미국의 열 번째 세대 혁명은 로널드 레이건과 경제 왕당파라는 새로운 집단이 주도했다. 이 혁명은 '자유연애', 그리고 히피의 '깨어나라, 돌진하라, 빠져나와라' 기조에 반대하는 혁명이었다. 그러나 혁명의 핵심은 바로 기업이 저항했다는 데 있는데, (제2장에서 언급한 것과 같이) 이들은 루이스 파월의 계획에 따라 레이첼 카슨, 랠프 네이더 같은 떠오르는 인물들, 그리고 대기업 규제 등에 반대했다.

레이건 시대 왕당파의 혁명은 조지 H. W. 부시와 빌 클린턴의 재임기간까지 계속되었는데, 그들은 "우리가 아는 복지는 끝났다"라고 했으며 클린턴은 "큰 정부의 시대는 끝났다"라고 선언했다.

따라서 레이건 이후 한 세대가 더 지나서 일리노이 주 출신의 젊은 상원의원(버락 오바마 – 옮긴이)이 위기의 한복판에서 변화를 약속하며 나타났을 때, 새로운 세대의 혁명을 잉태한 국가는 다음 대통령을 발견했다.

지금까지 미국의 열두 세대는 각각의 혁명을 통해 나라를 건설하고 유지해왔다.

제퍼슨 또한 이 혁명이 쉽게 성공하지 못할 것임을 알았다. 군주제, 귀족주의적 노예 소유자, 또는 경제 왕당파 같은 구세력은 권력을 유지하기 위해 음모를 꾸미면서 새로운 세대의 혁명을 거부한다.

제퍼슨은 그 결과에 대해 "이러한 [주기적 혁명의] 방법이 효과적이지 않다면 사람들의 요구는 무력을 통해 나타날 것이며, 다른 국가들처럼 우리는 억압, 반란, 개혁, 그리고 또다시 억압, 반란, 개혁의 끝없는 순환 속에서 살아가게 될 것이다"[110]라고 말했다.

그로부터 150년 후, 존 F. 케네디John F. Kennedy 역시 "평화적인 혁명을 성공시키지 못하면 폭력적인 혁명은 불가피하다"[111]라고 말함으로써 제퍼슨의 경고를 되풀이했다.

동반자살 협약

오바마의 대통령 취임식 날 밤, 회의실로 다시 돌아가보자.

뉴트 깅리치Newt Gingrich가 그곳에 있었다. 에릭 캔터Eric Cantor, 폴 라이언Paul Ryan, 케빈 맥카시Kevin McCarthy를 포함한 의회의 몇몇 저명한 공화당원 역시 그 자리에 있었다. 상원의원 존 카일Jon Kyl, 짐 데민트Jim DeMint, 톰 코번Tom Coburn도 함께 있었다. 공화당의 정치 전문 컨설턴트이자 폭스 뉴스의 고정 출연자인 프랭크 룬츠Frank Luntz도 그곳에 있었다. 그들 모두는 마치 집단치료를 받는 것처럼 서로를 마주 보며 네모난 탁자 앞에 둘러앉았다.

당시 민주당은 레이건 혁명 이후 처음으로 백악관과 상·하원을 장악했다. 그들은 상위 1퍼센트에 대한 세금 삭감과 건강 의료 혜택 재정비, 탄소세 통과, 공공사업촉진국WPA을 추진한 프랭클린 루스벨트 대통령 때처럼 미국을 재건하는 문제에 대해 이야기를 나누었다.

몇 시간 전, "미합중국을 근본적으로 변혁하자"는 캠페인을 벌였던 한 남자는 워싱턴 DC의 내셔널 몰에 사상 최다 인파가 몰린 가운데 대통령 취임사를 했다. 국가가 나아갈 새로운 방향은 혁명기를 잉태한 국가가 정확히 무엇을 원하는가에 달려 있다. 버락 오바마에게 표를 던진 7,000만 명 가까이 되는 사람들(이는 미국 역사상 대통령 선거에서 가장 많은 득표수다)은 그가 대선 캠페인처럼 혁명을 이끌 수 있는 사람이기를 희망했다.

그 시각 레이건의 후예들은 함께 스테이크를 먹으며 민주당이 당면하고 있는 정책 현실, 그리고 지난 30년간 자신들이 애썼음에도 이루지 못한 것들에 대해 성토하고 있었다. 그들이 어떻게 상황을 맞이했고, 무엇이 잘못됐으며, 그리고 무엇보다 지금 당장 무엇을 해야 하는지에 관해 이야기를 나누었다.

로버트 드래퍼Robert Draper는 2012년에 출간한 『우리가 해야 할 일이 무엇인지 묻지 마라Do not Ask What Good We Do: Inside the U.S. House of Representatives』에서 그날 모임의 결과에 대해 다음과 같이 썼다. "그날 저녁식사는 네 시간 가까이 계속되었다. 그들은 아찔하게도 거의 결별할 뻔했다. 공화주의자들은 앞으로의 방향에 대해 어느 정도 합의했다. …… 대통령의 경제 정책에 대해서 한 치의 양보도 없이 모두 합심하여 반대 의사를 밝히고…… 방송을 통해 민주당의 취약점을 공략하고…… 2010년에는 하원의원 선거에서 승리한다. …… 2011년에는 오바마에게 가차 없이 잽을 날린다. 2012년에는 대선과 상원의원 선거에서 이긴다." [112]

폴 라이언 하원의원은 모두에게 "모두 함께 결집해야 한다"라고 경고했다. 케빈 맥카시는 "모든 법안과 캠페인에 이의를 제기해야 한다"라고 말했다.

거의 40년 전에 심은 파월의 메모라는 씨앗이 어느새 자라 정치·경제·미디어 매체를 거느린 기업가 정치라는 큰 가문비나무가 되었다.

왕당파는 파월의 메모가 가르쳐준 교훈으로 1970년대에 권력을 잡았고, 또 다른 위기에서도 권력을 유지해왔다.

그 회의실에서 왕당파는 다가오는 개혁 혁명을 2년만 지연시킬 수 있다면, 미국인들의 혁명 정신은 파괴되거나 사라질 수 있다고 생각했다. 그럴 경우 오히려 이러한 위기를 이용하여 왕당파가 혁명을 밀어붙일 것이라고 보았다. 그것이 그들의 계획이었고, 그 방에 있던 공화주의자들은 자신들의 계획에 만족했다.

저녁식사 후 뉴트 깅리치는 "오늘을 기억할 것입니다. 오늘을 2012년의 씨앗을 심은 날로 기억할 것입니다"라고 말했다.

텍사스 출신 공화당 하원의원들은 《내셔널 저널》과의 인터뷰에서 이러한 공화당의 향후 전략을 '탈레반의 반란'에 비유했다.[113]

그들은 오바마가 대통령에 취임하던 2009년 1월 밤, 동반자살 협약을 맺었다. 이는 버락 오바마가 미합중국 대통령으로 첫날 밤 잠자리에 들기도 전에 대통령을 상대로 내란이 벌어지고 있음을 의미한다.

이제 정치적 소수가 된 왕당파는 주요 언론의 도움으로 다가오는 개혁 혁명을 패배시킬 전략을 진행했으며, 그것이 비록 미국을 위기에 몰아넣는 것일지라도 적극적으로 추진할 것이다. 그들이 쓰러져 넘어지면, 남은 국가도 그들과 함께 쓰러진다.

바로 그러한 일이 발생했다.

| Chapter 8 |

왕당파의 반격

우리는 언론이 우리의 친구가 되기를 원했다.
······ 우리는 언론이 우리가 대답하고 싶어 하는 질문만 하고,
그래서 우리가 보도되기를 원하는 뉴스만 보도하기를 원했다.

세런 앵글, 2010년 8월 2일

미국 역사상 첫 번째 대폭락 ─ 식민지 미국에서 경제적 착취가 횡행했고, 뒤이어 혁명 전쟁이 발발했다 ─ 의 시발점은 '티 파티Tea Party'였다.

모두가 보스턴 티 파티에 대해 배우지만, 무엇이 실제로 (대망각의 또 다른 결과로서) 이 사건을 촉발했는지는 배우지 않는다.

제1장에서 언급한 것처럼, 보스턴 티 파티는 경제 왕당파에 반대하는 혁명이었다. 경제 왕당파는 영국 정부와 연합하여 당시 세계 최대 기업에 세금을 부과하지 않음으로써 식민지에서 차를 판매하는 사람들을 완전히 망하게 할 수도 있는 법안, 즉 다세법을 통과시켰다.

다세법의 목적은 (왕을 포함한) 동인도회사의 이윤을 증가시킴으로써

식민지에서 소규모 사업 경쟁을 주도할 수 있도록 돕는 것이었다. 동인도 회사는 영국에 세금을 납부하지 않을 뿐만 아니라 식민지 미국에서 판매하는 차에 대한 독점권을 점유할 수 있었다. 따라서 차 생산 가격은 더 낮아졌고 미국에 있는 모든 지역의 차 수입업자들, 소규모 자영업자들, 그리고 찻집에까지 더 높은 가격으로 차를 판매할 수 있었다.

이에 맞서 1773년 12월에 보스턴의 한 시민단체가 인디언 복장으로 위장하고 동인도회사 소속의 배에 승선하여 역사상 가장 엄청난 기물 파손 행위를 저질렀다. 그들은 오늘날 환율로 수백만 달러에 이르는 차를 항구에 내던졌다. 그리고 바로 전쟁이 발발했다.

오늘날 대주기가 다시 돌아왔고 왕당파와의 전쟁이 다시 벌어짐에 따라 현대판 '티 파티'가 시작되었다. 다만 이번에는 왕당파가 어리석은 옷을 입은 쪽이다.

티 파티의 재이미지화

21세기 티 파티가 정확히 언제 시작했는지 알아내기는 쉽지 않다.

비록 주변부의 생각일지라도 정부는 반드시 작아야 하고, 세금은 악이며, 사회안전망은 게으름을 부추긴다는 정서는 미국 건국 초기부터 있어 왔다. 그런데 2009년 여름, 미국 전역에서 수만 명이 19세기 의상을 입고 모자에 차 가방을 매달기 시작했는데 여기에는 단순한 구호로만 볼 수 없는 무언가가 있다.

티 파티 조직, 티 파티와 관련한 애국자들은 티 파티의 시작이 2009년

2월(오바마가 취임한 지 한 달도 채 지나지 않았을 때다) CNBC의 릭 산텔리Rick Santelli로부터 시작되었다고 본다.* 당시에는 시카고 증권거래소의 주택 소유자에 대한 압류 위기가 최고조에 이르러 온 나라를 휩쓸었는데, 산텔리는 오바마 정부가 추진하려는 프로그램을 비난하는 보도를 하고 있었다.

산텔리는 생방송 도중 마치 정신이 나간 사람처럼 목소리를 높였다. "정부가 올바르지 못한 행동을 부추기고 있습니다. …… 대통령과 새 정부는 또 어떠합니까? 과연 국민들이 패배자들의 대출금을 보조하는 것에 대해 찬성하는지 인터넷 웹사이트에서 투표를 해보면 어떻겠습니까?"

'패배자'란 금융업에서 불로소득을 벌기 위해 포식동물 같은 외판원들에게 변동금리로 급하게 대출을 받아 주택을 보유한 사람들을 가리킨다.

위기 해결을 위해 당시 오바마 정부가 제안한 프로그램은 프랭클린 루스벨트 대통령이 대공황 기간 동안에 발생한 압류 위기를 해결하기 위해 의회에 제출했던 법안보다 훨씬 강도가 약했다.

산텔리는 가까이 서 있는 상인들에게 다가가 물었다. "이것이 바로 미국의 모습입니다. 여러분 중 얼마나 많은 사람들이 화장실은 더 있으면 좋겠지만 그에 대한 지불 능력은 없는 이웃의 대출금을 갚아주길 원하십니까? 손을 한번 들어보십시오. 오바마 대통령, 듣고 있습니까?"[114] 경제 왕당파가 듣고 있었다. 이미 이러한 산텔리의 행동을 자신의 목적을 위해 이용하려는 움직임이 있었다. 산텔리 자신은 그들이 그렇게 하도록 두면서도 부끄러움을 느끼지 않고 방송에서 티 파티가 첫 모임을 갖게 되었음

---

* 2010년 11월 4일, 티 파티 전국 방송: "티 파티 애국자들은 릭 산텔리가 2009년 2월 19일 방송에서 고함을 친 것에 대해 특별히 감사의 뜻을 전하고자 한다. 릭 산텔리의 방송으로 이 운동이 시작되었다. 산텔리의 방송이 없었다면 이 운동은 시작되지 않았을 것이다. 많은 사람들이 공적을 차지하려고 하겠지만, 속으면 안 된다. 산텔리가 이 불을 지피기 시작한 불씨였다."

을 홍보했다. "7월에 시카고 티 파티 모임을 고려하고 있습니다. 레이크 미시간에 참석하고자 하는 모든 자본주의자를 대상으로 조직을 구성하려 합니다."

걸으로는 산텔리의 행동이 티 파티 운동의 시작처럼 보일지도 모르지만, 좀 더 자세히 들여다보면 '티 파티'는 오바마가 대통령에 취임하기 전부터 조직되고 있었다.

보건 저널인《토비코 컨트롤》의 2013년 연구[115]에 의하면, 티 파티의 부활은 버락 오바마의 대통령 당선보다 훨씬 이전으로 거슬러 올라간다.

미국에서 기업의 이익을 대변하는 신新 티 파티 운동은 1980년대와 1990년대에 시작되었으며, 당시 담배회사들은 의회의 흡연 반대 움직임에 대항하여 다른 조직과의 광범위한 연합을 구축하는 데 막대한 돈을 투자했다.

10년 전 파월의 메모가 준 교훈에 따라 R. J. 레이놀드, 로릴라드, 필립 모리스 등은 '건전한 경제를 위한 시민모임CSE' 같은 조직에 수백만 달러를 퍼부었다. CSE의 투자자로는 오늘날 가장 널리 알려진 왕당파 중 한 명인 데이비드 코크도 있다.

CSE는 의회에서 논의하고 있는 흡연과 대기오염원 규제에 대해 반대하는 담배회사와 오염 물질 유발 기업 간에 연정을 구축했다. 레이놀드, 로릴라드, 필립 모리스 등 거대 담배회사들은 CSE에 최소 530만 달러를 투자한 것으로 추정된다.

1993년 필립 모리스 홍보 담당자는 '신 보스턴 티 파티'를 신설하기 위해 세금에 반대하는 그룹을 연합하여 그들의 대항 전략들을 개괄하는 '파월'식 메모를 작성했다.

그 메모는 "'신 미국 세금 혁명' 혹은 '신 보스턴 티 파티'라는 제목에 근거하여, 최대한 광범위한 지지층을 대표할 수 있는 시민들로 캠페인 활동을 구성해야 하며 깃 휘장, 유인물, 탄원서, 의상 등 주의를 끌 수 있는 것들은 모두 활용해야 한다"[116]와 같은 내용으로 작성되었다.

불행하게도 1998년 담배회사들이 도산하면서 2,000억 달러에 이르는 부채를 지불해야 했다. 그러나 2002년 데이비드 코크가 이끄는 CSE는 'USTeaParty.com'이라는 웹사이트 도메인을 사들였다. 결론적으로 티 파티 계획은 연기되었다. 공화당 왕당파인 조지 부시가 백악관에 입성했고 왕당파가 의회를 장악했기 때문에 더 이상 문제를 제기할 이유가 없었던 것이다.

왕당파가 경제를 망치고 의회에서 추방된 직후에 티 파티는 부활했다. 그 주체는 물론 CSE였다. 현재 CSE는 기업의 후원을 받는 가짜 시민운동 조직 두 개로 분리되었다. 하나는 '번영을 위한 미국인들', 다른 하나는 '프리덤웍스'다. 진짜 시민운동 조직인 '풀뿌리 조직'과 달리, 이들 가짜 시민운동 조직은 부유한 엘리트들의 지원을 받으며 실질적인 행동을 앞세우기보다는 기업의 현금으로 운영되고 있다.

코크 형제

억만장자인 코크 형제, 즉 데이비드와 찰스만큼 파월의 메모를 실천할 수 있는 사람은 없다.

코크 형제는 코크 인더스트리스로 알려진 거대한 초국가 기업을 운영하고 있는데, 이 기업은 석유 정제와 분배부터 화학 처리 및 생산·관리에 이르는 모든 것을 취급한다.

코크 인더스트리스는 미국에서 두 번째로 큰 사기업으로 연간 수입이 1,000억 달러에 이른다. 코크 형제는 포브스가 조사한 미국 부자 400명 중 4위를 차지하고 있으며, 형제 한 명당 각각 310억 달러의 가치를 지닌다. 둘의 재산을 합하면 2위를 차지하고 있는 워런 버핏보다 많다.

코크 인더스트리스는 아버지 프레드 코크가 코크 형제에게 물려준 것으로, 프레드 코크는 1927년 원유를 가솔린으로 정제하는 효율적 처리 방식을 개발했고, 구소련의 조세프 스탈린Joseph Stalin과 협력하면서 부를 축적할 수 있었다.

공산주의자들과 협력하긴 했지만 프레드 코크는 완벽한 경제 왕당파였다. 루이스 파월의 메모가 발견되기 훨씬 전인 1958년에 그는 존버치 협회의 설립을 도왔다. 존버치 협회는 격렬한 극우단체로, 미국의 시민권 운동에 반대하는 활동을 벌였다. 그들은 당시 정치·경제 논쟁의 주류에서 벗어나 신자유주의를 찬성하는 래디컬이코노믹스와 같은 노선을 걸었다.

프레드는 자신의 아들 찰스와 데이비드에게 급진적 왕당파 이데올로기를 주입했는데, 이는 1980년대에 전 세계적으로 세를 얻게 된다.

제인 메이어Jane Mayer는 《뉴요커》에서 코크 형제가 아버지를 통해 알려진 존버치 협회 등에 미치는 영향력에 대해 다음과 같이 말하고 있다.

"존버치 협회 구성원들은 자유시장을 이상적으로 생각하는 오스트리아 경제학파에 관심이 많다. 찰스와 데이비드 코크는 특히 프리드리히 폰 하이예크의 저작들과 하이예크의 규제받지 않은 자본주의에 대한 신념에 영향을 받았다."

메이어는 계속해서 덧붙인다. "또한 찰스와 데이비드는 국가 폐지를 주장하는 로버트 르페브르Robert LeFevre 같은 급진 사상가를 신봉한다. 르페브르는 '정부는 스스로 치유제라고 가장하는 질병이다'라고 즐겨 말했다."

데이비드 코크는 심지어 1980년에 자유당 대통령 후보로 나서기도 했지만 1퍼센트를 득표하는 데 그쳤다. 메이어가 쓴 것처럼 "코크 형제는 자신들이 가진 정치적 브랜드가 투표함에서는 먹히지 않는다는 것을 깨달았다. 찰스 코크는 공공연하게 기존 정치를 경멸하게 되었다. 당시 그는 '정치는 형편없는 부패한 사업 같다. 나는 자유주의 사상들을 발전시키고 싶다'라고 기자에게 말했다".

그들은 그렇게 할 수 있을 만큼 재산이 많다.

콕토퍼스의 촉수

루이스 파월은 유진 시드노어에게 상공회의소가 좀 더 많은 자금을 정치, 교육, 언론, 그리고 학교 교육과정에 투자해야 한다고 말했다. 그런데 그 편지는 차라리 코크 형제에게 보내는 편이 더 나았다.

1977년 지미 카터가 대통령직에 오르자 카터 정부는 CATO 인스티튜트에 재정 지원을 하기 시작했는데, 이 단체는 자유주의 또는 왕당파 이데올로기 옹호에 헌신하는 싱크탱크 단체다.

《리즌》의 편집차장인 브라이언 도허티Brian Doherty는 코크 형제를 여러 차례 인터뷰했다. 도허티가 인용한 바에 따르면, 찰스는 자신들의 재정 지원 뒤에는 "사회 변화를 일으키기 위한" 전략이 감춰져 있다고 밝혔다.

찰스는 자신들의 전략이 "정치 행동 소송을 위한 풀뿌리 조직의 로비 교육 관련 아이디어 개발부터 정책 발전에 이르기까지"에 대한 "수직적이면서 수평적으로 통합된" 노력이라고 밝혔다.

CATO 다음으로 코크 형제는 조지메이슨 대학에 신자유주의 경제학과 환경 변화 부정에 공헌할 머케이터스 센터를 설립하는 데 수백만 달러를 투자했다.

《월스트리트 저널》은 "독자들은 들어본 적이 없겠지만 워싱턴에서는 라틴어로 시장이라는 의미의 '머케이터스Mercatus'라는 이름의 단체가 가장 중요한 싱크탱크가 되었다. 자유시장 철학을 갖고 있는 머케이터스는 일종의 보이지 않는 규제 기관이 되었다"라고 보도했다.

머케이터스 센터의 영향력은 어마어마하다. 2001년 석유맨 조지 W. 부시와 딕 체니가 백악관에 입성하자 머케이터스 센터는 환경 규제 항목 23개 중에서 14개를 폐지하자고 제안했는데, 코크 형제는 이들 규제 항목 때문에 1998년부터 1,400만 달러를 지불해왔다.[117]

그런데 코크 형제가 후원하는 왕당파의 활동은 조지메이슨 대학에 국한된 것이 아니었다.

찰스 코크는 플로리다 주립대학의 경제학부 산하의 왕당파를 위한 경제학 연구 모임에 수백만 달러를 지원하겠다고 서명했다. 《세인트피터즈버그 타임스》는 "자유주의 기업가 찰스 코크가 플로리다 주립대학 경제학부에 150만 달러를 지원하기로 했다. 대신 '정치·경제와 자유 기업' 활성화와 관련하여 새로운 프로그램이 개발되면 그에 대한 권리를 갖는 것은 코크다"[118]라고 보도했다.

기사는 플로리다 주립대학에서 코크의 영향력이 얼마나 지대한지를 잘 보여준다. "찰스코크 자선재단과 계약한 상황에서…… 교수들은 아직도 자신들이 영향력을 갖고 있다는 환상에 사로잡혀 있다. 계약에 의하면, 코크가 임명한 자문위원회가 임용 후보자를 심사한다. 재단은 또한 최종 임용된 교수가 마음에 들지 않거나 개발된 프로그램의 임대 조건이 코크의 '목적'과 부합하지 않을 경우 매년 평가를 통해 재정 지원을 중단할 수 있다. 다시 말해 코크가 신임 교수 – 특히 신임 교수가 코크의 자유시장 경제 철학과 부합하지 않는 경우 – 에 대한 최종 결정권을 갖고 있다. 2009년 찰스 코크는 그 대학 교수들의 제안 중 약 60퍼센트를 받아들이지 않았다."[119]

코크 형제는 이와 유사한 단서 조항을 달아 웨스트버지니아 대학, 트로이 대학, 유타 주립대학, 클렘슨 대학을 포함하여 미국 전역에 있는 공립대학들과 계약을 맺었다. 결국 150개가 넘는 고등교육기관이 코크 형제로부터 대가성 재정 지원을 받고 있다. 미국의 고등교육 시스템은 이러한 재정 지원을 받으면서 경제 부문에 대해 세뇌당하고 있으며 정부를 무차별적으로 공격하고 있다. 코크 같은 경제 왕당파에게 이용당하고 있는 것이다.

코크 형제도 자신들의 재정 지원에 단서 조항이 따라다닌다는 사실을 비밀로 하지 않는다. 찰스 코크는 "우리가 많은 돈을 투자한다면 당연히 우리의 의도에 맞게 쓰여야 한다. 만약 그들이 우리가 의도하는 방향으로 가지 않고 우리가 동의하지 않은 것을 한다면, 재정 지원을 중단한다"라고 도허티에게 말했다.

코크 형제는 정치를 위해서도 엄청난 돈을 투자했다.

코크 인더스트리스는 1998년 이후 로비에만 5,000만 달러 이상을 투자했다. 제인 메이어는《뉴요커》에서 "코크 형제만이 자신들이 정확히 정치에 얼마를 투자했는지 안다"라고 했다.

세금 납부 기록에 따르면, 1998년과 2008년 사이 코크 형제는 자선기관들을 통해 수천만 달러를 후원했는데 그중 대부분이 정치 조직으로 흘러 들어갔다.

메이어는 "코크 가문이 소유한 재단 중 주요한 세 곳이 34개의 정책 조직에 재정을 지원했는데, 그중 세 곳은 그들이 세웠고 다수는 그들이 총괄하고 있다. 코크 형제와 그들 기업은 추가적으로 정치 유세, 시민단체, 로비스트들에게도 수백만 달러를 제공했다"라고 말했다.

미국 국립방사선방호위원회NCRP는 2004년 출간한 보고서에서 코크 형제의 기부가 자선의 성격을 띠고 있는지에 대해 의문을 제기했다. 보고서는 코크 형제의 기부는 진정한 자선이 아니며, 그들은 자신들에게 더 많은 이익을 가져다줄 아이디어에 투자하고 있는 것이라고 결론지었다. 보고서에 따르면, 코크 재단은 "코크 인더스트리스의 이익에 영향을 미치는 이슈와 관련된 연구, 그리고 그런 정책을 지지할 수 있는 비영리 단체에 기부한다".

'세계화에 대한 국제포럼'에서 이처럼 여기저기 문어처럼 발을 뻗어 무분별하게 확장하는 코크 문어발, 일명 콕토퍼스의 촉수가 되어줄 만한 다양한 기관과 개인들을 볼 수 있다.

그들 중에는 러시 림보Rush Limbaugh와 글렌 벡Glenn Beck 같은 유명인들도 있다. CATO 외에 싱크탱크 기관으로 미국 기업연구소가 있는데, 이곳은 코크 사에서 거의 200만 달러의 현금을 받았고, 헤리티지 재단은 400만 달러 이상을 받았다. 그리고 이들 회사는 상공회의소나 입법교류회 등의 기관에 로비 활동을 했다.

코크 형제는 '번영을 위한 미국인들'이라는 단체에도 약 600만 달러를 후원했다. 이 단체는 21세기 초반 CSE의 담배 티 파티로부터 분리되었고, 2009년 오바마 당선 이후 새 왕당파가 가담하여 티 파티를 일으키려 했다.

지난 대폭락이 모든 사람의 기억 속에 여전히 생생하기 때문에 엄청난 경제 폭락을 반복해서 일으킬 수 있는 이데올로기를 모든 계층에 주입하려면 많은 돈이 든다.

찰스 코크가 도허티에게 말한 것처럼 "우리는 급진적인 철학을 갖고 있다".

티 파티는 담배회사에서 시작되었지만, 찰스와 데이비드 코크 같은 수백만장자 왕당파와 억만장자가 티 파티를 키웠다. 그들은 티 파티 조직을 설립하고 성장시키는 데 수백만 달러를 투자했고, 티 파티 집회에 자금을 후원했으며 전국적으로 사람들의 참여를 독려하기 위해 버스를 빌렸다.

2009년 여름, 표면적으로는 풀뿌리 운동이 사상 최대의 호황기를 맞이한 것처럼 보이지만 그 이면에는 기업의 후원을 받아 조직적으로 움직이는 오바마를 반대하는 조직이 있었다. 대부분 나이 든 백인인 그들은 의회 의원들이 사회주의자가 되고 있으며 세금을 올려 민주주의를 붕괴시키려는 비밀 어젠다를 추진하고 있다며 비난의 목소리를 높였다.

코크 형제는 이 모든 것을 단독으로 추진하지 않았다. 1970년대에 GOP TV를 이용했던 아일스의 메모에서 탄생한 폭스 뉴스는 현재 미국에서 시청자가 가장 많은 케이블 뉴스다. 폭스 뉴스는 개혁 혁명을 억누르는 자신의 본분을 다했으며, 왕당파의 반혁명이 성공할 것이라고 확신했다.

게임에서 이긴 폭스 뉴스

빌 새면Bill Sammon이 파월의 메모를 손에 넣었다.

2009년 10월 27일 아침, 폭스 뉴스 직원들은 워싱턴 지부 편집국장인 빌 새면으로부터 긴급 메시지를 전달받았다. 앵커가 건강 개혁 논쟁을 보도하려고 하는데, 특히 '공공 선택권'이라는 단어에 대해 수정이 필요했기 때문이었다.

미국 민주주의와 경제에 왕당파가 구축한 요새를 무너뜨리겠다고 약속하며 버락 오바마와 진보 성향의 민주당이 의회에 입성한 지 10개월이 지났다.

가장 먼저 손봐야 할 부분은 의료 서비스 시스템이다. 의료 서비스를 인간의 기본 권리로 제공하지 않는 국가는 미국이 유일하다.

왕당파는 의료 서비스 시스템 관리에 문제가 있음을 알았고, 그래서 잘못된 정보를 널리 퍼뜨렸는데, 그 장본인이 바로 로저 아일스다.

영리를 추구하는 거대 건강보험회사로부터 재정 지원을 받는 우파는 캠페인을 통해 '사망선고위원회'(국가생명윤리위원회. 진료를 받을 환자와 죽어가도록 방치할 나머지 환자들을 결정할 의사 및 관료로 구성된 가상의 위원회인데, 실제로는 생명 윤리에 관한 자문을 담당하는 기구이지만 공화당 측에서 오바마의 의료보험 정책에 제동을 걸기 위해 만들어낸 다소 자극적인 표현이다 – 옮긴이)에 대한 두려움을 불러일으켰다. 2009년 8월, 사라 페일린Sarah Palin이 페이스북에 올린 글은 이에 대한 신빙성을 더해주었다. "내가 아는, 그리고 내가 사랑하는 미국은 나의 부모 또는 다운증후군을 갖고 태어난 내 아이를 오바마의 '사망선고위원회' 앞에 세워 '사회 생산성 기여도'에 따라 의료 혜택을 제공할 것인지 여부를 주관적으로 판단하는 나라가 아니다. 그런 시스템은 악이다."

아이러니컬하게도 소위 사망선고위원회가 실제로 그런 역할을 하고 있다는 것이다. 영리를 추구하는 보험회사의 사망선고위원회는 생명을 살리기 위해 의료 절차에 돈을 지불하겠다는 서명을 할 것인지를 결정한다. 이 경우 '주관적 판단'은 암환자의 화학 치료가 (수락 가능한) 최종 가격과 수지가 맞는지에 따라 결정된다.

오바마 대통령이 부담적정보험법으로 막으려던 것이 바로 이것이었다. 그러나 의료 개혁 논쟁이 이상한 방향으로 흐르면서 처음의 의도는 다소 왜곡되었다. 의료 개혁 법안에는 '사망선고위원회' 조항이 없었는데 2009년 여름, 의료 개혁 논쟁 중 상당 부분은 이 문제와 관련한 것이었다.

또 다른 문제는, 대통령의 의료 개혁이 정부의 부담을 사설 의료보험 산업 쪽으로 넘기는 방향으로 추진되고 있다는 것이다. 경제 왕당파가 좌지우지하는 나쁜 정부 아래서 30여 년을 보내면서 반정부 기운이 팽배함에 따라 이러한 근거 없는 믿음은 국민들에게 상당한 지지를 얻었다.

오바마 대통령이 최신 MRI 기계, 레이저 수술, 최첨단 의료 설비를 갖춘 미국 의료 서비스 시스템을 인수해서 수백만 명이 사망한 '유럽 공산주의'의 사회화되고 제한적인 의료 시스템으로 바꾸려 한다고 왕당파는 경고했다. 이는 캐나다나 유럽 쪽에서 보았을 때 분명히 말도 안 되는 얘기다. 유럽인들은 미국인들보다 훨씬 훌륭한 의료 서비스를 받고 있으며, 국가 주도식 단일 의료보험 체제의 혜택을 받는 사람들은 미국보다 자신들의 의료 서비스를 더 선호하며 감사함을 느낀다고 말했다.

그러나 왕당파는 자국의 의료 서비스 시스템에 대해 좋지 않은 경험이 있는 캐나다 사람을 다수 찾아내어 그들을 '사회 의료 보장 제도'의 희생자로 제시했다. 결국 '사망선고위원회'처럼 정부는 떠넘기기 신화에 갇혔다.

이는 건강개혁법안의 공공 선택권 논란으로부터 시작되었다.

미국의 몇몇 지역에서 소비자들이 선택할 수 있는 건강보험은 하나뿐이다. 영리를 목적으로 하는 단 하나의 거대 건강보험회사가 지역 시장을 독점하여 자신들이 원하는 가격을 책정하고 원하는 방식으로 고객을 상대한다. 시장에서 어느 정도 (왕당파가 그토록 좋아하는) 경쟁을 유발하기 위해서는 정부가 제공하는 건강보험의 경우 사설 건강보험보다 좀 더 효율적이고 혜택을 많이 줘야 한다. 제출한 건강개혁법안에서는 이를 '공공 선택권'으로 명명했다. 그 기본 생각은 간단하다. 사람들에게 선택권을 주고 자유시장에서 결정하도록 하는 것이다.

이러한 내용은 진보주의자들이 원했던 국가 주도식 단일 의료보험 체제와는 거리가 먼 것이었다. 그러나 사설 의료보험회사가 갑자기 경쟁에 참여한다면, 가격은 더 낮아지는 대신 의료 서비스의 질은 더 나아질 것이다.

모두가 예상할 수 있듯이, 왕당파는 이 아이디어를 싫어했다. 시장에서 경쟁할수록 수백만 달러를 벌어들이는 유나이티드 헬스케어의 '딜러' 빌 맥과이어Bill McGuire 같은 의료보험회사 실무진에게 돌아갈 보너스가 적어질 것이 분명하기 때문이다.

그래서 폭스 뉴스가 움직이기 시작했다. 2009년 10월 27일, 빌 새먼이 보낸 이메일 제목은 '공공 선택권으로 부르도록 하지 맙시다'[120]였다.

이 이메일은 이후 미디어 감시단체인 '미디어 매터스Media Matters'의 수중에 들어갔는데, 그 전문은 다음과 같다.

1. '정부 운영 의료보험' 또는 간결한 용어를 사용하고 싶은 경우에는 가능한 한 '정부 선택권'이라는 용어를 사용하시오.

2. '공공 선택권'(결국 이 단어는 어휘사전에 확실히 등록되었다)이라는 용어를 사용할 필요가 있는 경우 '소위'라는 수식 어구를 사용하여 '소위 공공 선택권'이라는 용어를 사용하시오.

새먼의 이메일에는 공공 선택권에 대해 어떤 식으로 이야기할지 두 가지 주의 사항이 더 제시되어 있다.

3. 공공 선택권이라는 용어를 '공공 선택권, 즉 정부 실행 계획'과 같은 어구로 쓸 수도 있다.

4. 뉴스거리 혹은 제보자들이 '공공 선택권'이라는 용어를 사용할 경우에는 그대로 인용해야 하기 때문에 더 이상 어떻게 할 수 없다.[121]

폭스 뉴스 아나운서들은 지시받은 대로 실행했고, 어느 순간 '공공 선택권'이라는 용어는 폭스 뉴스에서 사라졌다.

왜 그 이름을 바꾸려 하는가? 왜 법적 용어인 '공공 선택권'이 아니라 '정부 선택권'이라고 하려 하는가?

정답은 바로 여론조사에 있다.

두 달여 전, 같은 방송사의 공화당 측 여론조사 요원인 프랭크 룬츠가 '더 션 해너티 쇼'에 출연하여 공화당의 핵심 전략을 언급했다. 공공 선택권과 관련하여 룬츠는 해너티에게 다음과 같이 말했다. "'공공 선택권'이라는 용어를 사용하면, 미국인들은 분열된다. …… 그러나 '정부 선택권'이라는 용어를 사용할 경우 대중들은 이에 반대한다."[122] 결국 '정부 선택권'은 정부가 의료 서비스를 떠안는 것을 의미하며, 이는 즉 사회 의료 보장 제도를 의미한다.

해너티는 곧 룬츠가 '중요한 점'을 지적했다는 사실을 깨닫고 정신을 번쩍 차리고 그때부터 '정부 선택권'이라는 용어를 사용했다.

새로운 메시지가 탄생했다.

폭스 뉴스 워싱턴 지부 편집장인 빌 새먼은 앵커에게 오바마 대통령의 의료개혁법안에 대한 반대 여론을 공화당이 쥐고 흔들 수 있도록 여론조사에서 효과가 증명된 용어를 사용하라고 지시했다. 이는 명백한 선동이었다.

몇 달 뒤 폭스 뉴스는 대중들에게 '정부의 의료보험 떠넘기기'에 대한 공포심을 조장하여 민주당이 의료개혁법안에서 공공 선택권을 포기하도록 만들었다.

대담해진 빌 새먼은 기후 변동에 대해서도 예의 주시했다.

몇 달 후인 12월, 코펜하겐 관련 뉴스가 보도되었는데 세계 각국의 리더들이 세계 기후 변화 대응책을 마련하기 위해 코펜하겐에 모인 것을 보도하는 내용이었다. 그때 빌 새먼은 또 다른 이메일을 가지고 있었는데, 그는 기후 변화 논쟁과 관련하여 앵커에게 문구 수정을 부탁했다.

2009년 12월 8일, 그가 보낸 이메일[123]의 제목은 '기후 변화 데이터의 진실성 관련 논쟁을 보았을 때……'였다.

새먼은 앵커에게 다음과 같이 지시했다.

어떤 특정 기간 동안 지구의 온도가 상승하고 있다(또는 하강하고 있다)는 주장에 대해서 이것이 비판가들의 데이터에 근거하고 있다는 점을 즉시 지적하지도 말고 사실이라고 주장해서도 안 된다. 특히 이러한 논쟁이 격렬해질 때, 그런 생각을 사실로 단정하는 것은 저널리스트로서 우리의 역할이 아니다.

영리를 추구하는 의료보험회사의 실무진과 마찬가지로 석유 재벌들은 의회에 계류 중인 배출권거래제법안이 자신들의 이익을 감소시킬 것이라고 믿었다. 그들은 대중들이 기후 변화에 대해서 확실하게 문제의식을 느끼지 않는 한, 기후 변화 관련 법안을 성급하게 통과시킬 이유가 없음을 알았다. 다시 말해 폭스 뉴스는 독점 기업의 협력자가 되었다.

폭스 뉴스는 기후 변화와 관련하여 거짓 증거를 제공했고, 기업의 재정 지원을 받는 유사 과학자들은 거짓 증거 위에 자신들의 기반을 마련했다. 기후 변화가 심각한 문제가 아니라는 생각을 조장하여 자신들과 비슷한 이데올로기를 가진 거대 정유회사, 부유한 기업가들, 재단으로부터 월급과 보조금을 제공받았다.

이는 효과가 있었는데, 수십 년 만에 처음으로 미국에서 제출된 기후 변화 총괄 법안이 상원에서 폐기되었다. '배출권과 거래제'를 포함한 미국 청정에너지와 보호에 관한 법률은 한참 전인 1980년대에 산성비를 줄이기 위해 로널드 레이건이 시도한 것으로, 공화당과 민주당 양측 모두의 지지를 받았으며 오염을 줄이는 데 효과적인 방법으로 증명되었다.

폭스 뉴스는 '배출권과 거래제'라는 용어를 또 다른 여론조사에 의해 검증된 '배출권과 세금'이라는 단어로 바꿔 계속 언급했으며, 이를 미국 에너지 시장을 반∯국영화하려는 사회주의 계획이라 규정지었다.

정유회사로부터 엄청난 재정 지원을 받은 정치인들은 폭스 뉴스 덕분에 현 상태를 그대로 유지할 수 있었다.

다시 한 번 은밀하게

왕당파의 자본과 조직은 먹혀들었다.

1970년대 미국 전역에서 대망각이 유행했던 것처럼 왕당파는 자본과 조직을 이용해 '거짓된 기억'을 매수했다. 그로부터 2세대 후, 그리고 또 다른 대폭락 후 거짓된 기억 덕분에 왕당파는 현 지배 상태를 유지할 수 있었다.

루스벨트 취임 후 '첫 100일'이 혁명적이었던 것과 달리 오바마 대통령의 '첫 100일'은 전혀 그렇지 않았다.

미국 경기부양법은 규모 면에서 공공사업청을 포함하여 1933년에 통과된 루스벨트의 첫 번째 뉴딜 정책의 5분의 1 수준밖에 되지 않았다. 정부 지출도 제2차 세계대전 당시가 훨씬 많았다.

오바마 대통령의 수석 경제자문위원인 크리스티나 로머 Christina Romer 가 경기부양에 1조 8,000억 달러를 쏟아부으라고 강조했지만, 오바마 대통령은 오히려 예산을 삭감한 경기부양 제안서를 제출하여 몇몇 공화당원의 지지를 얻었다. 결국 원래 금액의 3분의 1정도인 7,870억 달러가 경기부양을 위한 실질 금액으로 책정되었다. 나머지 3분의 2는 공공 부문 노동자들의 해고 및 세금 삭감을 막는 데 쓰는 주정부 예산이 구멍 나지 않도록 지원하는 데 쓰였는데, 이는 지금까지 경기부양책 부문에서 가장 낮은 금액이 책정되었던 것이었다.

오바마 대통령이 실제로는 혁명을 일으킬 의도가 없다는 것이 대통령 임기 초부터 분명해졌다(LGBT 공동체에 대한 첫발을 내디뎠다는 점은 예외이지만). 입법 부문에서 '오바마 케어'로 알려진 부담적정보험법을 소위 오바마 혁명의 주요 성과로 볼 수도 있지만, 사실 이는 혁명과 거리가 멀다.

도드-프랭크 월스트리트 개혁법은 1929년 대공황 이후 시행된 루스벨트의 월스트리트 규제와 비교하기도 무색할 정도다. 테러에 대한 전쟁은 확대되었고, 관타나모는 개방된 채로 있고, 무분별하게 살인이 증가했다. 그리고 1980년대 이후 터무니없이 낮은 세금을 내는 미국의 초갑부들은 여전히 세금을 적게 낸다.

그러나 미국은 여전히 혁명을 잉태하고 있었으며, 갑부들은 억만장자의 티 파티에 합류했다.

티 파티에 참가한 사람들이 이해하지 못했던 것, 그리고 티 파티 운동에 재정을 지원하는 백만장자와 억만장자들은 이해하고 있었던 것은, 자연은 진공 상태를 혐오한다는 것이다. 그래서 티 파티 참여자들이 더 작은 정부, 혹은 어떤 경우 무정부를 요구할 때 대신 그 자리에 무언가를 채워야 한다. 과거 대호황 시대부터 광란의 1920년대까지, 그리고 레이건 대통령 시절까지 빈자리를 채웠던 것은 기업의 권력과 부였다.

보스턴 티 파티 사건이 일어난 지 어느덧 240년이 지났고, 오늘날 티 파티는 현대판 동인도회사인 세계에서 가장 거대한 몇몇 초국가 기업을 대신하여 결집하고 있다.

사설 의료 산업은 공공 선택권, 그리고 보통 '오바마 케어'를 티 파티가 공격함으로써 직접적인 혜택을 받는다. 공기 오염 물질을 배출하는 석유 산업은 티 파티가 기후 변화를 부정하여 신탄소 세금 또는 거래금액상한

제가 통과되지 않은 덕분에 더 많은 수익을 보장받았다. 간단히 말해서 티 파티는 18세기 독재자들, 19세기 악덕 자본가들, 그리고 20세기 경제 왕당파를 대신하여 이들을 결집시킨다.

1930년대 경제 왕당파는 루스벨트 대통령에 반대하여 모의한 쿠데타를 성공시킬 수 없었지만, 2010년 오늘날의 코크 형제와 경제 왕당파는 버락 오바마에 반대하기로 결정했다. 이번에 그들은 군대 대신 자본을 이용할 것이다. 이들의 쿠데타는 대법원이 준비한 선물로 완결될 수 있었다.

| Chapter 9 |

고등법원의 배신

대법원은 선거 무결성의 핵심 보호 장치들을 무너뜨렸으며,
의회 및 미국인들의 뜻을 뒤집고 모든 기업이 선거 후보자들의 선출 및 패배를 위해,
그리고 그들의 정치적 목적을 충족하기 위한 정책에 영향을 미치기 위해
무제한적으로 돈을 쓰도록 허용했다. 그 결과는 악몽일 것이다.

셸든 화이트하우스, 2010년 1월 29일

오바마의 대통령 취임식 다음 날, 대법원장 존 로버츠John Roberts는 백악관으로부터 호출을 받았다. 처리해야 할 일이 있었기 때문이다.

그날 저녁 7시 30분이 막 지났을 무렵, 로버츠와 오바마 대통령은 백악관의 맵룸(프랭클린 루스벨트 대통령이 제2차 세계대전 동안 그 방에서 유럽과의 전투에서 승리하기 위해 여러 개의 지도를 보면서 장군들과 전략을 논의했다는 데서 유래했다)에서 서로 마주 보고 서 있었다.

맵룸은 현재 인터뷰나 사적 모임의 장소를 사용되는데, 이날 밤 두 사람은 그 방에서 대통령 취임 선서를 다시 했다.

존 로버츠는 거의 실수를 하지 않는 사람이다. 그런데 바로 전날 오바마의 대통령 취임식 날에는 백악관과 워싱턴 몰 잔디밭에 웅성거리며 모인 수백만 명의 미국인들과 전 세계에서 그 광경을 지켜보는 수십억 명의 사람들 앞에서 일생일대에 가장 당혹스러운 실수를 저질렀다. 그날 아침 내내 대통령 선서 예행연습을 하고 선서 문구를 암기했지만, 막상 44대 대통령인 버락 오바마가 선서할 시간이 다가오자 로버츠는 '충실하게'라는 단어를 써야 할 자리에 다른 단어를 썼고 나머지 선서 내용을 더듬거렸다.

폭스 뉴스는 즉시 이를 비난했다. 취임식이 있고 몇 시간 후, 크리스 왈라스는 대통령의 정통성에 의문을 제기했다. 당시 그 자리에 있었던 사람들은 "버락 오바마가 미국 대통령인지 의구심을 표하지 않을 수 없다"라고 말했으며, 결국에는 이 사건이 "법정까지 가게 될 것"[124]이라고 했다.

폭스 뉴스가 의도적으로 논란을 조장할 것이 분명하기 때문에 초기에 논란의 싹을 제거하기 위해 백악관은 그다음 날 존 로버츠를 백악관으로 불러 대통령 선서를 다시 하도록 했다. 맵룸 벽난로 앞에서, 미국 국회의사당 건축을 감독했던 벤자민 러트로브Benjamin Latrobe 초상화 속 두 눈이 감시하는 가운데, 로버츠는 버락 오바마가 대통령 선서를 다시 하도록 할 의무가 있었다.

맵룸은 로버츠와 오바마가 헌법상 의무로 규정된 맹세를 하는 데 가장 적합한 장소였다. 바로 그날부터 존 로버츠가 이끄는 경제 왕당파는 미국을 포위하고 미국의 자랑스러운 민주주의를 과두제로 변질시키는 데 성공한다.

그 선서는 아무런 의미가 없는 것이었다. 왜냐하면 그로부터 정확히 1년 후, 대법원은 버락 오바마의 민주공화국을 왕당파의 과두제로 변질시켰기 때문이다.

로버츠, 사건을 맡다

경제 왕당파는 쿠데타가 성공하기 위해서는 기업이 선거에 제한 없이 참여할 수 있도록 모든 장애물을 깨끗이 제거해야 한다고 생각했다. 만약 기업이 어떤 정치인이 맘에 든다면, 그 정치인은 선거에서 매번 이길 것이다. 반면 기업이 어떤 정치인을 못마땅하게 여긴다면, 그들은 그 정치인의 지역구에 정치적으로 매장시키기 위해 몇백만 달러의 광고를 낸다. 이러한 관점으로 왕당파는 권력을 이용해 법조인들을 선별한다. 그리고 시티즌스 유나이티드 사건에서 볼 수 있듯, 존 로버츠는 왕당파에게 그들이 원하는 것을 줄 수 있었다.

약 40년 전 파월의 메모는 "사법부는 사회, 정치, 경제 변화를 위한 가장 중요한 수단"이라는 교훈을 주었고, 왕당파는 고등법원에서 아홉 명 중 다섯 명으로 다수파를 형성했다.

또한 왕당파는 미국에서 자신들의 영향력을 점점 확대해가면서 존 로버츠와 완벽하게 연합했다. 로버츠의 임무가 연방법원의 서기 노릇을 하는 것이든 레이건과 조지 H. W. 부시 정부에서 백악관의 변호사 노릇을 하는 것이든 백만장자의 변호사를 하는 것이든, 로버츠가 미국의 법에 접근하는 데에는 일반적인 원칙이 있었다(이 원칙은 그가 미국 사법 체계의 정점에 등극하면서 더욱 강화되었다).

《뉴요커》의 제프리 투빈Jeffrey Toobin은 '더 이상 미스터 나이스 가이는 없다'라는 기사에서 존 로버츠의 등장에 대해 다음과 같이 썼다. "미국의 제17대 대법관이 된 이후 존 로버츠는 주요 사건마다 피고보다 검찰, 사형수보다 주州의 입장을, 입법부보다 행정부, 원고인 개인보다 피고인 기업의 손을 들어주었다. 로버츠는 한 세대 동안 미국 대법원에서 사법부의 보수주의를 여실히 보여준 스칼리아Scalia보다도 훨씬 더 공화당의 이익을 위해 봉사하고 공화당의 가치를 대변했다."

버락 오바마는 미국 상원의원이던 시절에 로버츠의 고등법원 임명을 반대하는 이유를 다음과 같이 설명했다. "개인적으로 나는 로버츠가 약자에게는 반대하고 대신 강자를 대변하는 데 자신의 능력을 사용할 것이라고 생각합니다."[125]

실제 통계치가 오바마 상원의원의 우려가 사실이었음을 뒷받침한다. 2013년 서던캘리포니아 대학의 연구에 의하면, 존 로버츠 대법원장이 이끄는 현 대법원은 제2차 세계대전 이래로 가장 기업 친화적이며, 상공회의소는 그들과 관련된 사건 중 거의 70퍼센트에서 승소했다.[126]

그러나 시티즌스 유나이티드 대 연방선거관리위원회 사건에서 왕당파의 승리야말로 가장 의미 있는 사건이었다.

힘겨웠던 2008년 예비선거 기간 동안, 한 우파 그룹이 힐러리 클린턴에게 불리한 방송을 준비했는데 그들은 이를 전략 주州에서 TV로 방영하기를 원했다.

연방선거관리위원회는 '다큐멘터리'라고 하더라도 '선거 광고'로 볼 수 있으며, 따라서 매케인-파인골드법(일반 대중에 대한 정치 연설을 엄격히 제한하고 있는 법으로, 2002년에 통과되었으며 이 법을 발의한 공화당 존 매케인과 민주당 러셀 파인골드의 이름을 따 '매케인-파인골드법'으로 불린다 – 옮긴이)을 적용하여 방송을 금지시켰다(1907년 공화당 출신 테디 루스벨트 대통령이 틸만법을 제정한 이후 정치 캠페인에 대한 기업의 후원은 계속해서 다양한 방식으로 금지되었다).

우파 단체인 시티즌스 유나이티드는 우파 집단의 청부살인업자이자

전 레이건 대통령의 법무관이었던 테드 올슨 - 그는 부시 대 고어 사건 당시 부시의 편에 섰다 - 을 책임 변호사로 세워 대법원에 소송을 제기했다. 2000년 플로리다에서 발생한 재개표가 미국 전역으로 확산되지 않도록 올슨과 부시의 법률팀을 도운 사람으로 존 로버츠가 지목되었다. 로버츠는 자신은 휴가를 보내고 있었다고 주장하지만 어느 쪽이든, 2000년 고등법원이 조지 W. 부시와 경제 왕당파의 손을 들어준 지 10년이 지난 지금 모든 민주주의 기관은 왕당파에게 넘어갔다.

시티즌스 유나이티드와 연방선거관리위원회 사건은 로버츠가 이끄는 사법부가 5 대 4의 다수결 결정 방식을 이용하여 미국 정치판을 악덕 자본가들이 활개 치던 1907년 이전 시대로 재편할 수 있는 최상의 기회였다.

로버츠는 미소를 잘 짓는 예쁜 아이들을 둔 잘생긴 사람이지만, 미국 평균 근로자들의 친구는 아니다. 오히려 그는 사법권을 철저히 옹호하는 사람이다. 로버츠는 자신의 생애 대부분을 부자들과 권력자를 위해 일했고, 좀 더 많은 미국인들을 부자와 권력자의 편으로 만들 기회를 엿보며 노심초사하고 있었다.

시티즌스 유나이티드 사건에서 로버츠 법정은 양측의 주장을 접수하고 사건을 맡은 후 마치 판결을 내릴 것처럼 논의했다. 그러나 로버츠는 관련 법안(매케인-파인골드법) 중 어느 한 부분이 헌법에 어긋나는지 논의하여 판결을 내리는 대신, 2009년 9월 이 법에 대한 전면 재검토를 요구했다. 그는 오히려 논의 범위를 확대하여 의회가 기업의 '자유로운 발언'을 규제하는 권한을 가질 수 있는지에 대해 재심의하라고 요구했다.

이처럼 기업의 '자유 발언'에 대한 모든 규제를 철폐함으로써 1886년 산타클라라 카운티 대 남태평양 철도회사(기업의 법인격을 주장하는 남태평양 철도회사가 산타클라라 카운티를 상대로 소송을 제기했으며, 이 사건의 대법원 판결 이후 기업의 법인격이 인정받게 되었다 – 옮긴이) 판결 이래 거의 125년 만에 최종적으로 기업의 법인격을 인정하게 되었다. 이로써 그동안 헌법으로 보장되었던 개인의 권리는 기업 쪽으로 양도되었다.

법인으로서의 길

미국 남북전쟁 이후 노예제에서 해방되어 새롭게 자유를 찾은 흑인의 권리 보장을 위해 세 가지 법안이 통과되었다. 노예제를 분명하게 금지하는 수정헌법 제13조, 흑인들의 투표권을 보장하는 제15조, 그리고 흑인들의 법정 접근권을 보장하며 흑인이 백인과 동등한 수준의 법률 보호를 받을 수 있다고 명시하는 제14조가 그것이다.

예를 들어 1868년 비준된 수정헌법 제14조 1항의 전문은 다음과 같다.

미국에서 태어나거나 미국으로 귀화한 자 및 그 사법권에 속하게 된 자는 모두 미국 시민이며 사는 주의 주민이다. 어떤 주도 미국 시민의 특권 또는 면제 권한을 제한하는 법을 만들거나 강제해서는 안 된다. 또한 어떤 주도 법의 적절한 절차 없이 개인의 생명, 자유 또는 재산을 빼앗아서는 안 된다. 게다가 그 사법권 범위에서 개인에 대한 법의 동등한 보호를 부정해서는 안 된다.

위 조항에서 '개인'이란 단어에 주목해보자.

법률 관계자들은 1,000년의 역사를 가진 영국 관습법과 100년 역사의 미국 헌법을 살펴보았을 때, 법률에는 두 종류의 '개인'이 있다고 생각했다. 첫 번째 유형은 '자연인'으로, 글자 그대로 인간을 의미한다. 1215년 마그나 카르타(1215년 6월 15일에 영국의 존 왕이 귀족들의 강요에 의하여 서명한 문서로, 국왕의 권리를 문서로 명시했다 – 옮긴이)에 쓰인 것이 바로 그 예다.

두 번째 유형은 법적으로 인정된 '개인'이다. 이는 넓은 의미에서 주, 국가, 교회, 비영리와 영리, 그리고 모든 종류의 기업을 포괄한다. 이러한 기업들이 일종의 '인간으로서의 특질'을 지닌다고 생각하는 이유는 기업들끼리도 상호 작용을 하면서 토지를 소유하고 세금을 내고, 또 소송을 하거나 소송을 당하기 때문이다. 영국 관습법이 탄생한 7세기부터 1870년대까지 아무도 이러한 두 종류의 법인격을 필요로 하지 않았고, 그리고 둘의 분명한 차이점이 무엇인지에 대해서도 의문을 제기하지 않았다.

미국 남북전쟁에 뒤이어 재건 시대를 맞이하면서 미국에서 가장 막강한 세력을 자랑하던 철도 산업은 수정헌법 제14조를 논쟁거리로 삼아 좀 더 권력을 획득할 수 있는 기회를 모색했다. 기업과 기업의 대리인은 수정헌법 제14조가 쓰일 당시 그 조항을 작성한 사람들이 '개인'이라고 했을 때, 그 개인은 '자연인'과 '법인', 즉 철도회사와 같은 기업도 모두 포함하는 것이었다고 주장했다.

좀 더 쉽게 설명하자면, 수정헌법 제14조를 작성한 사람들은 노예와 기업 모두에게 법적 보호권을 줌으로써 그들을 자유롭게 하려 했다고 주장했다.

그들의 주장은 제9회 연방순회재판소에 보내졌고, 당시 미국 대법원 부위원장이었던 스테판 필드Stephen J. Field가 그 재판을 주재했다. (이후 다시 미국 대법원은 그해 대부분 순회재판을 열었으며, 매년 몇 달 동안 대법원 소집을 위해 워싱턴에서 모였다.) 그리고 필드는 적어도 한 명, 그리고 어쩌면 그 이상의 철도왕들과 깊이 연관되어 있었다.

제9회 연방순회재판소에서 필드는 수정헌법 제14조가 노예뿐만 아니라 기업에도 적용된다는 주장을 받아들였다. 그러자 이 사건은 1873년 대법원으로 보내졌는데, 당시 대법원장이었던 사무엘 밀러Samuel F. Miller는 기업의 행태를 대놓고 비난했다.

그가 쓴 판결문에 따르면, 수정헌법 제14조의 주요 목적은 "노예해방이며, 그들의 자유를 안정적이고 확고하게 공고화하는 것으로, 노예에 대해서 무자비하게 압제를 가했던 사람들의 억압으로부터 새롭게 탄생한 자유로운 시민들로서 노예들을 보호하고자 한 것이다".

철도기업들은 변호사들에게 많은 돈을 지불했고, 기업 측 변호인이었던 샌더슨S. W. Sanderson은 법정에서 매우 공격적이고 무자비한 사람으로 알려져 있었다. 기업들은 단념하지 않고 계속해서 기업이 인간적 특질을 갖고 있다고 주장하며 모든 수단을 동원해 대법원에 항소했다. 1877년 그들의 공격은 최고조에 달했고, 당시 그들은 정부가 철도 요금이나 기업 활동 등을 제한하거나 다양한 세금을 매길 수 없다고 주장하면서 대법원에 네 건의 소송을 제기했다. 그들의 주장에 따르면 정부는 '개인'의 삶에 개입해서는 안 되며, 수정헌법 제14조에 의거할 때마다 법 적용과 세금 부과 방식이 주州마다 차이가 나는 것은 철도기업이라는 개인에 대한 불법적인 차별이라는 것이다.

1882년 철도기업 측 변호인은 수정헌법 제14조 초안이 작성될 당시 "그 법안을 만들었던 연합의회 위원들이 비공개로 간행한 잡지에 의하면 그들은 '개인'이라는 용어로 기업을 보호하려고 했다"라며 대법원에 소송을 제기했다.

이는 명백한 거짓으로 그들은 1882년 사건에서 패소했다. 제9회 연방 순회재판소에서 철도기업 측에 호의적인 판결을 내렸던 필드 판사를 제외하고는 아무도 '비밀 저널의 주장'을 믿지 않았다.

철도기업들은 집요했지만, 이후의 사건에서도 철도기업 측 변호인들은 의회 위원회의 비밀 저널을 증명하거나 증거로 만들어내지 못했다.

캘리포니아 산타클라라 카운티의 세금 지불 문제와 관련하여 그들은 1886년에 또 다른 소송을 제기하면서 다시 한 번 기회를 맞이했다. 평소대로 필드 판사는 각기 다른 지역에서 다른 방식으로 기업의 재산세를 다르게 책정하는 것은 '개인'으로서 기업에 부당하다며 기업 측에 호의적인 판결을 내렸다.

이 사건은 대법원으로 넘어갔고, 기업 측 변호사인 샌더슨은 당시 떠오르는 법조인 델핀 델마스Delphin Delmas와 대결하게 되었는데, 델마스는 30년 뒤 악명 높은 살인사건(훗날 레이 밀랜드Ray Milland 주연의 「걸 인 더 레드 벨벳 스윙」이라는 영화로 제작되었다)의 변호사로 전 세계적인 명성을 얻었다.

델핀 델마스와 기업의 개인성

산타클라라 카운티 대 남태평양 철도회사 사건과 관련하여 대법원에서 델마스는 "피고는 줄곧 기업이 개인이기 때문에 수정헌법 제14조에 의해 보호받아야 한다는 점을 증명하지 못했다. …… 따라서 과연 수정헌법이 기업에 개인과 동등한 지위를 부여하는가라는 의문이 제기된다"라고 말했다.

그런 다음 델마스는 법학자들의 성경이라 불리는, 1765년에 쓰인 윌리엄 블랙스톤 경Sir William Blackstone의 『영법석의Commentaries on the Laws of England』 - 이 책은 미국 헌법의 기초를 마련한 사람들이 1787년 필라델피아의 헌법 제정 회의에서도 자주 인용하고 참고했다 - 를 인용하며 다음과 같이 말했다. "블랙스톤은 '개인은 법에 의해 자연인과 법인으로 구분된다'라고 말한다. 자연인은 자연이라는 신이 우리를 창조했다는 것을 의미한다. 법인이라는 것은 사회와 정부의 목적을 위해 법에 의해 만들어지거나 고안된 것을 의미하며, 기업이나 정치적 통일체가 해당된다."

법률의 핵심적인 부분을 인용한 후, 델마스는 상식적인 부분으로 넘어갔다. 만약 기업이 법적으로 '개인'이라면, 왜 기업은 의지를 보이거나 결혼을 하지 않는가?

"블랙스톤의 정의는 기업이 '개인'이기는 하지만 인간과 같은 종류의 개인은 아니고 또 반드시 그럴 필요도 없으며, 그래서 본질적인 면에서 동일한 법에 의해 규정되는 권리를 누릴 수 없다는 생각이 불필요하다는 점을 보여주고 있다. '건전한 정신으로 신중하게 판단할 수 있는 나이가 된 인간은 누구나 유언장을 작성할 수 있다' 또는 '성년이 된 사람은 누구나 결혼할 수 있다'라고 법률에서 규정했을 때, 평등을 열렬하게 주장하는 사람조차 기업들이 유언장 작성이나 결혼 계약의 권리를 누려야 한다는 데 찬성할 사람은 거의 없다고 생각한다."

델마스는 이러한 생각 자체가 말이 안 된다고 했다. 그는 법정에서 "수정헌법 제14조가 만들어지게 된 역사는 그것의 전체적인 범위와 목적을 살펴보았을 때 인간 사이의 평등을 구축하고자 한 것이지 자연인과 법인

사이의 평등을 구축하고자 한 것이 아니었다"라고 말했다.

미국 남북전쟁 직후 통과된 수정헌법 제14조의 목적은 명백했다고 델마스는 말했다. "그것의 목적은 보잘것없는 사람들, 탄압받는 사람들, 그리고 극단적인 수준으로까지 억압받는 사람들이 인간적인 대접을 받을 수 있도록 하는 것이었다."

그는 다음과 같이 말하면서 대법원에서 자신의 변론을 요약했다. "그러므로 저는 수정헌법 제14조가 인간과 기업이 평등하다고 명시하고 있지 않다는 점을 다시 한 번 감히 말하고자 합니다. 국가는 자연인을 통치하는 법과 동일한 법을 기업이 따르도록 할 필요가 없으며, 자연인들이 향유하지 않는 기업의 권리, 특권, 면책을 부여하는 것은 평등 규정에 위배되지 않으며, 동일한 이유로 기업에 자연인에게 부과되지 않는 납세 또는 다른 형태의 의무를 부과할 수 있습니다."

델마스는 법정이 자신의 생각에 동의하게 만들 만한 모든 근거를 제시했다. 이는 이전의 유사한 사건에서도 여러 번 제시되었던 것이다.

실제로 법정은 전례를 따르기로 결정했다. 법정은 세금 부분에 대해서는 확실한 판결을 내렸지만, 기업을 개인으로 볼 것인지에 대해서는 분명하게 판결하지 않았다.

철도기업 측이 제기한 사건에 대해 법정은 다음과 같은 판결을 내렸다. "헌법에 대해서 심각하게 문제 제기를 할 정도는 아니다. 이 사건은 재산세에 관한 것이지 개인성과 관련된 것이 아니며, 판결이 이러한 근거를 가지고 있는 한 소송에서 제기된 다른 의문들에 대해서는 고려할 필요가 없다."

다시 말해 기업은 헌법 보호의 목적에 근거할 때 '개인'이 아니라는 것이다.

산타클라라 사건에서 법원은 수정헌법 제14조에서 개인이 가지는 권리를 기업도 가져야 한다는 판결을 내리지 않았지만, 당시 법원 서기의 생각은 달랐던 모양이다. 존 챈들러 밴크로프트 데이비스John Chandler Bancroft Davis는 판결문의 두서頭書에 수석 재판관이 수정헌법 제14조하에서 기업도 '개인'이라 발언했다고 적어놓았다. 이는 수석 재판관이 죽은 이후 출판되었고, 이 두서가 법적 효력이 있거나 전례로 참고될 만한 것은 아니었지만 몇 세대 후 기업 변호를 맡은 변호사들이 이 문건을 손에 넣었다.

1938년 휴고 블랙Hugo Black 판사는 "수정헌법 제14조가 처음 적용된 후 50년 동안 이 조항과 관련하여 법원에서 다룬 사건들 중 흑인 보호와 관련된 것은 0.5퍼센트 미만에 불과하고, 50퍼센트 이상이 이 조항을 기업에도 확대 적용할 수 있느냐에 관한 것이었다"라고 언급했다.

그 후 125년이 넘도록 과두제를 원하는 미국 기업들은 민주주의를 부패시키는 대규모 움직임을 이어갔다(좀 더 작은 규모의 움직임은 반세기 전 다트머스 대학이 연관된 사건과 함께 이미 시작되었다).

로버츠의 법정 규칙

2010년 1월 21일, 공화당 편에 선 판사 다섯 명이 기업 측에 유리한 판결을 내렸다. 대법원은 이 사건에서 '우파' 기업의 정치 캠페인 자금이 정치인이나 캠페인, 혹은 그 정당에 직접적으로 흘러 들어가는 것이 아닌

한 기업의 자금 후원을 제한하는 것은 불법이라고 판결했다.

안소니 케네디Anthony Kennedy 판사가 쓴 판결문에 의하면, 정부는 기업의 권력 또는 '언론의 자유'를 제한할 권리가 없다. 케네디는 "수정헌법 제1조는 정부 권력에 대한 불신을 전제로 하고 있으며, 그에 따라 특정 주체나 관점에 대해 호의적이지 않은 어떠한 시도도 반대한다"라고 썼다.

그는 "법정은 수정헌법 제1조의 보호 조항이 기업에도 해당된다는 것을 인지하고 있다. …… 전례를 보았을 때, '단순히 그 주체가 기업'이라는 이유로 정치적 발언이 수정헌법 제1조에서 예외가 될 수는 없다"라고 분명하게 밝혔다.

그런 다음 그는 "따라서 기업이 '자연인'이 아니기 때문에 기업 또는 다른 기관의 정치적 발언이 자연인과 다르다는 주장을 기각한다"라고 못박았다.

기업 관계자와 로비스트들은 대법원의 결정이 자신들에게 어떤 의미가 있는지 그 가치를 즉시 파악했다. 2010년 2월 7일, 《뉴욕 타임스》는 데이비드 D. 커크패트릭David D. Kirkpatrick의 '월스트리트, GOP('Grand Old Party'의 앞 글자를 딴 것으로, 미국 공화당을 가리킨다 – 옮긴이)로 현금을 보내다'라는 기사를 실었다. 그 기사는 금융 산업 관계자의 말을 인용했는데 그들은 이제 자신들의 금융 권력을 정치적으로 이용할 수 있게 되었으며, 2008년 8,900만 달러를 오바마 대선 캠페인에 기부했던 '구매자들의 후회'가 막심하다고 전했다. 공화주의자들은 민주당에 대해서 '후회'를 느끼고 있는 월스트리트의 구매자들을 자본화하기 위해 재빨리 달려들고 있다. 그리고 산업 관계자와 로비스트들은 만약 오바마가 월스트리트의 '살찐 고양이들'(정치자금을 많이 바치는 부자, 특권을 누리는 부자를 의미한다 – 옮긴이)을 계속해서 공격한다면, 그들은 자신들의 현금을 풀지 않는 방식으로 반격할 것이라고 경고하고 있다.

기사는 대통령이 2008년 금융 위기와 자신들이 받는 보너스에 대해서 비난한 데 격분했다고 금융 관계자들의 말을 빌려 인용했다. 또한 공화당 상원위원회의 후원 자금 모금 임무를 맡은 텍사스 주 공화주의자 존 코닌John Cornyn의 인터뷰를 실었다. 코닌은 당시 뉴욕의 월스트리트를 매주 방문했는데, 왜냐하면 "정당이 주로 하는 일이 월스트리트를 문책하는 것인데 월스트리트 사람들이 정당에 얼마나 더 오랫동안 자금 후원을 할지 모르기 때문이다"라고 했다.

이는 오바마를 향한 경고였다. 오바마 역시 클린턴처럼 취임 2주 내에 부자들에 대한 세금부터 금융, 보험, 의약 산업 개혁까지 대부분의 분야에서 자신의 입장을 바꿨다.

미국 민주주의는 시티즌스 유나이티드로 인해 사망했다. 시티즌스 유나이티드 사건에서 로버츠를 위시한 다수의 판결에 동의하지 않았던 판사 존 폴 스티븐스John Paul Stevens, 루스 베이더 긴스버그Ruth Bader Ginsburg, 스테판 브레이어Stephen Breyer, 그리고 소니아 소토메이어Sonia Sotomayor 등도 그 사실을 알고 있었다. 스티븐스는 시티즌스 유나이티드 사건에서 반대편 의견을 작성했다.

90쪽에 이르는 반박문의 첫 문단에서 당시의 판결을 '잘못된 판결'이라고 하면서, 스티븐스(그리고 동료들)는 법정의 다수가 이곳에 법인을 만들고 TV 정치 광고에 기꺼이 돈을 쓰고자 하는 외국 기업의 이익을 위해 조국을 넘겨주었다는 점을 지적하고 있다.

스티븐스는 "심각하게 생각해보면, 화자의 정체성이 정치 발언을 규제하는 정부 능력과 관련이 없다는 동료 판사들의 가정은 놀라운 결론으로 이어진다. 이러한 가정은 제2차 세계대전 동안 '도쿄 로즈'(태평양전쟁 당시 일본 제국의 라디오 선전 방송인 '라디오 도쿄'를 진행하던 여성 아나운서들을 이르는 말 — 옮긴이)가 우리 미군에게 했던 선전 방송에 연합군 총사령부 연설과 동일한 보호를 제공하는 것과 같다'라고 말했다. 그런 다음 스티븐스는 존 로버츠 법정이 내린 판결의 위험성을 지적하며 "이는 외국인들이 소유한 다국적기업에 미국인 개인들과 동일한 보호를 제공하는 것으로 보일 것이다. 다르게 하는 것은, 결국 타자(즉 기업)에 대한 일부(즉 인간)의 '상대적 발언권'을 강화할 수 있다"라고 했다.

더 나아가 스티븐스는 이 다음 미국 대법원은 기업에 투표권까지 부여할 것이라면서 헌법으로 인정된 시민권을 기업에 적용하는 것이 얼마나 어리석은지 지적한다. "다수 판사들의 판결에 따르면, 투표권 역시 표현의 자유 중 하나이므로 기업에 투표권을 부여하지 않는 것은 수정헌법 제1조에 근거했을 때 문제가 될 수도 있다고 생각한다."

스티븐스는 미국 기업 진화의 역사를 다음과 같이 말했다. "기업은 '그 주州의 사회적 기능에 봉사할 목적을 지닌' 준공공기관으로 설립·고안·개념화되었다. 기업은 그 목적이 공공복지 증진에 있기 때문에 면밀하게 법적 조사를 받고 법적인 특권을 인정받도록 되어 있다."

이전의 대법원 판결을 인용하며 스티븐스는 "기업을 둘러싸고 논쟁하는 동안 '영혼 없는'이라는 단어가 계속해서 떠오른다. …… 기업은 전체 인간 집단이 가진 것 중 가장 부정적인 충동을 결집시킬 수 있다"라고 말했다.

스티븐스가 옳았다. 토머스 제퍼슨이, 기업이 공화국을 전복시킬 것이라며 불안해한 것은 매우 유명한 일화다.

아이러니컬한 사실은 스티븐스가 심지어 1803년 마베리 사건에서 매케인-파인골드법처럼 법원에 법을 지배할 권한을 처음으로 부여한 대법원장 존 마샬John Marshall을 인용했다는 것이다. "기업은 인공물이고, 눈에 보이지 않으며, 만질 수도 없고, 단지 법의 테두리 안에 존재한다. 한낱 법의 창조물로서 기업은 법이 부여하는 속성만 소유한다."

이 판결은 다섯 명의 판사가 노골적으로 정치권력으로 기업 권력을 밀어준 것이었다. 이러한 판결을 포함하여 토지법과 함께 수정헌법 제1조는 이제 미국 내에 기업을 설립하고 자신들이 선택한 정치인을 지지하거나 또는 패배시키기 위해 수백만 달러를 쏟아붓고 있는 러시아 및 중국, 그리고 이란 CEO들의 '자유 언론' 권리를 보호한다.

이 판결은 지구를 가장 많이 오염시키는 기업의 '권리'를 보호하고 미국 환경보건국에 좀 더 많은 권리를 주려던 정치인들을 매장시켰다. 또한 왕당파의 횡포로부터 미국인들을 보호하거나 방어하려는 미국 환경보건국이나 다른 정부기관을 해체하려는 정치인들이 선거에서 승리할 수 있는 '권리'를 보호한다.

시티즌스 유나이티드 사건에서 보여준 로버츠 법정의 행태는 1936년 루스벨트가 경제 왕당파에 대해 언급했던 당시와 섬뜩할 정도로 유사하다. "그들은 미국 국기와 헌법 뒤에 숨을 방법을 찾아 헛수고하고 있다. 그들의 무지함이 미국 국기와 헌법의 상징성을 망각시킨다." 시티즌스 유나이티드 사건이 미국 정치가 기업의 수중에 들어가도록 했지만, 그 이전에도 기업이 '권리'를 갖는 것은 분명히 부정적인 영향을 보여주었다. 이제 이러한 '불평등한 결과들'이 더욱 강화되고 있다.

대법원의 시티즌스 유나이티드 판결로 – 경제활성법과 의료 개혁 논쟁으로 이미 심각한 타격을 입은 – 오바마 대통령의 어설픈 진보 어젠다는 사망 선고를 받았다. 존 로버츠는 맵룸에서 대통령 선서를 다시 한 지 겨우 1년 만에 대통령의 어젠다를 망쳤다.

그 시점부터, 미국 민주주의에 대해 새로운 황금 열쇠를 쥔 기업들은 법원이 의회에게 내리는 판결이 정치적 중요성을 갖는다는 메시지를 보내기 위해 캠페인 광고에 수천만 달러를 투자했다.

2010년 중간선거가 다가오자 법원의 판결이 실질적인 효과가 있다는 것이 드러났다.

시티즌스 유나이티드의 판결 결과 2006년 중간선거에서 6,800만 달러였던 정치자금이 2010년 중간선거에서는 3억 400만 달러로 증가했다. 시티즌스 유나이티드 판결 이후 선거에 영향을 미치고 정치인 매수에 쓰이는 기업 자금이 10개월 만에 400퍼센트가 증가한 것이다.

스스로를 '티 파티어'라고 부르는 왕당파 공화주의자들은 하원에서 다시 다수당을 차지했고, 상원에서 민주당의 의석수는 눈에 띄게 줄어들었다. 가장 중요한 것은 위스콘신, 미시간, 오하이오, 펜실베이니아와 같이 민주당을 지지하던 주州들이 공화당 편으로 돌아섰다는 사실이다.

버락 오바마의 혁명은 시티즌스 유나이티드 판결 이후 처음으로 치러진 2010년 중간선거 이후 공식적으로 종료되었다.

2016년 미국의 대폭락이 확실해진 것이다.

Chapter 10

세계의 지배자

발생한 사태는 마르크스조차 꿈꿀 수 있을 만큼 냉소적이지 않았던 것이다.
그것은 노동뿐만 아니라 산업자본주의에 대한
월스트리트의 금융 전쟁이며, 그것은 시장을 파괴한다.

마이클 허드슨

1983년, 친구인 딕 그레고리Dick Gregory와 이야기를 나누었다. 우리는 구호 활동을 하기 위해 우간다로 가는 길이었는데, 도중에 미국 밖에서 미국이 벌이고 있는 불운한 전쟁에 대한 이야기를 나누었다. (당시는 미국이 지난 10년간 수행하고 있는 군사 실수(2003년 미국이 이라크를 침공하여 전쟁을 일으킨 것 – 옮긴이)를 저지르기 20년 전이었다.) 그 대화에서 딕은 나에게 민주주의와 인간 본성에 대해 뛰어난 통찰력을 보여주었다.

"나는 미국이 왜 항상 전 세계 사람들에게 민주주의를 강요하며 총으로 위협하는지 모르겠어"라고 딕은 말했다. 잠시 후 딕은 다 알고 있다는 듯이 다음과 같이 덧붙였다. "만약 정말 좋은 것을 갖고 있다면 사람들에게 그것을 가지라고 강요할 필요가 없겠지. 가만있어도 사람들이 그것을 훔칠 텐데 말이야!"

덕의 말이 옳다는 것을 역사가 보여준다. 200년도 훨씬 전, 미국 독립 혁명은 2,000년간 유배 중이던 세계에 민주정부를 다시 돌려주었고, 그 때부터 사람들은 지구상에서 왕, 신정주의자, 금권정치가들을 몰아내기 시작했다. 최근(2011~2012년)에는 아랍권에서 이러한 일이 발생했다.

그러나 위기의 시기에는 민주주의가 다시 위협받는 상황이 벌어진다.

제3장에서 언급했듯이 피노체트와 시카고학파가 정권을 잡고 경제 부문에서 '충격요법'을 사용했을 때 칠레는 급속하게 왕당파의 천국으로 변했다.

전에는 이와 같은 일이 대공황 시기에 스페인, 이탈리아, 독일 등지에서 발생했다. 1935년에는 미국에서도 발생했으며 '기업의 음모'는 저지되지 않았다.

2010년 미국 대법원의 시티즌스 유나이티드 판결 후, 2007~2008년 금융 공황이 일어난 지 몇 년도 지나지 않은 시점에서 미국은 2016년 대폭락의 벼랑 끝에서 민주적 삶을 위해 투쟁하고 있다.

전 세계적으로 왕정주의자들은 민주주의에 대한 유례없는 공격에 착수했다.

두 세대 동안 왕당파는 정치 야인으로 유배 생활을 하면서 지난 대공황 이후 어떤 일이 벌어지는지 목격해왔다. 그래서 이번에 그들이 정치·경제 변화를 도모할 수 있는 권력 수단을 획득한다면, 중산층의 이윤 추구와 국가의 전체 부를 완성하는 데 어떠한 방해물도 없을 것이라는 논리를 세웠다.

그들은 세계의 지배자가 될 것이다.

자본에 농락당한 그리스의 현실

그리스에서 민주적 선거 절차를 거쳐 선출된 총리 게오르기오스 파판드레우George Papandreou는 국가 부채가 엄청나고 금융깡패들이 속임수를 부리는 상황에서 2011년 10월, 국가 재정에 대한 긴급 구제 연장을 위한 국민투표를 제안했다.

골드만삭스는 10년 전 신용부도거래 같은 금융 조치를 통해 그리스가 수십억 달러의 빚을 숨기도록 비밀리에 도와주었다.[127]

덕분에 그리스는 GDP 대비 국가부채비율 하한선을 충족하여 유로존에 가입할 수 있었다.[128]

골드만삭스는 미국에서도 이와 비슷한 거래로 실제 투자 가치를 속여 고객들에게 투자 가치가 없는 물건을 판매했다. 가장 악명 높은 예가 팀버울프[129](골드만삭스가 판매한 CDO 상품으로, 골드만삭스는 '팀버울프'가 매우 위험한 상품이었음에도 안전하고 높은 수익을 보장할 수 있다고 속인 것으로 알려졌다 – 옮긴이) 거래인데, 골드만삭스의 금융깡패들은 내부적으로 "팀버울프는 완전 쓰레기야"라는 내용의 이메일을 서로 주고받았으면서도 고객들에게 그 주식을 팔았고, 오스트리아의 헤지펀드 가치는 떨어졌다.[130]

21세기 들어 '광기'가 판을 치던 초기 10년 동안 골드만삭스와 왕당파 금융깡패들의 이러한 행태는 미국에서 가장 수익성이 좋은 부채 거품과 주택 거품을 엄청나게 부풀리는 데 공헌했다.

부채 거품의 충격파는 대서양을 건너 유럽을 강타했는데, 그리스에서 골드만삭스는 그리스의 부채가 적다고 속여서 다른 나라와 부당한 거래를 했고 위기는 더욱 악화되었다.

항상 만일을 대비하는 골드만삭스는 결국 그리스가 망할 것이라고 보고 그리스 채권에 반대하며 스스로를 보호했다.

그러나 그리스와 유로존에 속한 국가들은 미국과 달리 스스로 통화를 발행할 수 없었기 때문에 위기에 직면했다.

유로화가 한정되어 있는 그리스 경제, 그리고 국민들에게 엄청난 부채를 떠안긴 국내외 금융가들에 대한 그리스 정부의 과중한 법적 의무와 더불어 그리스 정부는 채무불이행이라는 위기에 직면하고 있었다.

몇몇 문제는 간단히 해결될 수 없었다. 그리스는 금융가들이 그냥 타격을 입도록 두거나 자국민(공무원, 연금수령자, 가장 취약한 계층의 사람들)에게 은행가들이 운용한 부채 해결을 위해 돈을 지불해야 한다고 말해야 했다.

이는 1970년대와 1980년대 시카고학파가 칠레에서 행했던 가혹한 충격 경제와 정확히 같은 종류의 것임에도 불구하고 오늘날에는 '긴축정책'으로 알려져 있다.

그리스의 총리 파판드레우는 가혹한 긴축 조치를 취하는 대신 국익을 위해 유로존에 남을지 국민들이 결정하기를 원했다.

1주일이 채 지나지 않아 전 세계 은행가들은 그리스 국민들이 채권자에게 자국의 일에서 손을 떼라고 할까봐 두려워하며 전전긍긍했고, 유럽중앙은행 관계자들과 IMF는 그리스에서 민주주의를 없앴다. 즉 그들은 파판드레우에게 국민투표를 포기하라고 강요했고, 결국 그를 총리직에서 내쫓았다. 대신 유럽중앙은행의 부총재였던 루카스 파파데모스Lucas

Papademos가 총리가 되었다.

이탈리아의 국무총리였던 실비오 베를루스코니Silvio Berlusconi는 끝없는 추문과 스캔들에도 불구하고 엄청난 부를 획득하고 국가 미디어를 장악하여 계속해서 재선에 성공했지만 유럽 기술관료의 적수가 되지는 못했다. 베를루스코니 역시 2011년 이탈리아의 경기 침체에 대한 책임을 지고 민주적 절차 없이 총리직에서 쫓겨났다.

유럽과 전 세계 사람들은 이들 국가가 부채 위기에 직면하고 있으며, 국가부채비율을 낮추기 위해서는 급진적인 조치가 필요하다고 생각했다. 그러나 유럽의 경우에서 알 수 있듯 긴축재정을 실시한 국가들의 경우 실제로는 GDP 대비 국가부채비율이 상승했다.

이유는 간단하다. 긴축정책으로 노동자들이 소비할 돈이 충분치 않으면 성장이 지연된다. 국민 소득이 줄어들면 정부의 세수도 줄어들고 적자는 더욱 악화된다.

스페인과 포르투갈 등 다른 국가들뿐만 아니라 그리스와 이탈리아에서 긴축정책을 시행한 실질적 이유는 남은 한정된 유로화가 부유한 사람들의 수중에 들어갔기 때문이다.

그리스는 당장 의료 서비스 시스템에 문제가 생겼다. 2011년 7월 기술관료 소송에서 왕당파는 자신들의 요구를 제안했다. 그리스가 파산하지 않도록 긴급 구제를 제공하는 대가로 아픈 그리스 시민들을 치료하는 데 사용할 엄청난 돈을 요구했던 것이다.

사상 최초로, 직장을 잃고 의료 혜택도 받지 못하게 된 그리스인들은 이제 필요한 의료 서비스를 받기 위해 자신의 돈을 지불해야 했다.

그리스에서 가장 큰 종양학 부서의 책임자인 코스타스 시리고스Kostas

Syrigos 박사는 《뉴욕 타임스》에 "우리는 미국이 겪었던 것과 똑같은 상황, 즉 직장을 잃고 보험 혜택도 받지 못하는, 아무런 보호도 받지 못하는 상황으로 치닫고 있다"라고 말했다.

엘레나Elena라는 여성은 이러한 상황에 처해 있는 실업자 중 한 명이다. 그녀는 1년 전 유방암 진단을 받았지만 의료보험 기간이 만료되었고 돈이 없기 때문에 새로운 법에 따라 어떠한 의료 혜택도 받을 수 없었다. 종양은 오렌지 크기만큼 자랐고 피부를 뚫고 나와 상처가 벌어진 채 있었다. 이 시점에서 어떤 치료도 엘레나에게는 절망적이었다.

엘레나를 진단한 뒤 시리고스 박사는 《뉴욕 타임스》에 다음과 같이 말했다.

"지금까지 어디서도 일어난 적이 없는, 교과서에나 나올 법한 일이 일어났다. 지금까지 그리스에서 아픈 사람들은 항상 도움을 받았다. 그러나 지금 그리스에서 직업이 없다는 것은 곧 죽음을 의미한다."

이러한 사형선고는 기술관료들이 내린 것인데, 그들은 엄청난 부가 일반 국민으로부터 경제 왕당파에게로 이동하는 것을 냉담하게 지켜보고 있다. 그들은 그리스 전체가 유럽의 디즈니 월드로 변하고, 콜로세움과 파르테논이 로이드 블랭크페인Lloyd Blankfein(골드만삭스의 회장 – 옮긴이)의 새로운 저택이 될 때까지 이를 결코 멈추지 않을 것이다.

《뉴욕 타임스》의 편집자인 로스 도댓Ross Douthat은 민주주의의 실종 등 유럽에서 일어나는 일련의 사건들을 목격하면서 2011년 11월 '음모, 쿠데타, 그리고 통화Conspiracies, Coups and Currencies'라는 제목의 특집 기사를 실었다. 도댓은 "자본가들, 유럽연합 관료들, 외국 원수들이, 자신들이 민주적으로 선출한 정부에 압력을 가해 무너뜨리는 것을 경험한 이탈리아와 그리스 국민들은 21세기 정치학의 차가운 현실을 절감한다. 이론적으로 민주주의는 훌륭할지 모르지만, 위기의 순간에 결국 주도권을 잡는 것은 기술관료들이다"[131]라고 썼다.

글로벌 쿠데타

파판드레우의 퇴출을 목격하면서도 대부분의 사람들은 무슨 일이 벌어지고 있는지 상황을 판단하지 못했다.

이와 유사하게, 대부분의 미국인들은 2008년 '반대'표를 던지라고 촉구하는 유권자들의 전화가 국회의사당 전화 교환대에 폭주하고 있는데도 그들이 선출한 대표들은 부시 정부의 재무 장관 헨리 폴슨의 명령하에 찬성표를 던졌다는 것, 그래서 미국 역사상 최대의 월스트리트 구제금융이라는 궁지에 몰렸다는 것을 알지 못했다.

꾸준히 – 그리고 은밀하게 – 골드만삭스와 다른 금융 엘리트들은 글로벌 쿠데타를 실행하고 있었다.

루카드 파파데모스(2011년 그리스 총리 파판드레우에 이어 총리가 되었다)와 미국의 헨리 폴슨, 그리고 전 세계 주요 금융계에서 활동하는 유능한 기술관료들을 연결시켜주는 고리는 바로 골드만삭스다.

전직 월스트리트의 금융가와 실무진, 2007~2008년 세계적인 금융 위기 이후 어느 정도 영향력을 행사했던 권력자들은 골드만삭스와 월스트리트 사람들이 그 폭풍우를 잠재우고 결국에는 막대한 이익을 남길 것이라고 확신한다.

영국 신문《인디펜던트》는 2012년 초의 경제 위기 이후 현재 그리스, 독일, 이탈리아, 벨기에, 프랑스, 영국의 금융 정책을 좌지우지하는 사람들은 모두 골드만삭스 출신이라고 보도했다. 실제로 유럽중앙은행 총재인 마리오 드라기Mario Draghi 역시 골드만삭스 인터내셔널의 전 상무이사였다.

미국에서도 재무 장관과 전 골드만삭스 CEO를 역임했던 헨리 폴슨이 2008년 골드만삭스의 수백억 달러짜리 긴급 구제를 담보로 제공하는 임무를 수행했고, 오바마 정부에서는 그 자리를 팀 가이트너Tim Geithner가 대신했다. 가이트너 역시 뉴욕 연방준비은행의 총재로서 골드만삭스와 긴밀한 협력 속에 일했으며, 거대 보험회사인 AIG를 파산에서 구제하는 대가로 골드만삭스로부터 140억 달러 이상을 받았다.[132]

2012년 11월, 뉴스 블로그 '데일리 코스'에 따르면, "국가는 문제를 숨기고, 그 문제가 특별해질 때까지 문제를 숨기는 대가로 빚을 진다. …… 골드만삭스가 기업에 도움을 줄 수 있는 자리에 자신들의 '사람'을 심고, 그 대가로 점점 더 많은 돈을 받는 동안 국가 경제는 엉망이 된다".

미국 경제는 더 이상 전 세계 근로자들에게 혜택을 줄 수 없다. 미국 경제는 월스트리트의 이익을 위해 근로자들을 착취할 뿐이다.

골드만삭스의 독립 주식중개인 알레시오 라스타니Alessio Rastani는 파파데모스가 그리스 총리로 임명되기 전인 2011년 9월 BBC[133]와의 인터뷰에서 "우리는 경제와 상황이 안정되는 것에 신경 쓰지 않습니다. 우리의 임무는 그저 돈을 버는 것입니다. …… 개인적으로 나는 이 순간을 3년 동안 꿈꿔왔습니다. 나는 매일 밤 잠자리에 들면서 경기 침체가 다시 오기를 꿈꿉니다"라고 말했다.

라스타니는 계속해서 "시장이 붕괴될 때…… 만약 여러분이 무엇을 해야 하는지 안다면, 그리고 올바른 계획을 수립해놓았다면 여러분은 그 상황에서 많은 돈을 벌 수 있습니다"라고 말했다.

그리고 지난 10년 동안 목격한 것처럼, 금융가들은 자신들이 무엇을 해야 하는지 정확히 알고 있다. 그들은 올바른 계획을 수립해놓았는데, 이는 글로벌 쿠데타와 마찬가지다.

라스타니는 BBC에서 "현재로서는 정부가 상황을 해결해줄 거라고 기대하기는 힘듭니다. 정부가 세상을 통제하는 것이 아니라 골드만삭스가 세상을 지배하고 있습니다"라고 분명하게 말했다.

작은 독재자

미국 미시간 주 사람들은 그리스 국민들이 겪었던 일에 대해 매우 잘 알고 있다.

유럽에서 테크노크라시techocracy(기술이나 과학적 지식의 소유로 사회나 조직의 사상 결정에 중요한 영향력을 행사할 수 있는 권력의 형태 – 옮긴이)로 가장했던 것이 미국에서는 (제8장에서 묘사한 것처럼) '그림자 기업가 정치'인데, 이는 민주정부를 잠식하기 위해 은밀하게 활동한다. 그리고 유럽과 마찬가지로 위기 이후에 남은 부는 왕당파가 모두 잠식한다. 나는 미시간 주의 하이랜드 파크에서 레인보우–푸시 연합의 회장인 레버런드 데이비드 블록Reverend David Bullock과 함께 주지사 릭 스나이더가 새롭게 도입한 '비상재정담당관법'이 우리의 삶을 어떻게 변화시킬지에 관해 이야기를 나누고 있었다.

비상재정담당관법은 1980년대 후반 교과서에 언급되었으나, 2011년 공화당의 릭 스나이더가 주지사가 된 이후 여러 지역에 도입되었다. 미시간 주지사는 이 법을 제정하고 '재정담당관'을 임명하여 위기에 처한 도시를 담당하게 했다.

미시간 주의 주지사가 임명한 재정담당관은 여섯자리 수의 월급을 받고 엄청난 권력을 행사하게 된다. 그리고 선거로 선출된 지방 관료들을 해고하고, 하이랜드 파크 같은 공공장소에서 시민들이 집회를 여는 것을 반대하고, 공동체를 위해 최상의 정책들을 결정할 수 있는 시민투표권을 박탈할 수 있다.

재정담당관은 계약, 특히 지방경찰, 소방관, 교사들이 맺은 노조협약을 파기할 수 있다. 벤튼 하버에서처럼 그 시의 자산(공유물)을 싼 가격으로 기업에 팔 수도 있다. '재정담당관'의 통제하에 미시간 호수의 (소수 인종, 저소득 계층이 주로 이용하던 공유지의 일부였던) 수변 공원 90에이커가 백인들을 위해 그 호수를 가로지르는 골프 리조트를 지으려는 부동산 업자에게 팔렸다.

스나이더 주지사가 임명한 재정담당관은 지방 관료들의 허락 없이 지방 예산을 다시 책정할 수 있다. 다시 말해 그들은 유럽에서 긴축이라는 강박감에 사로잡힌 기술관료들이 했던 일을 지역 수준에서 수행한다.

"이것은 주를 인수한 것입니다"라고 블록이 말했다. "투표는 아무런 가치도 없고 아무것도 아니며 중요하지 않습니다. 우리는 미시간과 뉴미시시피를 얻었습니다. 그곳에서 자유는 아무런 힘을 쓰지 못하고 있습니다."[134]

스나이더의 '재정담당관'은 플린트, 에코스, 벤튼 하버, 폰티악, 하이랜드 파크 같은 도시에서 민주적으로 선출된 관료들 대신 활동했다.

"독재 치하에서 사는 것이 어떠냐고요? 독재 국가에서 사는 것이 어떠냐고요?" 레버런드 블록은 비유적으로 되물었다. "경찰관 없이 사는 것은 어떻습니까? 소방관이 제한되는 것은요? 가로등이 없어서 시민들이 저녁 5시부터 아침 9시까지 어둠 속에서 지내야 하는 것은요? 이것이야말로 민주주의의 붕괴입니다"[135]라고 블록은 결론지었다.

2012년 11월, 미시간 주민들은 주지사 스나이더가 제정한 작은 독재자 법 폐지를 위한 주민투표를 제안하려고 서명에 나섰다. 그리고 투표를 통해 그 법을 폐지시켰다.

그러나 2013년 초, 미시간 주 입법기관의 공화당 지지자들은 그 법과 똑같은 법안을 통과시켰고, 스나이더는 승인했다. 사람들의 의지와 달리 그 법안이 다시 도입되었다. 수개월 내, 스나이더는 디트로이트 시 전체가 '재정 위기' 상태에 빠졌다고 발표했으며, 도시의 몰락을 감시하기 위해 작은 독재자 한 명을 임명했다.

미시간 주의 흑인 인구 중 절반은 현재 민주주의가 아니라 '재정담당관'의 통제하에 있다. 《마더 존스》의 앤디 크롤Andy Kroll 기자는 이 법이 도입된 배경을 찾던 중 매키낵 공공정책센터까지 추적하여 다음과 같은 점을 밝혀냈다. "자유시장을 옹호하는 이 센터는 네 가지 제안을 했는데, 그중에는 재정담당관에게 민주적으로 선출된 (시장이나 학교교육위원회 등의) 관료들을 무시하고 노조협약을 어길 수 있는 권력을 부여한다는 사항도 포함된다. 이 네 가지는 스나이더의 법안에 반영되었다."[136]

매키낵 공공정책센터는 파월의 메모가 낳은 왕당파의 여러 싱크탱크 중 하나인 헤리티지 재단과 제휴를 맺고 있으며, 그 센터는 우리가 이미 알고 있는 코크 형제로부터 수만 달러의 재정 후원을 받았다.

기업의 후원을 받는 싱크탱크가 민주적으로 선출된 입법자가 해야 할 일을 수행하고 있다면, 이는 뭔가 심각하게 잘못된 것이다.

ALEC의 그림자 정부

위스콘신 주 의회 78번째 지구 유권자들은 2년마다 치르는 선거에서 지난 10년 이상 자신들의 이익을 대변할 하원의원으로 현 미국 하원의원인 마크 포칸Marc Pocan을 선출했다. 1998년 포칸은 첫 번째 도전에서 총 투표수의 93퍼센트를 획득했다.

그러나 머지않아 포칸은 왕당파가 주도권을 잡고 있는 미국과 미국 정부에 더 이상 자신과 유권자들을 위한 자리가 없음을 깨달았다.

2011년 8월 포칸은 뉴올리언스에서 열린 알렉ALEC이란 이름으로 더 잘 알려진 미국 입법교류회 연례회의에 참석하면서 이를 깨달았다.

1973년에 설립된 ALEC은 홈페이지에 단체의 목적을 "당파에 얽매이지 않는 주州의 입법자들, 사적 부문의 구성원, 연방정부, 일반 대중들 간의 공적-사적 파트너십을 통해 자유시장, 제한된 정부, 연방주의, 개인의 자유를 표방하는 제퍼슨 원칙을 발전시키는 것이다"[137]라고 밝히고 있다.

그러나 포칸 의원은 ALEC에 대해 다른 입장을 취했다. "문자 그대로 ALEC은 기업 로비스트들과 주의 입법자들을 연결하는 소개업자다. 그 정점은 특별이익법안 통과다"[138]라고 그는 나에게 말했다.

과거 몇십 년 동안 ALEC은 주정부와 주민들이 선출한 법률 입안자인 의회가 해야 하는, 법안을 작성하고 통과시키는 일을 위탁하거나 가로챘다.

우리가 학교에서 배운 민주주의가 정의하는 것과 반대로, ALEC에서 일하는 정책 입안자 중 절반이 실제로 선거에 의해 선출된 관료들이었다. 대다수는 한때 봉건 영주에게 속했던 왕관을 차지하기 위해 애쓰는 상위 1퍼센트에 속한 엄청나게 부유한 기업인들이다.

마크 포칸 등 주 대표들은 50달러만 내면 ALEC 연회원에 가입할 수 있다. 현재 ALEC 회원 중에는 약 2,000명이 공무원인데, 그들은 조직의 연간 예산 중 2퍼센트가 안 되는 금액을 부담한다. 2009년에 이 금액은 거의 700만 달러였다.[139]

ALEC 내부의 정책 입안자 다수는 기업 임원과 로비스트인데, 그들은 ALEC의 회원으로 가입하기 위해 수천에서 수만 달러를 지불한다. 회원 가입 금액은 ALEC 내부에서 얼마만큼의 영향력을 행사하길 원하는지와 연회비에 따라 달라진다. 독립적인 큰 회사, 재단, 개인 기부를 포함해 나머지 98퍼센트의 예산이 이 금액으로 충당된다. 예를 들어 2011년 연례회에서는 걸프 만 석유 참사에서 막 벗어난 BP가 가장 많은 금액인 10만 달러를 후원했다.[140] 그 밖에도 ALEC을 후원하는 기업으로 역사상 수익성이 가장 높은 엑슨모빌, 셸, 셰브런, 월마트, 비자, 그리고 점점 많은 미국인에게 이름을 알리고 있는 코크 인더스트리스 등이 있다.[141]

ALEC 나름의 '민주주의' 원칙에 의해 기업이 내는 돈에 따라 공평한 지위가 부여된다.

주정부와 연방정부는 (하원 에너지상업위원회 또는 위스콘신 주 의회의 공중보건 및 안전위원회 등의 위원회에 업무를 배분하는 방식으로) ALEC 또한 위원회들을 분산시킨다. 그들은 이를 '대책위원회'라고 명명한다. 총 일곱 개의 대책위원회가 있는데, 의회 위원회가 담당하는 것과 마찬가지로 다음과 같은 분야가 포함되어 있다.

- 상업, 보험, 경제 발전
- 커뮤니케이션과 테크놀로지
- 교육
- 에너지, 환경과 농업
- 건강과 복지 서비스
- 국제관계학
- 세금과 재정 정책

각각의 ALEC '대책위원회' 내에서 선출된 법조인과 기업 로비스트들은 50 대 50의 대표성을 갖는다. 양측은 함께 앉아 토론하고 지난 워크숍에서 얻은 사실들에 근거하여 법안을 손질한다.

ALEC 회의장을 둘러보면, 여러분은 아마도 고등학교 시민 박람회나 모의 UN 회의에 온 것 같은 느낌을 받을 것이다.

기업 후원 워크숍에 참석해서 정장을 입고 돌아다니는 수천 명의 남녀가 갖고 있는 단 하나의 테마는 다름 아닌 '영리화'다.

기업은 공공교육 시스템, 노인 의료보험 거품 제거, 오염 규제 회피 등 다양한 방법으로 영리를 추구한다. 기업은 바로 공공선과 공공신뢰를 사적인 이익으로 전환함으로써 영리 획득을 위한 새로운 방법을 찾아낸 것이다. 이는 골드만삭스에서 훈련받은 기술관료가 유럽에서 한 것과 동일한 방식이다.

그리고 주의 입법자들은 마치 모범적인 학생처럼 조용히 앉아 기업으로부터 후원을 받고 기후 변화를 연구하는 가짜 '과학자들', 제퍼슨과 다른 건국의 아버지들의 말을 이해할 수 없는 말로 비꼬는 연사들, 그리고 자유시장 '경제학자들'이 떠먹여주는 밥을 받아먹고 있다.

포칸은 "그런 입법자들이 풋볼 팀이라면, 프레젠테이션을 담당한 기업 로비스트들은 코치다"[142]라고 말했다.

이것이 바로 파월의 메모가 예견했던 궁극적인 최고점이다.

포칸이 지적했듯이, 입법자들은 ALEC 회의의 다음 순서인 '대책위원회'로 넘어가기 전 자신들이 수행하고 있는 게임의 계획을 제공받게 된다.

"어떤 일을 추진하기 전에 우선 각 그룹으로부터 다수의 표를 얻어야 한다.[143] 기업들은 법안을 작성할 뿐만 아니라 그 법안을 추진할지에 관해서도 투표권을 행사한다"라고 ALEC 대책위원회에 속한 기업들을 가리키며 포칸이 나에게 말했다.

일단 대책위원회가 그 법안을 승인하면 입법가들이 다시 각 주로 가져가 주정부에 도입한다.

플로리다 주의 하원의원 레이첼 버긴은 2012년 2월, '모의 법안' 문서 위에 ALEC의 강령을 삭제하지 않은 법안을 제출했다. 그 법안 바로 아래에는 "의회에 연방정부 세율 삭감을 요구하는 것은 비록 ALEC의 임무이지만……"[144]이라고 쓰여 있었다.

다음 날 자신의 실수를 발견한 레이첼은 그 법안을 즉시 철회했다.

하지만 ALEC은 법안 작성이 어떻게 이루어지는지 쉬쉬하지 않고 오히려 웹사이트에서 이를 떠벌린다. "ALEC의 대책위원회는 광범위한 이슈와 관련하여 수백 가지 법안, 그리고 현재와 미래에 논쟁이 될 만한 법안들을 신중하게 검토하고, 작성하며, 승인한다. 매년 ALEC의 모의 법안으로 작성된 법안 중 1,000개 정도가 각 주에 소개된다. 이 중에서 평균 20퍼센트가 실제로 입법된다."[145]

위스콘신처럼 공화당 출신이 주지사이거나 주 의회를 장악하고 있는 경우 ALEC의 법안이 입법될 확률은 훨씬 높아진다.

나는 포칸 의원에게 위스콘신 주 의회에 소개된 법들 중에서 얼마나 많은 법이 ALEC에서 나온 것인지 물었다.

"압도적인 숫자"라고 그는 말했다. "단체교섭권에 대한 공격, 연금법 개정, 교육에 대한 모든 재정 삭감과 개혁, 이 모든 것이 내가 참여했던 워크숍과 대책위원회에서 나온 것이다."[146]

아홉 개 주가 ALEC이 작성한 법안을 통과시킴으로써 주주들이 기업에 선거 자금을 요구하게 되었고, 이로써 각 주는 깨끗한 선거를 치르려는 노력을 거부했다. 이러한 주는 매사추세츠, 미시간, 미네소타, 뉴햄프셔, 노스캐롤라이나, 오하이오, 사우스다코타, 웨스트버지니아, 그리고 위스콘신이다.

그와 동시에 ALEC의 주요 기업 후원자들은 2011년 이후 주에서 여는 정치 후원회에 1,600만 달러 이상을 기부했다.[147]

커먼 코즈(1970년에 결성된 시민단체로, 국민의 요구에 따른 행정개혁을 목적으로 조직되었다 - 옮긴이)는 공화당이 주도하는 미네소타 주 의회에 ALEC의 모의 입법 법안과 완전히 똑같은 법안이 최소 19명의 회원에 의해 도입되었다는 사실을 발견했다. 이들 법안은 담배회사에 세금 우대 조치를 취하고, 온실가스 규제를 철폐하고, 국민투표권을 박탈하는 내용이다.[148]

ALEC 회원들이 미네소타 주의 입법부에 기업 보호를 위한 네 개의 법을 통과시키자 민주당 출신인 마크 데이턴Mark Dayton은 거부권을 행사했고 ALEC의 '병영 캠프 매뉴얼'을 베낀 공화당의 입법자들을 소환했다.

"미네소타 주민들은 대기업 로비스트들이 만든 법을 원하지 않습니다"라고 데이턴은 말했다.

"공화당에서 만든 법안은 불법행위 개혁에 있어 철저하게 ALEC의 지시를 따르고 있다. 이 문제에 대해 공화당 출신 입법자들에게는 나나 DFL 소속 동료, 또는 미네소타 대법원보다 ALEC의 의견이 더 중요하다. 그들이 ALEC의 병영 캠프 매뉴얼을 우리와 공유하기 때문에 남은 의회 기간 동안 그들이 무엇을 기대하는지 미리 알 수 있다."[149]

ALEC이 민주주의를 훼손하고 있다는 게 가장 분명하게 드러나는 예가 바로 공화주의자들이 득세하는 주 입법부에서 통과된 유권자시민증명법이다. ALEC의 모의 법안을 그대로 베낀 이 법은 (대개 민주당을 지지하는) 저소득 계층, 소수 인종, 노인 계층, 대학생 연령층의 유권자들에게 영향을 미칠 것이다.

브레넌 사법센터의 연구에 따르면, 유권자시민증명법이 도입되면 약 500만 명이 투표권을 상실한다.

아이러니컬하게도 ALEC의 설립자는 보수주의 전략가 폴 웨이리치Paul Weyrich인데, 미국 하원의 공화당 대변인인 존 베이너는 그를 '보수주의 운동의 거인'이라고 칭한다.[150]

웨이리치는 헤리티지 재단의 우파 싱크탱크뿐만 아니라 정치권력을 가진 '도덕적 다수'에게 자금을 제공함으로써 기업이 미국 민주주의를 매수하는 데 중요한 역할을 했다. 1980년 웨이리치는 한 연설에서 보수주의자들의 핵심 전략과 ALEC의 30년 후 계획을 다음과 같이 밝혔다. "저는 모든 사람이 선거권을 갖는 것이 바람직하다고 생각하지 않습니다. 선거는 과반수에 의해 결정되어서는 안 됩니다. 이러한 원칙은 미국 건국 초기에도 없었고, 지금도 그렇지 않습니다. 사실 유권자 수가 감소할수록 선거는 우리에게 유리합니다."[151]

좀 더 많은 유권자들에게서 투표권을 박탈하고, 기업이 선거에서 이길 수 있도록 좀 더 많은 영향력을 행사하는 것, 그것이 바로 ALEC의 전략이다.

민주주의를 도둑맞다

조직화된 사람들이 민주주의에 접근하지 못하게 될수록 공적인 정부 기관들이 점점 제 기능을 못하게 된다.

입법자들은 유권자들에게 귀를 기울이는 대신 왕당파가 설립한 월스트리트의 기술관료, 매케닉 센터나 ALEC과 같이 '싱크탱크'로 공언된 그림자 정부의 말을 듣는다.

2011~2012년 112번째 의회는 가장 낮은 지지율을 얻었다. 1947~1948년 80번째 '아무것도 하지 않은' 의회 이래 활동이 가장 적었다. 상원에 대한 의사 진행 및 여타 방해 정도가 전례 없는 수준에 이르렀다.

이 의회가 바로 시티즌스 유나이티드 판결 이후 첫 의회라는 사실은 결코 우연이 아니다.

대법원이 왕당파에게 사용하도록 허용한 모든 돈이 대호황 시대 이후 가장 기업 친화적인 하원의원을 선출하는 데 사용되었다.

2011년 왕당파가 심어놓은 의원들은 의회에 가서 부시의 세금 삭감부터 초국적 정유회사들을 위한 세금 보조, 월스트리트의 보너스와 불법행위 옹호 등 미국 재벌의 이익 보호를 위한 모든 일을 했다.

일찍이 미국의 신용평가회사인 스탠더드 앤드 푸어스S&P는 미국 의회가 과연 효과적으로 일하고 있는지 의문을 제기했다.

스탠더드 앤드 푸어스의 보고서에는 "2011년 4월 18일, 우리는 미국의 신용등급을 부정적으로 전망했으며 현재 미국의 신용등급이 AAA에서 AA⁺로 하락한 것은 이전보다 정책 입안자와 정치 기관들의 효과성, 안정성, 예측성이 약화되었음을 방증한다"라고 쓰여 있다.

미국은 여전히 민주주의 국가인 것처럼 보인다. 사람들은 여전히 투표를 하고 있으며(또는 등록된 사람들 중 약 절반이 투표하고 있으며), 주요 뉴스에서는 선거일 밤 텔레비전 특집 방송을 볼 수 있다. 모두가 미국의 민주주의는 여전히 유효하다고 생각하고 있다. 그러나 깊숙이 들여다보면 미국의 민주주의는 탐욕과 부패로 썩었다.

평균적으로 하원의원들은 선거 캠페인을 위해 1주일에 5,000달러를 벌어야 한다. 즉 매일 아침 월요일부터 금요일까지, 어떻게 잘 통치할 것인지가 아니라 어떻게 자금을 모을 것인지에 관해 생각하면서 잠자리에서 일어나야 한다는 것을 의미한다. 상원의 경우 상황은 더 좋지 않다. 그들은 1주일에 1만 4,000달러를 모아야 한다.[152]

이러한 수치는 시티즌스 유나이티드 판결 전 PBS가 작성한 것으로, 오늘날 그 수치는 훨씬 높아졌다.

전 세계 선진국들 중 어떤 국가도 미국처럼 끝없는 모금, 무제한적인 기업 투자가 민주주의와 이토록 긴밀한 관계를 맺고 있지 않다.

매년 선거에 들어가는 비용은 계속 상승한다. 그런데 흥미롭게도

2011년에는 10년 만에 의회 로비에 사용된 비용이 감소했다.[153] 경기 침체 때문일 수도 있지만 로비에 대한 투자 자체가 감소했을 가능성이 더 높다. 시티즌스 유나이티드 판결 이후 왕당파는 이제 선거 전에 자신들이 필요로 하는 정치인에게 투자할 수 있으며, 따라서 그들이 투자하기로 한 정치인은 당선되기 전에 이미 돈으로 매수되었다. 더 이상 로비가 필요치 않은 것이다.

미국 국민들은 왕당파의 손에 놀아나고 있다. 그 결과 국민들이 정부를 거의 신뢰하지 않는 것은 분명하다. 결국 우리가 오래전에 알았던 것처럼 민주정부는 더 이상 존재하지 않는다. 왕당파가 그것을 훔쳤다. 국민이 왜 정부를 신뢰하지 않는지 의문의 여지가 없다.

이제 세계의 지배자인 왕당파가 군림하고 있다.

겨우 30년 만에 왕당파가 권력을 잡았고, 중산층을 강하게 지지하던 틀을 파괴했다. 월스트리트와 기업의 사이코패스들이 노동자를 집어삼키고, 빨리 부를 획득할 수 있는 계획에 따라 경제를 재편하면서 거의 모든 것을 망치는, 이런 짓들을 계속 반복해왔다.

이제 세계의 지배자는 민주주의적인 통제에 아무런 반응이 없다. 그들은 이러한 엄청난 변화가 좀 더 강렬하고 봉건적으로 이루어지길 원한다.

이러한 변화는 위기의 최종 단계로 이끈다.

암에 걸린 상태

대공황은 매우 고통스러운 사건이며, 어떤 사람들은 너무 끔찍해서 생각조차 못한다.

기초 부문이 무너지고 사회의 문화 중심부가 '광기'에 의해 잠식되더라도 사회 구성원들은 모든 것이 잘되고 있는 것처럼 행동한다는 것을 역사가 보여준다. 보통 시민들은 그럭저럭 생활을 유지하려고 애쓰는 반면, 무슨 일이 일어나고 있는지 잘 알고 있는 부자들은 최후 폭락이 일어나기 전에 권력과 부를 공고히 한다.

이것이 바로 자본주의의 암 단계로, 이 시점에서 왕당파는 폭락을 불가피하게 만들면서 경제·정치의 본체를 오염시킨다.

이것이 현재 처한 상황이다.

왕당파의 출현과 그들이 야기한 결과에 대해 가장 탁월하게 기록한 사람 중 한 명이 바로 저널리스트이자 작가인 크리스 헤지스다.

그는 현재 미국의 암 단계에 대한 자신의 의견을 다음과 같이 밝혔다.

"기업은 강력한 이해관계에 의해 모든 것을 상품화시키고 있다." 그리고 이는 인간의 노동력에도 해당된다. 헤지스에 따르면, "기업 윤리학의 측면에서 인간은 더 이상 고유한 가치를 가지고 있지 않다".

그는 "인간은 고갈되거나 쓸모가 없어질 때까지 단지 착취해야 할 상품에 불과하다. 자연 세계도 마찬가지다. 자연이 파괴되거나 고갈될 때까지 착취한다"라고 덧붙였다.

그렇다면 폭락은 어떤 식으로 이루어질까?

대폭락

Chapter 11

이제는 끝이다

역사가들이 이 시대를 바라볼 때,
부자들이 왜 이처럼 자신들의 역량을 과신했는지 궁금해할 것이라고 생각한다.
그토록 부유할 때 그들은 왜 그랬던 것일까?
부자들은 중산층이 자신들이 매수한 정치인에게 투표하도록 했고,
모든 상황이 괜찮았으며 연간 10억 달러의 수익을 올리고 있었지만,
그들에게는 그것만으로 충분치 않았다.
부자들은 자신들이 매수한 정치인에게 투표하고,
오랫동안 자신들을 도와준 중산층의 삶을 파괴하기 시작했다.

마이클 무어, 2011년 10월

만약 여러분이 앞으로의 동향을 알고 싶다면 억만장자들을 주목하라.

2016년 대폭락을 눈앞에 두고 억만장자들은 무슨 말을 하고 있는가?

2012년, 즉 '2016 대폭락'이 있기 4년 전에 국제신용평가사 무디스는
이상한 점을 감지했다. 무디스는 미국 기업들의 현금 보유율이 늘어나는
데에 주목했다.

예를 들어 2012년 애플은 1,370억 달러의 현금을 보유하고 있음이 드
러났다. 애플의 주주들은 현금 중 일부를 배당 등을 통해 자신들에게 지
급해달라고 청원했다.

애플의 이러한 행동은 상대적으로 경미한 것이었다. 미국의 기업들은

2012년에 1조 4,500억 달러의 현금을 몰래 챙겨두었는데, 이는 2011년에 비해 10퍼센트 증가한 금액이다.

그들은 그 돈을 투자하거나 자신들의 사업을 확장하는 데 사용하지 않으며, 노동자를 더 많이 고용하지도 않고 있다. 단지 그 돈을 깔고 앉아 있다. 무디스의 조사에 따르면, 그 돈의 68퍼센트는 해외에 숨겨져 있기 때문에 세금을 내지도 않는다.

월스트리트 역시 엄청난 금액의 돈을 모으고 있다. 2012년《허핑턴 포스트》의 댄 프룸킨Dan Froomkin은 "연방준비제도의 최근 발표에 의하면, 2011년 3/4분기에 대형 은행들의 현금 보유는 최고조에 이르렀으며 사상 최고치인 1조 6,000억 달러에 머물고 있다. 이는 2007년 현금 보유액인 200억 달러의 80배에 이른다"[154]라고 말했다.

이는 미국에만 해당하는 것이 아니다. 전 세계 어디서나 같은 일이 벌어지고 있다.

2012년 말《월스트리트 저널》은 유럽은행의 현금 보유에 대해 다음과 같이 썼다. "유럽에서 가장 큰 12개 은행이 여러 중앙은행에 1조 4,300억 달러의 현금을 비축하고 있다."

이어서 "이 같은 사실은 은행이 최소 6분기 이상 연속으로 현금 비축을 늘렸다는 것을 의미한다. 2010년 말 이후로 은행들은 보유하는 현금의 84퍼센트까지 중앙은행에 비축하고 있다"[155]라고 덧붙였다.

워싱턴에 본부를 둔 국제금융협회는 미국, 영국, 유로존, 일본 기업들이 8조 달러에 가까운 현금을 보유하고 있다고 추정했다.[156]

조세정의센터의 2012년 연구에 의하면, 전 세계에서 가장 부자인 사람들이 해외 금융기관으로 32조 달러를 빼돌리고 있다.

즉 이러한 현상들은 마치 주식시장이 역사적 신고가를 기록하고, 미국 기업의 이익이 최고치에 달해서 생기는 현상처럼 보일 수 있다. 한편 2013년 초 《머니 뉴스》는 워런 버핏, 존 폴슨, 그리고 조지 소로스를 포함한 "많은 갑부들이 슬그머니 미국 주식을 팔아치우고 있다"라고 보도했다.

엘리자베스 워런Elizabeth Warren 상원의원은 2013년 상원 은행위원회 모임에서 월스트리트의 또 다른 특이 행태에 대해 언급했다.

워런은 대부분 주요 기업들이 장부 가격보다 높은 가격에 거래하는 데 반해, 모든 대형 은행은 실제로는 장부 가격보다 낮은 가격으로 거래하고 있다는 점에 주목했다. 그녀는 두 가지 설명이 가능하다고 결론지었다.

"첫째, 아무도 은행 장부가 정직하다고 믿지 않기 때문이다. 즉 은행들은 벼랑 끝에 불안정하게 서 있으며 은행 스스로도 그것을 잘 알고 있다."

워런은 덧붙였다. "두 번째, 누구도 은행이 통제 가능하다고 생각하지 않는다. 현재 은행은 너무 복잡하게 얽혀 있어 그들 자체의 규율이나 규제 기관으로 통제될 수 없다."[157]

실제로 경제가 잘 굴러가고 있다면, 왜 부유한 사람들이 조용히 시장을 떠나 방관자적 입장만 보여주고 있겠는가?

정답은 그들이 향후 어떤 일이 발생할지 알고 있다는 것이다. 그들은, 2008년의 경우 전조에 불과하며 2016년에 실제 재앙이 다가올 것이라는 사실을 알고 있다.

억만장자들은 수평선 위에 쏟아질 일련의 경제 쇼크를 준비하고 있다. 이는 아마도 유럽에서 처음 시작하여 전 세계로 확산되고, 최종적으로 미국도 붕괴시킬 것이다.

독일이 마침내 승리하다

2007~2008년 전 세계적인 금융 위기 후 유럽의 통화기관으로 알려진 유럽중앙은행, 유럽연합집행위원회, 국제통화기금 등 세 개의 유럽 통화기관은 그리스, 아일랜드, 스페인, 포르투갈 등 빚더미에 앉은 국가들에게 엄격한 긴축정책을 취하라고 강요했다. 이들 국가는 갑작스레 재정 위기에 처하게 되었다는 사실을 알게 되었지만, 유로존의 구조적 결함으로 인해 스스로 자금을 공급할 수가 없었다. 이러한 긴축은 참담한 결과를 불렀다.

2009년 이 세 개의 유럽 통화기관이 그리스의 긴축정책을 담당한 후 그리스 산업의 4분의 1이 문을 닫았고, 소규모 산업의 절반은 급여를 지불하지 못하게 되었다. 25세 미만 근로자 중 절반이 실직 상태가 되었고, 전체 실업률은 약 20퍼센트를 웃돌았다. 자살률은 40퍼센트나 증가했고, 급진 정당이 국민들의 관심을 끌었고, 폭동으로 인해 아테네 거리에는 화재가 빈번하게 발생했다.[158]

이것이 바로 '2016 대폭락'의 초기 단계다.

유럽 통화기관들의 긴축 의제를 주도한 것은 독일이었다. 독일은 이러한 재정 위기의 반대편에 서 있으며 부채 위기에서 한 발 멀리 서 있는, 재정적으로 건실한 국가였다.

이는 독일이 제2차 세계대전 후 미국처럼 행동했기 때문이다. (심지어는 미국보다 탁월했다.) 독일은 거대한 제조업을 기반으로 저임금 국가에서 벗어났고, 노동자 보호와 인간의 기본 권리로서 의료 혜택 등을 제공하는 사회안전망을 구축함으로써 탄탄한 중산층 계층을 육성했다.

독일은 일종의 수출 기계가 되었다. 2011년 독일은 2,000억 달러 이상의 흑자를 남기면서 세계 제2의 무역국이 되었다(미국은 8,000억 달러의 빚더미에 앉아 있었다). 그리고 유럽 대륙 대부분의 나라에 자신들의 제품을 공급하는 유럽의 주요 제조업 공장으로 변모했다.

독일이 최대 무역 흑자로 승승장구하는 반면, 다른 유럽 국가들은 무역 적자를 내기 시작했다. 영국, 프랑스, 스페인, 이탈리아, 그리스, 포르투갈 등은 모두 최대 무역 적자국이다.

독일을 대상으로 한 그리스의 무역 적자는 어마어마하다. 2009년 그리스는 독일을 상대로 180억 유로의 수출을 기록했다. 같은 해, 그리스는 독일로부터 670억 유로만큼을 수입했다.

이 모든 것은 그리스, 이탈리아, 스페인과 같이 빚이 많은 국가로부터 자본이 빠져나와 독일의 은행에 쌓이고 있다는 것을 의미한다. 넘치는 현금을 보유하고 있는 독일의 은행은 대부분의 국가보다 더 나은 이율을 제공할 수 있기 때문에 유럽 전역에 자본을 빌려주는 진원지가 되었다.

수출은 독일 경제의 40퍼센트를 차지한다. 이로써 명목화폐 기준으로 독일은 세계에서 일약 네 번째 경제대국으로 등극했는데, 인구는 독일보다 앞서 있는 일본, 중국, 미국에 비해 훨씬 적다. 이러한 이유로 금융 위기가 독일 경제를 강타했을 때에도 독일은 빠르게 회복할 수 있었다. 독일의 엄청난 제조업 근간이 즉시 작동하여 잃어버린 자본을 빠르게 회복할 수 있었다. 2012년 독일에서는 겨우 300만 명이 실업 상태였으며, 지난 20년 동안 가장 낮은 수준이었다.

그러는 동안 금융가들과 경제 왕당파는 나머지 자본을 회수하기 위한 작업에 착수했다.

부채로 어려움을 겪는 국가들을 도울 수 있는 만큼의 현금을 보유한 유럽 최대 경제대국으로서 독일은 유럽 전역에 긴축 금융을 추진해왔다. 유럽중앙은행 본부가 프랑크푸르트에 있는 것 역시 도움이 되었다.

독일 사람들은 자국의 경제 왕당파에게 족쇄를 채워 미국에서처럼 왕당파가 중산층을 희생양으로 삼아 향연을 벌이지 못하도록 했다.** 한편 독일 국민들은 긴축정책을 통해 이웃 나라를 수탈하는 데 암묵적으로 동의했다.

독일은 유럽중앙은행이 유로를 더 많이 찍어내어 빚더미에 허우적거리는 그리스와 스페인 국민들에게 일자리를 주고 자국의 경제를 성장시킬 수 있도록 경기부양 프로그램, 재정 지원 계획을 승인할 수도 있었다 (1930년대에 루스벨트 대통령이 시행한 것과 유사한 것으로, 2007~2008년 재정 위기 이후 독일이 자국에서 시행했다).

그러나 독일의 금융가들은 다른 국가들의 부채 위기를 이용하여 유럽의 나머지 국가들 역시 빚의 노예로 만들어버렸다. 독일의 은행은 구제 프로그램을 통해 유럽 전역에 수천억 달러를 차관으로 쏟아부어 대부분이 독일인인 외국의 채권자들이 부채국에게 빌려준 돈을 받을 수 있도록 했다. 이러한 구제 프로그램의 대가로 독일은 그리스, 스페인, 포르투갈, 아일랜드에 지독한 지출 삭감을 요구했고, 이는 이들 국가의 정부에 의해 고용되거나 정부에 의존한 노동자들에게 심각한 피해를 입혔다.

영국 경제사회연구소에 따르면, 애초 의도와 달리 2012년 10월 긴축정책이 실시된 이후 이전보다 GDP 대비 부채비율이 훨씬 높게, 그리고 빠르게 상승했다고 한다.[159]

** 뒷부분에서 경제 위기 이후 독일로부터 배울 수 있는 교훈을 살펴볼 것이다.

독일 및 유럽 통화기관의 관료와 연합한 왕당파는 GDP 대비 부채비율을 결코 줄이고 싶어 하지 않는다. 대신 베인캐피털이 미국 산업에서 하려고 했던 것과 같은 방식으로 유럽을 집어삼키길 원한다. 경제와 노동자 계층을 밀어붙이고, 공공재를 팔아넘기고, 대부분이 독일인인 외국 투자자들에게 그리스가 헐값에 팔릴 수 있도록 하는 것이다.

지난 5년간의 경제 소요로 인한 긴축 때문에 유럽 대륙이 괴로워하는 동안 독일은 엄청난 이익을 챙겼다.

유일하게 독일 경제가 안정적이기 때문에 투자자들은 독일에 자신들의 돈을 대출받으라며 돈을 내놓는다. 2012년 독일은 50억 달러의 부채에 대해 0.01퍼센트의 이율을 지급하고 있었다. 《슈피겔》은 "계속되는 유로화 위기 속에서 독일은 안전한 피난처로 여겨지는 몇 안 되는 채권자 중 하나다. 많은 투자자가 손실 위험을 감수하기보다 헐값으로 독일 정부에 돈을 빌려주는 편이 낫다고 생각한다"라고 보도했다.[160]

이어 《슈피겔》은 보도했다. "유로화 위기의 법칙은 다음과 같다. 많은 유로존 국가들이 고통을 겪는 반면, 독일은 수익을 내고 있다. 위기는 독일의 경제성장을 더디게 할 수도 있지만, 일련의 경제 위기 정책은 다른 나라를 희생시켜 독일에 이익을 가져다줄 수도 있다."

2013년 현재 독일은 유로존 회생을 목적으로 한 '위기 관련 메커니즘'에 약 4,000억 달러를 지불하거나 또는 지불하기로 약속했는데, 이는 히틀러의 파리 함락 이후 본 적이 없었던 독일의 유럽 대륙 지배를 확고히 만들고 있다.

조지 소로스는 유로화 위기에 대한 독일의 대응을 비판하며 다음과 같이 말했다. "독일은 유로화를 지키기 위해 최소한의 조치를 취했을 뿐 그 이상 적극적으로 행동하지 않았다! 그리고 현재 4년째 위기 상태를 유지하고 있다."[161]

소로스는 독일의 경제 통치하에 있는 유럽의 현 상황을 다음과 같이 언급했다. "나는 유럽이 존재론적 위기에 빠져 있는 것이 아닌가 하는 의구심을 갖고 있다. 채무국은 채권국에 종속되어 있고 2등급 국가로 강등되었다."[162]

2012년 1월, 그리스가 긴급 구제를 거부하며 유로존을 탈퇴하려고 하자 독일은 그리스 국민들에게 민주적으로 선출한 정부를 몰아내고 그 자리에 권력을 가진 유럽연합 위원(미국 디트로이트의 재정담당관을 생각해보라)을 앉혀 국가 부채를 재정비하고 독일이 처방한 약을 받아먹으라고 제안했다.

경제학자 리처드 울프Richard Wolff는 그리스에서 왕당파는 할 수 있는 모든 수단을 동원해 국민들을 착취하려 한다고 말했다. "제국의 역사를 돌아봤을 때 편협함, 장기적인 관점을 갖지 못하는 것, 자신들의 이익에만 몰두하는 것은 결국 제국을 멸망하게 했다."[163]

유로존의 위기와 독일의 전략

2013년 유럽 사람들은 독일과 세 개의 유럽 통화기관이 얼마나 더 이러한 행동을 계속할지 궁금해했다. 독일과 유럽 통화기관들이 유로존을 유지하기 위해 돈을 얼마나 더 사용할 것인가?

긴축재정이라는 죽음의 나선을 벗어나려 하는 그리스, 스페인 정부에 가해지는 무자비한 긴축재정 요구는 이들 국가를 또 얼마나 부채 위기의 늪으로 몰아갈 것인가?

만약 독일이 유럽 경제를 망친다면 독일의 소비 기반도 무너뜨리는 것이 아닌가?

꼭 그렇지만은 않다. 독일은 자신들 나름의 통상 구축 방식을 기반으로 유로존을 막다른 최후까지 몰고 갈 수 있다. 미국에서 경제 왕당파가 신흥공업국의 시장을 차지하기 위해 중산층을 내던진 것처럼 독일 또한 향후 유럽 수출 경제를 준비하고 있다.

2012년 말 BBC의 보도에 의하면, "독일 산업은 유럽 국가들을 대상으로 한 제품 판매 의존도를 줄이는 대신 중국과 신흥 성장 시장을 상대로 한 판매에 점점 더 신경 쓰고 있다".[164]

2000년 이후 유럽의 이웃 국가들을 대상으로 한 독일의 무역 의존도는 45퍼센트였지만 2012년 38퍼센트로 크게 하락했고, 2020년에는 34퍼센트까지 떨어질 전망이다. 반면 브라질, 러시아, 인도, 중국 등 브릭BRIC 국가들을 상대로 한 무역은 2000년 3.9퍼센트에서 2012년 12퍼센트까지 치솟았으며, 2020년에는 24퍼센트까지 상승할 것으로 예상된다.

BBC는 독일의 무역 전략에서 중국이 차지하는 중요성에 대해 다음과 같이 보도했다. "특히 놀라운 것은 8년 만에 중국을 대상으로 한 독일 무역은 15.6퍼센트를 차지할 것으로 예상되는데, 현재 추세로 보면 유로존에서 독일의 가장 중요한 무역국인 프랑스가 차지하는 비중의 두 배 정도에 이를 것이다."

따라서 유럽 대륙이 점점 더 독일에 의존하고 있으며, 독일은 그 느슨한 연결고리조차 끊어버리기 위해 박차를 가하고 있다. 독일의 통상 관계에서 중국의 성장을 고려하면서 BBC는 "달리 말하면, 중국과의 무역이 더 수익성이 높기 때문에 경제적으로 약한 스페인과 이탈리아 등 유로존 국가의 회복을 위해 독일 자본을 투자하여 재정적 연대를 보여주는 우대책은 2015년 즈음에는 오늘날보다 훨씬 감소할 것이다"라고 전망했다.

그리고 유로존의 위기가 결정적인 전환점이 될 것이다. 현재까지 독일은 자국 경제를 발전시키기 위해서뿐만 아니라 유로존이 붕괴될 경우 발생할 피해로부터 자국 경제를 보호하기 위해 유럽 공동체 유지에 많은 돈을 투자했다.

향후 몇 년 내에 독일의 정책 입안자들은 새로운 경제 발전 이행기에 유럽의 붕괴는 필연적인 과정으로 여긴다. 정책 입안자들은 구조적으로 건실한 경제만이 결국 더 나은 형태로 살아남으리라는 것을 알기 때문에 불경기를 감내하려 할지도 모른다.

이러한 시점에서 유로존이 붕괴하더라도 이를 두려워하지 않고 독일과 세 개의 유럽 통화기관은 훨씬 더 강력한 긴축을 요구할 것이다.

유로존 멤버 중 하나인 지중해의 작은 국가 키프로스를 보면, 긴축이 너무 심하게 강요될 경우 어떤 일이 발생하는지 알 수 있다. 키프로스는 유로 긴급 구제가 필요한 다섯 번째 국가였다.

독일과 유럽중앙은행은 키프로스가 유로존에서 탈퇴할 것에 대해서는 별다른 걱정을 하지 않으면서 키프로스의 일반 예금자들에게 긴축을 요구했다.

처음에 유럽중앙은행은 긴급 구제로 100억 유로를 제공하는 대신, 담보로 키프로스의 은행예금 중 1퍼센트를 세금으로 요구했다.

이는 예상한 결과를 가져왔다. 사람들은 모두 은행으로 달려가 돈을 인출했다. 1주일 사이 키프로스의 은행은 모두 문을 닫았고 인출 한도를 설정했다. 키프로스의 금융기관들은 은행 계좌를 모두 몰수하겠다고 하여 신뢰를 잃었다.

독일과 세 개의 유럽 통화기관이 이후 또 다른 구제금융에 대해 앞에서 언급한 공격적인 태도를 취했는가는 중요치 않다. 이미 많은 부분에서 손해를 보았다. 이미 취약할 대로 취약해진 유럽의 금융 시스템은 신뢰를 잃었다.

키프로스 위기에 대한 공포는 아일랜드 일간지《아이리시 이그재미너》의 특집 기사에 다음과 같이 요약되었다. 기자는 "키프로스에서 평범한 사람들, 산업, 기관, 커뮤니티, 신중하게 저축한 사람들의 이름으로 예금된 돈을 건드리는 것은 수세기 동안 서구 사회를 지탱해온 신뢰 기반의 관계를 근본적으로 무너뜨리는 것이다. 이 일은 유럽 전역에 파문을 일으켰으며, 특히 외부 재정 지원에 의존하고자 하는 국가들의 반향을 일으키는 전례를 남겼다"라고 썼다.

아일랜드 역시 정황상 자신들이 독일 긴축정책의 희생자가 되고 있다는 것을 잘 알고 있다.

기사는 계속해서 예상 가능한 질문을 던진다. "파산한 유로존 국가의 은행예금을 빼앗아간 국가의 정부가 또 다른 국가에도 그러지 말라는 법이 있는가?"

《비즈니스 인사이더》에서 칼럼니스트 헨리 블로짓Henry Bloget은 키프로스에서 시작된 유럽 대륙의 충격파에 주목했다. 블로짓은 "스페인, 이탈리아, 그리스처럼 유럽 전역에서 은행이 취약한 국가의 예금자들은 새로운 은행 구제금융의 시대가 시작되는 것이 아닌가 하는 의문을 품고 있다"라고 썼다.

그는 계속해서 "스페인, 이탈리아, 그리스 등과 같은 국가의 예금자들은 만약 은행이 긴급 구제를 요구한다면 자신의 돈이 몰수될 거라고 생각한다. 어떻게 생각하는가?"라고 물었다.

2016년 폭락이 가까이 다가오면서 긴축정책으로 휘청거리고 통화를 찍어낼 수 없는 유로존 국가들이 점점 더 많은 긴급 구제를 요청할 것이다. 이는 유럽 전역에 일련의 패배 의식과 경제 쇼크를 야기하면서 은행 예금 인출 사태로 이어질 것이다.

독일과 세 개의 유럽 통화기관은 이제 긴급 구제에 필요한 재원이 부족해질 것이고, 유로존은 한 국가씩 점차 와해될 것이다.

지난 수년 동안 영국에서는 또 다른 대폭락이 있을 것으로 예견되어왔다. 2011년 11월《텔레그래프》의 한 기자는 "외교관들이 부채 위기로부터 야기된 금융 붕괴와 폭동을 이용해 외국에 있는 영국인들을 도울 준비를 하고 있다"라고 폭로했다.[165]

기사는 계속해서 "유로화 붕괴는 시간문제일 뿐이며…… 폭동과 사회적 불안 등을 비롯한 극단적 시나리오"를 영국이 준비하고 있다고 밝혔다.

2012년 7월, 유럽중앙은행의 수석 경제분석가는 2008년 금융 시스템에 충격을 주었던 리먼 브라더스의 실패를 언급하면서 "유로존의 위기는 리먼 부도 당시보다도 훨씬 심각하고 근본적인 위기다"라고 경고했다.

독일은 유럽 전역에서 노동자들에게 경제적 고통을 가하면서 인류 역사상 가장 피 튀기는 전쟁을 경험하고 있는 유럽 대륙에 불장난을 하고 있다. 그 전쟁은 또한 사람들이 이제 막 망각하기 시작한 전쟁이기도 하다.

분기점과 전쟁

2012년 노벨 평화상을 수상한 유럽연합이 2016년이 되기 전에 발발할 전쟁으로 몰락의 길을 걷게 될 것이라고는 아무도 생각하지 못했다.

프랑스 혁명 전 당시 사람들 또한 모든 것이 매우 잘 진행되고 있다고 생각했다. 토크빌은 "1780년, 누구도 프랑스가 쇠락할 것이라고 생각하지 않았으며 프랑스는 계속해서 발전할 것처럼 보였다. 인간이 무한대로 완전해질 수 있다는 이론이 등장한 것도 바로 그때였다. 20년 전만 해도 미래에 기대할 것이 아무것도 없는 것 같았지만, 1780년에는 두려울 것이 없었다. 사람들은 다가오는 시대는 이전에 들어본 적도 없을 만큼 완벽할 것이라 상상했고, 현재의 축복으로부터 새로움에 관심을 기울였다"라고 지적했다.

실제로, 번영에 거품이 있었다. 토크빌이 주목했듯이, "국가적 번영은 전례 없는 행보로 발전하기 시작했다. 모든 것이 이를 증명했다. 인구는 빠르게 증가했고, 부는 그보다 훨씬 더 빠르게 증가했다".

토크빌은 이를 증명하기 위해 다양한 자료를 인용했다. 1774년 당시, 한 관료는 "산업이 매우 빠르게 발전하면서 과세품의 양이 엄청나게 증가했다. 루이 16세가 통치하던 시기 중 국가와 기업 간에 맺은 다양한 협약을 비교해보면, 생산이 엄청나게 빠른 속도로 증가하고 있었음을 알 수 있다. 1786년 임대차계약은 1780년보다 1억 4,000만 건 이상 증가했다. 넥커Necker는 1781년 보고서에서 "소비 품목에서 과세 물품이 1년에 200만 건 정도 증가했다"라고 추정했다.

영국 작가인 아서 영Arthur Young은 자서전[166]에서 "1788년 프랑스를 방문했을 때 보르도의 상업이 리버풀보다 훨씬 번성했으며, 최근 연해 무역은 영국보다 프랑스에서 더 발전한 것처럼 보였다. 프랑스 무역은 전체적으로 지난 2년간 두 배 이상 성장했다. 세금 공제액은 각 시기마다 다르게 책정되었는데, 프랑스 혁명 이후 어떤 시기도 프랑스 혁명 발발 전 20년 동안 이루었던 만큼의 국가적 번영을 이루지는 못했다"라고 말했다.

흔히 프랑스 혁명을 '식량 배급을 기다리며 길게 줄을 선 실업자 · 빈민'과 '식량 부족'과 '식량 배급 폭동'으로 인해 발발했다고 간단하게 설명하지만, 토크빌은 그 실제적인 원인은 운명의 반전이라고 지적했다. 사람들은 극심한 가난은 견디지만 – (그의 시대에도 역시 견뎠고) 전 세계에서 지금도 매일매일 견디고 있지만 – 경제 환경이 그들의 기대로부터 기대하지 않는 쪽으로 빠르게 변화하는 것은 견디지 못할 것이다.

19세기 중반 토크빌은 미국 남북전쟁과 전 세계에서 일어난 다른 전쟁들 간에 대화가 필요하다고 강조했는데, 물론 토크빌만의 독특한 아이디어는 아니었다. 미국의 경우, 좀 더 최근인 1977년 해럴드 데이비스Harold E. Davis가 조지아 역사사회단체를 위해서 '조지아 혁명의 원인으로서의 가위 이론 또는 좌절된 기대'라는 탁월한 논문을 썼다. 그는 전 시대의 사회과학자이자 역사학 교수였던 팔머R. P. Palmer와 제임스 데이비스James C. Davies의 책을 다음과 같이 요약했다. "오래 계속되던 객관적인 경제 · 사회 발전이 단기간 급격한 좌절을 동반할 때 혁명은 발생한다. 혁명은 '현실과 기대하는 현실 간의 괴리'가 생길 때 발생한다."

토크빌과 데이비스, 두 사람의 관찰은 내전, 즉 혁명과 관계가 있기는 하지만 이는 한 국가가 기대하는 현실로부터 데이비스가 말한 괴리를 겪은 다음 다른 국민국가를 비난할 때 전쟁이 발생한다는 매우 강력한 역사적 가정을 뒷받침한다.

좀 더 최근에는 《비즈니스 인사이더》의 리키 크라이트너Ricky Kreitner
가 이러한 논리를 확대하여 모든 것을 말해주는 다음과 같은 제목의 기사
를 썼다. '진지한 사람들은 우리가 제3차 세계대전에 직면할지도 모른다
는 사실을 깨닫기 시작했다'.

비슷한 맥락에서 《뉴리퍼블릭》의 존 주디스John Judis는 2011년 8월에
다음과 같은 기사를 썼다. "미국과 유럽에서는 경기 하락이 이미 불미스
러운 우파 인민주의자들을 자극하여 움직이게 했다. 경기 하락은 천연자
원을 둘러싼 무역 전쟁과 극심한 경쟁을 야기할 수도 있고, 종국에는 유
럽연합과 WTO 같은 주요 기관들을 와해시킬 수도 있다. 무력 전쟁까지
도 가능하다."

계속적인 번영에 대한 사람들의 열망을 한순간에 날려버린 대공황과,
그에 뒤이은 전쟁을 1920년대에는 상상조차 할 수 없었다. 마찬가지로
1850년대 초 역시, 아무도 그러한 상황을 고려하지 않았다. 1760년대 말,
토머스 제퍼슨조차 미국 식민주의자들이 어떻게 하면 영국의 '훌륭한 시
민'이 될 수 있는지에 관한 소논문을 쓰고 있었다.

그러나 그때 분기점에 이르렀다.

중국 신드롬

미국이 쇠퇴하고 유럽이 몸살을 앓는 동안 중국의 거대한 도시에서는
새로운 브랜드의 고층 콘도미니엄, 사무실 건물, 도로, 다리와 같은 기초

시설들이 빠른 속도로 건설되고 있었다.

다만 그곳에는 아무도 살지 않는다. 그곳은 바로 유령도시다. 2013년 3월, 다큐멘터리 '60분'의 특파원인 레슬리 스탈Leslie Stahl은 "지구에서 인구가 가장 많은 나라가 현재 아무도 살지 않는 주택, 구역, 도시를 건설하고 있다는 것…… 몇 마일을 가고 또 가도 아무도 살지 않는 황량한 콘도와 텅 비어 있는 구역이 보일 뿐이다"라고 전했다.

중국 경제는 세계 역사상 유례없는 속도로 성장하고 있다. 도시화로 인해 2억 명의 중국인이 점차 도시로 이동할 것이라고 추정되는데, 이는 1년에 1,000만 가구를 새로 건축해야 한다는 것을 의미한다.

도시를 건설하면 사람들이 몰려들 것이다. 그런데 건설은 이미 수요를 훨씬 앞지르고 있다. 2013년 3월 《포브스》에 기고한 글에서 고든 창Gordon Chang은 2012년 중국이 1,100만 가구를 지었고 향후 5년 내에 매년 1,900만 정도의 가구 주택을 건축할 예정인데, 이는 실제 주택 수요보다 훨씬 많다고 지적했다.

실제로 중국에서는 주택 거품이 일어나고 있다. 미국이 겪었던 것보다 훨씬 심각하다. 주택 거품이 발생하기 전의 미국과 마찬가지로, 상당 부분 부채 거품으로 인한 것이다.

주택 수요가 무한대로 늘어날 것이라는 기대는 중국에 엄청난 건설 붐을 가져왔는데, 이는 전체 중국 경제의 절반 정도를 차지한다.

부동산 가치가 계속해서 엄청나게 상승할 것이라는 기대감으로 중국의 신흥 중·상위 계층 사람들은 자신이 소유한 것을 모두 투자하고 있으며, 미래를 위한 투자의 일환으로 은행 빚을 내서라도 유령도시의 부동산을 계속해서 사들이고 있다.

창은 이를 다음과 같이 설명한다. "부자들은 아파트를 매입하고, 이를 가치 저장 수단으로 생각하여 비어 있는 채로 놔둔다. 한 사람이 비어 있는 아파트 20채를 소유하는 경우가 비일비재하다."

그런데 만약 중국의 경제성장이 둔화된다면 어떻게 될까?

창은 "중국의 경제 기저가 약화되면 – 현재 그러한 조짐이 나타나고 있다 – 소유자들은 건물을 싼 가격에 팔아 현금을 확보하거나 더 큰 손실을 피하려 할 것이다. 작은 도심 지역의 아파트들은 대부분 팔리지 않을 것이고, 거기서부터 공황이 시작될 수 있다"라고 썼다.

공황은 이미 진행 중이다. 2012년 중국에서 매매되지 않은 아파트는 40퍼센트까지 증가했다.

중국은 전례 없는 성장으로 경제대국이 되었다. 그러나 그것이 곧 중국이 왕당파 자본주의의 위험으로부터 안전하다는 것을 의미하지는 않는다.

창은 다음과 같이 덧붙였다. "분석가들은 중국은 다르다고 말하곤 한다. 그런데 우리는 모든 경제 붕괴가 일어나기 직전에야 문제를 감지한다. 베이징의 기술관료들은 판단을 미룰 수 있지만, 결코 경제법칙을 무시하지는 못할 것이다. 폭락이 발생할 것이다."[167]

그리고 폭락은 예상보다 더 빨리 닥칠 수 있다.

2010년 경제학자 리처드 울프는 중국 경제가 세계 경제에서 비밀리에 엄청난 도박을 하고 있다고 주장했다.

수출이 중국 경제의 3분의 1을 차지하고 있는 가운데 전 세계적인 경기 침체는 중국의 국내 경제에 커다란 골칫거리다.

2009년 중국 경제는 8.7퍼센트 성장했는데, 2008년보다 조금 낮아진 것이며 2010년에는 10퍼센트 이상 성장했다.

"어떻게 이것이 가능한가?"라고 울프는 묻는다. "중국은 국민들을 길거리에 방치하면서 어떻게 일자리를 제공할 수 있는가? 중국은 수출 경제 국가인데 수출은 줄어들었다!"

이에 대해 울프는 다음과 같이 설명한다.

"중국은 모든 사람에게 계속해서 일을 시킨다. 중국은 문자 그대로 엄청난 양의 물건을 소유하고 비축하여 창고에 쌓아두고 있다. 세계 경제가 곧 회복되면 그 물건들을 창고에서 풀 수 있을 거라는 희망을 갖고 있다."

하지만 이를 무기한 계속할 수는 없다.

"이것은 우리가 그동안 알고 있던 그 어떤 것보다도 큰 도박이다"라고 울프는 덧붙였다.

2012년까지는 그 도박이 성공하지 못한 것처럼 보이기 시작했다. 그해 중국의 성장률은 7.8퍼센트로 급격히 낮아졌는데, 13년 만에 가장 낮은 수치였다.

전 세계적으로 소비자 기반이 고갈되어가는 가운데 중국 경제의 내부 문제는 악화될 것이다. 도시로 이동했던 사람들이 일자리를 잃기 시작하면서 2016년에는 온 나라가 불안감에 휩싸일 것이다.

중국의 내수 경제가 더 빨리 침체할수록 부동산 거품은 더 빨리 꺼질 것이고, 고소득 계층을 경제 위기에 빠뜨릴 것이다.

서구 경제, 특히 미국이 의존하고 있는 저임금 노동을 제공하는 주요 공급원이 갑자기 사라질 것이다.

독일과 미국의 경제 왕당파가 투자하는 신흥 시장들은 대폭락 이후에도 여전히 그곳에 있겠지만, 대신 전 세계적인 재앙으로 빠져들 것이다.

석유파동

유로존 국가들이 서로 단결하고 중국의 기술관료들이 다행스럽게도 급격한 경제성장의 함정을 피할 수 있다고 가정하더라도 전체 시스템을 붕괴시킬 수 있는 또 다른 잠재적 가능성은 여전히 도사리고 있다. 그것은 바로 석유다.

석유는 전 세계 경제에 윤활유 역할을 한다. 미국의 에너지 공급, 식량 재배와 운송, 건설, 군대, 비료, 농약·제초, 제약 등과 같은 분야가 석유에 의존한다.

따라서 석유 가격이 상승하면 모든 제품의 가격이 올라가며 경제성장은 서서히 멈춘다.

1970년대 석유파동으로 이미 미국은 위와 같은 사태를 겪었다. 1년 사이 석유 1배럴의 가격이 두 배로 뛰고 경기 침체가 온 나라를 강타하자 경제 왕당파가 기회를 잡았다.

이와 유사하게, 2007~2008년에 월스트리트의 투자 실패로 금융 위기가 발생했지만, 그 이전에 이미 석유 가격이 엄청나게 치솟았다. 2004년과 2008년 사이 석유 가격은 1배럴당 40달러였는데 2008년에는 147달러까지 상승했다.

『3차 산업혁명』의 저자인 경제학자 제러미 리프킨은 2007~2008년 금융 위기의 근본 원인은 석유 가격 상승이라고 주장한다. 그리고 화석연료에 의존해왔던 산업혁명에 몇 차례 더 쇼크가 있을 것이며 피할 수 없는 결론, 즉 석유가 고갈되는 지점에 도달한다고 내다보았다.

2012년 리프킨은 "현 문명에서 많은 제품이 화석연료로 만들어지기 때문에 석유 가격이 1배럴당 147달러가 되면서 공급망 상의 다른 제품들 가격 또한 치솟았다"라고 주장했다.

그 결과는 참혹했다. "22개 국가에서 식량 폭동이 발생했다"라고 리프킨이 말했다. "기초 농산물, 즉 쌀, 밀, 기타 다른 기본 식료품 가격이 두세 배 오르고 있다. 수십억 명이 배고픔과 굶주림에 처해 있다. 사람들은 모두 소비를 중단했다."

결론적으로 리프킨은 "전체 경제를 이끌어나가는 엔진, 즉 경제를 성장시키는 엔진은 작동을 멈추었고 구매는 곤두박질치고 있다. …… 가히 경제 지진이라 할 만하다. 60일 후 금융시장이 붕괴되었는데, 그것은 일종의 여진이었다"[168]라고 주장했다.

석유가 점차 부족해지고, 중국과 인도 같은 개발도상국의 석유 수요가 점차 증가함에 따라 석유 가격은 불가피하게 상승할 것이다. 이는 세계 경제가 다시 성장하려는 순간마다 석유파동이라는 악순환을 낳을 수밖에 없다.

리프킨은 다음과 같이 강조한다. "지난 10년 동안 중국과 인도는 전 세계 인구의 3분의 1을 제2차 산업혁명으로 끌어들이기 위해 노력했다. 총수요는 엄청났고, 이는 석유 가격을 극적으로 상승시켰다. 모든 상품과 서비스 가격 또한 상승했으며 소비자 1인당 구매력은 대폭 하락했다."

"게임의 종반에 이르렀다"라고 리프킨은 말한다. 석유파동의 주기가 다시 돌아오고 있다고 언급하면서 그는 "경제가 성장하고 있던 2008년 7월 이전과 같은 수준으로 경제성장을 하기 위해 노력할 때마다 이러한 과정이 반복된다. …… 인도와 중국이 움직이기 시작할 때 유럽과 미국이 움직이고, 즉시 석유 가격은 1배럴당 수백 달러로 폭등하며, 다른 모든 상품 가격이 치솟고, 구매력은 다시 하락한다. 우리는 그 순환 주기, 즉 4~5년 성장하고 폭락하는 과정을 목격한 것이다"라고 덧붙였다.

전 세계의 석유 공급을 보호하기 위해 미국은 거대한 군대를 구축했고, 이로써 대폭락 시나리오가 완성되었다.

잘못된 군사개입

헌법의 아버지이자 미국의 제4대 대통령인 제임스 매디슨은 미국이 위험한 전쟁을 끝없이 계속할 것이라는 사실을 알고 경악했다.

1795년 매디슨은 "자유의 적들 중에서 전쟁이야말로 가장 무섭다. 왜냐하면 다른 모든 것이 전쟁으로부터 기원되고 발전되기 때문이다"라고 썼다.[169]

"어떠한 국가도 계속되는 전쟁 속에서 자유를 수호할 수 없다"라고 그는 결론지었다.***

상대적으로 평화로운 시기였던 지미 카터 재임기간 이후 미국의 대통령은 모두 군사적 충돌을 감행하기 시작했다. 레이건은 그레나다를 침공했고, 조지 W. 부시는 이라크를 상대로 전쟁을 일으켰으며, 클린턴은 코소보와 이라크를 공습했다. 부시 대통령의 무력 침공은 매우 잘 알려져

*** 제임스 매디슨은 이와 같은 결론에 대해 자신의 책 『정치 관찰Political Observation』에서 다음과 같이 설명했다. "전쟁은 군대의 부모다. 이로부터 부채와 세금이 시작된다. 군대와 부채와 세금은 다수를 소수의 지배로 이끄는 무기로 알려져 있다. 전쟁에서는 집행부의 자유재량권 역시 확대된다. 사무실, 훈장, 보수 등을 다루는 영향력은 배가된다. 그리고 국민들의 마음을 움직일 수 있는 모든 수단은 폭력을 제압하는 사람에게 간다. 공화주의자들의 사악한 면을 추적해보면 부의 불평등, 전쟁 상태에서 사기를 칠 수 있는 기회의 증대, 그리고 이 둘에 의해 야기된 예의와 도덕의 퇴보인 것 같다."

있다. 워싱턴 DC를 둘러싼 방위 계약에 속한 대저택들이 계속해서 건물의 층을 높이고 부속 건물들을 짓는 동안, 미사일 제조업자와 사설 안전 업체 CEO들은 전쟁으로 수익을 내며 백만장자가 되었다.

오늘날 미국의 군사력은 아프가니스탄, 이라크, 예멘, 리비아, 소말리아, 파키스탄, 그리고 그 밖의 지역에 알려진 혹은 알려지지 않은 전쟁에 수조 달러를 퍼부으며 아랍계 전체에 흩어져 있다. 미국은 잘못된 군사 개입으로 연방정부 예산의 절반 가까이를 퍼붓고 있다. 미국인들이 지출하는 세금 1달러당 50센트가 전장으로 흘러 들어가고 있다.

전쟁의 피해는 미국 경제뿐만 아니라 군인들의 정신적인 상처와 내상에서도 발견할 수 있다. 미국은 군인들을 군 복무 후 세계에서 가장 잔혹한 몇몇 지역으로 파견했다. 매년 수천 명의 미국인이 신체적·정신적으로 불구가 되어 미국으로 되돌아오고 있다. 2012년 미국 군인의 자살률은 남녀 통틀어 전례 없는 기록을 보여주었다.[170]

미국에서 최고의 권력을 가진 사람조차 온갖 감언이설로 사람들이 전쟁터에 나가도록 유혹한다. 조지 부시 대통령과 딕 체니 부통령은 텔레비전과 회고록에서, 국제법에서 고문의 일종으로 규정하고 있는 물고문 같은 '한층 강화된 고문'을 승인했다고 고백한 바 있다. 이러한 군사주의에 대해 가장 경악할 만한 사실은, 만약 미국이 군사력을 지금 당장 1997년 당시 – 즉 오늘날의 3분의 1 정도의 예산 – 로 되돌린다면 미국 경제가 해체될 것이라는 점이다. 이는 아주 짧은 기간 동안이라도 계속해서 전쟁을 수행해야 경제가 생존한다는 전제하에 신들의 전쟁에서 파우스트 거래를 맺은 것과 같다.

미국은 그러한 거래를 잘 수행했다. 1997년과 2012년 사이, 미국의 '방위’ 예산은 세 배 증가했다.

미국 제조 산업의 기반이 군사이며, 미국이 사회에 더 이상 지속적인 이익을 가져다주지 않는 것들을 생산하고 있다는 것은 이중으로 불행한 일이다.

만약 학교, 다리, 또는 고속철도 시스템을 건설한다면 수년, 수십 년, 때로는 수세기 동안 사용할 수 있고 그에 대한 가치가 창출된다. 지불한 돈 이상의 것을 얻을 수 있다. 생산성 측면에서 주택부터 세탁기, 또는 컴퓨터 같은 소비재조차도 개인의 능력을 향상시켜 투자 대비 수익을 창출한다(이는 사회 기반시설에 대한 투자이기 때문에 GDP로 확인할 수는 없다).

그러나 1억 달러를 들여 제조한 벙커버스터를 어딘가에 떨어뜨리면 폭탄은 1억 달러어치의 연기를 내고 사라진다. 이전에 존재했던 로마, 구소련, 그 밖에 지구상의 다른 제국들이 보여주듯이, 군사 지출은 경제를 지탱하는 데 가장 비생산적이며 무엇보다도 지속 가능하지 않다.

실제로 이전의 패권 국가를 살펴보면, 그들 모두는 제국의 마지막 잔해를 보호하기 위해 필사적으로 군사작전을 펼쳤다. 그러한 무분별한 군사 모험의 결과 패권국들은 경제 몰락에 봉착했고 종말을 맞이했다.

로마 역시 이러한 행로를 걸었고, 최후의 경제 패권 국가로서 몰락한 구소련도 같은 행로를 걸었다.

진퇴양난이었던 아프가니스탄에서 9년간 군사작전을 펼치면서 구소련은 자원 고갈로 망해가는 경제를 위해서라도 군대를 철수해야 했다. 아프가니스탄 전쟁이 종식되고 몇 년 후, 오사마 빈 라덴Osama Bin Laden이 자랑스럽게 선언했듯이 구소련은 완전히 몰락했다.

오늘날 왕당파의 명령에 따라 미국은 여전히 10년 넘게 아프가니스탄에서 싸우고 있으며, 구소련과 마찬가지로 제국 멸망이라는 결과를 낳고 있다.

1,200,000,000,000,000달러

그렇다면 이 모든 위기 중에서 하나 또는 모든 것이 2016년 혹은 그 이전에 집중된다면 미국은 과연 어떻게 될까?

우선 주요 은행 및 회사들이 안전한 곳에 숨겨둔 현금이 얼마이든 간에 대폭락으로 향하는 시점에서 전 세계 금융 시스템의 몰락에 뒤이은 연속적 손실을 이겨내기에 결코 충분치 않을 것이다.

국제결제은행에 따르면, 전 세계 파생상품 시장의 규모는 현재 1,200조 달러 정도다.

경제학자 스티브 킨이 제6장에서 설명한 것처럼, 금융계는 본질적으로 계속해서 부채를 만들어내려고 한다. 왜냐하면 부를 축적하는 주요 수단이 부채에 상응하는 또 다른 부채와 그에 대한 이자를 받는 것이기 때문이다.

레이거노믹스 덕분에 생산성과 인플레이션이 증가했을 때 노동자들의 임금은 상승하지 않았기 때문에 수익을 올릴 수 있었다.

임금 삭감에도 불구하고 중산층이 자신들의 생활 방식을 유지할 수 있는 유일한 길은 주택담보대출, 신용카드론, 학자금대출 등과 같이 계속해서 빚을 지는 것뿐이었다.

리처드 울프는 1820년부터 1970년까지 150년간 미국인들이 꾸준히 삶의 질을 향상시켜왔다는 사실에 주목했다.[171] 대공황 시절 보통의 미국 가정은 연 수입 중 3분의 1 정도의 빚을 지고 있었다.

한편 2008년 현재 보통의 미국 가정은 연 소득의 무려 130퍼센트에 이르는 빚을 지고 있다. 이는 역사상 유례없는 수준으로, 현재 중산층은 궁지에 몰렸다. 그들은 가진 돈을 모두 잃었다. 그들은 다시 소비할 수 없기 때문에 20세기 중반 자신들이 했던 것처럼 경제를 '구할' 수 없다.

미국의 신용카드 빚은 8,600억 달러에 이른다. 학자금대출은 1조 달러에 조금 못 미친다. 주택담보대출은 10조 달러를 넘어섰다.[172]

이는 단지 시작에 불과하다. 월스트리트는 전통적인 대출 방식을 통해서만 돈을 벌 수 있으나, 이제 은행은 이전 시대와 달리 서로 사고파는 복잡한 파생상품을 통해서도 엄청난 부를 만들어낼 수 있다.

따라서 월스트리트에서는 서로에게, 그리고 각자로부터 파생상품을 사고파느라 정신이 없었다. 1996년 이후 파생상품 시장은 1,000퍼센트 성장했다.

상황이 뭔가 좋지 않게 흘러가고 있음을 눈치챈 워런 버핏은 버크셔 해서웨이의 주주들에게 다음과 같이 말했다. "파생상품이라는 지니 요정은 이제 단지에서 나왔고, 이 무기는 어떤 사건을 통해 독성이 분명해질 때까지 파생상품의 수와 양을 크게 증가시킬 것이다. …… 이들은 엄청난 파괴력을 지닌 금융 무기로 치명적인 위기를 가져올 것이다."[173]

미국은 2008년 세계에서 가장 큰 보험회사인 AIG가 파생상품에 투자하는 바람에 도산하는 과정을 보면서 파생상품 시장의 위험성을 이미 알고 있다. 오늘날 파생상품 시장은 더 커졌고, 은행과 주권 경제는 놀랄 만한 위험에 노출되어 있다.

칼럼니스트 토머스 코스티겐Thomas Kostigen은 2009년 '마켓워치'에 실은 논설에서 이러한 문제를 다음과 같이 설명한다. "우리가 주거용 부동산 시장을 지키려고 애쓰긴 하지만, 그 시장은 기껏해야 23조 달러 정도의 가치를 지닌다. 주식시장을 지키려고 애쓰고 있지만, 주식시장은 15조 달러도 되지 않는다. 그리고 미국 경제가 망하지 않기를 바라지만, 전체 국내 생산품은 14조 2,000억 달러에 불과하다.[174] 이것들을 파생상품 시장과 비교하면, 마치 쓰나미가 해안가로 밀려오는데 창문이나 닫고 있는 것과 다름없다는 것을 쉽게 알 수 있다."

파생상품 시장은 그 가치가 1,200조에 이르며, 이는 전 세계 GDP의 스물한 배에 달한다. 전 세계의 돈을 모두 끌어모아도 파생상품 시장의 붕괴를 막을 수 없다고 해도 과언이 아니다. 사실, 이는 상당히 절제한 표현이다.

미국의 파생상품 시장에서 손해를 보기 시작한 초대형 은행들은 유럽과 중국에서 발생한 경제 위기의 여파로 비교적 복잡한 투자포지션들을 처분하기 시작한다.

총 1조 8,000억 달러의 자산을 보유하고 있는 JP모건체이스는 69조 이상의 파생상품을 보유하고 있으며 총 1조 4,000억 달러의 자산을 보유하고 있는 뱅크오브아메리카는 44조 이상의 파생상품을 보유하고 있다.

총 1조 1,400달러의 자산을 보유하고 있는 골드만삭스는 41조의 파생상품을 보유하고 있다. 그리고 (왕당파가 준비하고 있듯이) 거대한 파생상품 시장이 와해된다면, 다가오는 위기를 막을 만큼의 자본이 없는 것이 현실이다.

따라서 왕당파는 어떤 값을 치러서라도 계획을 이루어야 한다. 주택 거품을 진정시킨 지 채 5년이 지나지 않아 낮은 금리로 인해 또 다른 주택 거품이 발생하고 있다. 경제의 내부적인 문제가 있음에도 불구하고 로스앤젤레스, 뉴욕, 워싱턴 DC 같은 주요 도시에서는 부동산 붐이 일어나고 있다.

2013년 4월, 캘리포니아의 주택 단타 매매는 2005년 이후 가장 높은 수치를 기록하면서 부동산 가격을 단숨에 뛰게 만들었다. 해안 지역의 평균 주택 가격은 2007~2008년 주택 거품 붕괴 이전 수준으로 돌아갔다. 샌프란시스코의 평균 주택 가격도 100만 달러 이상이다.[175]

부동산 분야에서도 끝없는 경기 순환이 지속될 수 있다. 결국 2016년 폭락은 캠던, 뉴저지, 그리고 플린트, 미시간 같은 재해 지역에서 부유층의 중심 지역으로 확산될 것이다.

이러한 현상이 발생하기 시작하면 미국의 은행에서도 유럽 스타일의 경영을 도입할 것이다. 미국의 주요 금융기관들은 크고 작은 기업의 신용 한도액을 없애면서 하나씩 하나씩 사라질 것이다. 기업들은 자신들이 지불해야 할 돈을 지불하지 못하게 될 것이고 대량 해고로 이어질 것이다.

한때 지구를 영예롭게 했던 가장 큰 제국 미국의 경제는 눈앞에서 장엄하게 몰락할 것이다.

PART 5

잿더미에서

| Chapter 12 |

사람 대 돈

겨우 며칠 만에 50개 이상의 '텐트'가 세워진 것처럼 보였는데,
그다음 우리의 문제들이 시작되었다.
그 지역의 점포들은 우리를 알지 못했다.
그들은 우리를 바람직하지 못한 아무짝에도 쓸모없는 이들로 간주했고 우리를 없애려고 했다.
…… 보건공무원들은 우리의 오두막집이 인간이 거주하기에 부적합하고
도시 위생에 위험이 된다고 결정했으며,
우리에게 그 사실을 통지하고 7일간의 퇴거 기간을 주었다. ……
7일째 되는 마지막 날 새벽 5시, 동이 틀 무렵 폭우가 쏟아지고
공무원들이 등유 깡통과 횃불을 들고 우리를 덮쳤다.

제시 잭슨의 '후버빌', 1930년

제시 잭슨Jesse Jacson은 비를 막아줄 만한 것이 있는지 찾으려 했지만, 나무토막, 캔버스, 함석 등을 헐겁게 끼워 맞춰 지은 임시 주거지는 비를 거의 막지 못했다. 잭슨은 태양이 곧 동쪽 지평선 위로 떠오르면 자신을 둘러싸고 있는 이 모든 지옥이 끝날 것이라 생각하며 두려움에 떨면서 기다렸다.

잭슨 주위에는 그와 같은 처지의 사람이 수백만 명이 있었다. 그들은 미국 경제가 하락세를 겪는 동안 새로운 출발을 위해 철강 제조 공장, 선박 상자, 시애틀 운송회사 창고 등이 쭉 늘어선 시애틀의 엘리엇 베이 해변가와 워싱턴으로 왔다.

도시에는 일자리도, 사회안전망도, 자선단체도 찾아보기 힘들었다. 그래서 직장을 잃고 절망에 빠진 사람들은 살아남기 위한 방편으로 그 해변과 동쪽으로 난 철로 사이의 9에이커 정도 되는 땅에 몸을 피할 수 있는 판잣집을 짓거나 텐트 등을 쳐서 공동체를 형성하기 시작했다.

그러나 이들의 점거가 근처 산업에 방해가 되었다. 사람들은 '점유자들'을 문제를 일으키는 사회 쓰레기나 범죄자로 여겼다.

검역관들이 찾아와 이들을 시애틀의 건강을 위협하는 위험 요인이라고 판단했다. 곧 잭슨은 1주일의 시간을 줄 테니 짐을 싸서 나가라고 적힌 통지서가 여기저기에 붙어 있는 것을 보았다.

점유자들은 경고문을 무시했고, 7일째가 되기 전날 밤 억수 같은 폭우가 내려 캠프장이 진흙탕으로 변했다. 잭슨과 다른 사람들은 아침에 무슨 일이 벌어질지 기다렸다.

새벽 5시, 태양이 철로를 어스름히 비출 즈음 몇 명의 경찰이 공포에 질린 잭슨과 사람들을 급습했다. 그들은 석유를 잔뜩 붓고 불을 붙여 사람들이 임시방편으로 만든 곳을 박살냈다.

석유로 불을 붙이는 것이 그보다 덜 치명적인 고무탄과 후추 스프레이로 대체되었을 뿐 2011년에도 그와 비슷한 일이 벌어졌다. 뉴욕에서 시카고와 시애틀에 이르기까지 미국 전역의 국립공원에서 사람들이 텐트로 진을 치는 점거 운동이 불붙었다. 80년 전과 다른 점이 있다면, 당시는 후버 대통령 시절의 대공황으로 나라가 어려움을 겪던 때이지만, 지금은 경기 침체 상황이 아니라는 점이다. 과거 판자촌을 형성했던 사람들의 행동을 당시에는 '점거'라고 부르지 않았으며, 그들이 형성한 마을은 '후버빌Hooverville'이라고 불렀다.

1930년대 초 후버빌은 미국 전역에 퍼지면서 진보 조직과 진보 행동의 보루가 되었고, 혁신적인 대통령인 프랭클린 루스벨트 대통령은 미국을 근본적으로 변화시키고자 왕당파와 전쟁을 벌였다.

이전의 대폭락과 마찬가지로 2016년 폭락은 1970년대 이후 경제 왕당파에게 빼앗겼던 지분을 되찾을 수 있는 좋은 기회가 될 것이다.

그러나 역사가 증명하듯이, 그것은 굉장히 위험할 수도 있다. 지난 대폭락 이후 독일에는 히틀러가 있었고 미국에는 루스벨트가 있었으나, 두 국가는 위기 대응에 있어 매우 다른 행보를 보여주었다. 깨어 있는 시민 의식과 훌륭한 리더십이 성공 여부를 결정할 것이다.

2016년 폭락의 시기에 얼마나 나쁜 일이 일어나든지 간에 조직화된 사람들은 항상 서로를 발견해서 경제 왕당파에게 책임을 물을 수 있는 움직임을 형성할 것이다. 이러한 움직임은 1930년대에도 있었으며, 2016년 폭락에 뒤이어 다시 발생할 것이다. 여기에 희망을 걸어야 한다.

헌법 개정, 왜 필요한가

제일 중요한 것을 먼저 해야 한다. 즉 권력의 추를 조직화된 돈에서 조직화된 사람으로 옮겨야 한다. 그렇게 하는 방법은 법인이라는 것 자체를 생각하지 않는 것이다.

대법원이 법인이라는 개념을 부여했는데, 이를 무효로 만드는 방법은 세 가지뿐이다. 이 세 가지는 각기 다른 시대에 시도되었다.

첫 번째는 법정을 구성하고 있는 인물이 바뀔 때까지 기다리는 것으로,

이는 잘못된 생각을 가진 판사 중 한 명 혹은 한 명 이상이 은퇴하거나 사망해서 좀 더 능력 있는 판사가 임명될 때 가능하다. 새로운 법정이 브라운 대 교육위원회 또는 로 대 웨이드와 같은 쟁점 사건을 맡으면 법정은 새로운 방향으로 판결을 내릴 것이다.

두 번째는 미국 국민들, 대통령, 그리고 의회가 시티즌스 유나이티드 사건의 중요성을 이해하고 법정과 선을 긋는 것이다.

1857년 논쟁이 많았던 드레드 스콧 판결에서 알 수 있듯, 이 사건에서 법정은 흑인들을 곧 소유물이라고 판결함으로써 미국 독립전쟁의 발발에 직접적인 영향을 미쳤다. 비록 전쟁이 일어난 후 수정헌법 제13 · 14 · 15조가 미국 법률과 헌법에서 삭제되기는 했지만, 당시 대법원의 판결로 에이브러햄 링컨이 노예해방을 선언하고 흑인들의 권리를 명시한 법안이 통과되었다.

아이러니컬하게도 시티즌스 유나이티드 사건에서는 드레드 스콧 사건과 정반대되는 판결이 내려졌는데, 여기에서는 실제로 소유물인 기업이 인간으로 둔갑한 것이다. 그리고 티 파티와 월스트리트 점령 운동 등 몇몇 사람이 항변하고는 있지만, 이제 제2차 남북전쟁과 미국 혁명에 대해 열망을 가진 미국인은 거의 없다.

대법원의 판결을 무효화하거나 대체할 수 있는 세 번째 방법은 헌법을 개정하여 법정이 더 이상 모호하거나 뜻이 명확하지 않은 어휘로 말장난을 할 수 없도록 하는 것이다. '알코올 금지, 제조 및 판매'를 도입하고 이후 이를 무효화하는 과정에서 미국이 했던 방법이 이것이다.

헌법을 개정하는 것이 가장 실용적이면서도 장기적인 관점에서 좋은 것으로 보이지만 다소 도전적이기는 하다. 그러나 폭락 이후 긴급 상황에서는 헌법 개정이 필요할 것이다.

미국 건국 이후 2만 9,000번 이상의 수정헌법이 의회에 상정되었으나 겨우 27건만 의회 의원 3분의 2와 주 의회 의원 4분의 3 찬성이라는 벽을 넘어 통과되었다. 그럼에도 불구하고 미국의 안녕을 위해서는 변화가 절대적으로 필요하다는 인식이 확산되어 헌법 개정이 성공적으로 이루어졌다.

그중 하나가 바로 선거 참여 연령 제한을 21세에서 18세로 낮춘 수정헌법 제26조다. 베트남 전쟁 발발 당시 젊은이들은 미국에 대해 굉장한 분노와 무기력감을 느꼈다(이 같은 감정은 '파멸 전날', "여러분의 나이는 죽기에는 충분하지만 투표하기에는 충분하지 않습니다……"와 같이 시위 도중 부른 노래 가사에 표현되어 있다). 젊은이들은 자신들의 참전을 결정하는 정치적 과정에 참여하고자 하는 열망이 굉장히 컸다. 수정헌법 제26조는 1971년 3월 상원을 통과했고, 같은 해 7월 1일 미국의 각 주들이 이 법을 비준했다.

2011년 12월 6일, 미국의 주요 도시 중 로스앤젤레스가 처음으로 법인이라는 개념을 무효화하기 위한 헌법 수정을 요구했다. 로스앤젤레스 시 의회는 자본이 곧 언론의 자유를 보장하지 않는다는 이유를 내세워 시티즌스 유나이티드 판결 번복을 요구하며 익명 투표를 실시했다,

마찬가지로 볼더, 콜로라도, 미줄라, 몬태나 등지에서도 기업은 사람과 동일하지 않으며 자본은 언론과 동일하지 않다는 결정이 내려졌다.

민주당 상원의원 중 일부는 대법원의 시티즌스 유나이티드 판결을 번복하기 위해 새로운 수정헌법을 입안했다. 이 수정헌법에 서명한 상원의원은 톰 유달Tom Udall, 마이클 베넷Michael Bennet, 톰 하킨Tom Harkin, 딕 더빈Dick Durbin, 척 슈머Chuck Schumer, 셸든 화이트하우스Sheldon Whitehouse, 그리고 제프 머클리Jeff Merkley 등이다.

미국 의회의 사법위원회 민주당 대표인 테드 도이치Ted Deutch는 2011년 '선거에서 대중의 이익을 약화시키는 기업 자금 금지'라는 제목의 수정헌법을 입안했다. 미국 소비자 단체인 퍼블릭 시티즌의 의장은 도이치에게 박수를 보내며 "수정헌법이 명시하는 권리는 실제로 살아서 숨 쉬는 사람들을 위한 것임이 분명하다. 이 헌법은 의회에 좀 더 민감한 캠페인 재정 시스템을 도입할 수 있는 권리를 줄 것이다. 이것이야말로 미국을 좀 더 강하고 민주적이며 공정한 국가로 만들 것이다"라고 말했다.

2011년 12월 상원의원 버니 샌더스Bernie Sanders는 '미국 민주주의 구하기'라는 수정헌법을 제안했는데, 이는 시티즌스 유나이티드 판결을 번복하고 기업이 사람이 아님을 분명하게 말하고 있다. 샌더스는 "이는 매우 중요한 문제로, 이를 해결할 수 있는 유일한 방법은 헌법을 수정하는 것이다"라고 언급했다. 샌더스는 법원의 판결은 "완벽하게 민주주의를 저해"한다고 규정하면서 법원 판결을 무효화하고자 노력했다. 샌더스는 '미국 민주주의 구하기'라는 헌법은 다른 수정헌법들과 차이점이 있다고 했다.

이 법의 4항은 선거 캠페인 재정과 관련한 대법원의 모든 판결 근거에 이의를 제기한다. 샌더스는 1976년 버클리 대 발레오 판결에 이의를 제기했는데, 그 판결에서 대법원은 선거에 영향을 미치는 선거 자금 지출 또한 언론의 자유로 보호되어야 한다면서 선거 자금 지출 한도를 폐지했다.

미국 전역의 크고 작은 도시에 이러한 해결책을 제시하는 그룹들이 있다. 이들은 헌법을 수정하는 일종의 훈련소다.

여러 개의 제안서가 탁자 위에 놓여 있지만, 나는 특히 데이비드 콥이

'MoveToAmend.org'(법인으로서의 기업과 기업의 정치 참여 제한을 주장하는 미국의 풀뿌리 연합 단체 - 옮긴이)에 제안한 모델을 추천하고 싶다. 이 제안은 수정 헌법 제14조의 '자연 인간'이란 단어보다 훨씬 명확하다. 이를 통해 미국은 권력을 가진 기업 대신 시민들에게 즉각 반응하고 책임지던 이전의 민주공화국으로 다시 돌아가는 전환점을 맞이할 수 있다. 콥의 제안은 아래와 같이 각 항목으로 이루어져 있다.

1항[기업은 인간이 아니며 규제될 수 있다]

미국 헌법이 보호하는 권리는 오직 자연인의 권리다.

기업, 제한된 책무성을 지닌 기업, 그리고 주 혹은 미국 법률에 의해 설립된 다른 독립체 등의 인공적인 독립체들 또는 다른 국가들은 이 헌법하에서 어떠한 권리도 인정받지 못하며 연방, 주 또는 지방 법률에 근거하여 국민들의 규제를 받게 되어 있다.

인공적인 독립체가 가질 수 있는 특권은 연방, 주 또는 지방 법률로 결정되며 고유하거나 양도할 수 있는 것이 아니다.

2항[자본은 언론이 아니며 규제될 수 있다]

연방정부, 주정부, 그리고 지방정부는 공무원 후보자 선출이나 찬반 투표에 영향을 미치기 위한 목적으로 행해지는, 후보자 자신의 기부와 지출을 포함한 모든 종류의 기부와 지출을 규제, 제한 또는 금지할 것이다.

연방정부, 주정부, 그리고 지방정부는 허용된 기부와 지출을 공개적으로 밝힐 것을 요구할 것이다.

수정헌법 제1조에 의거하여 사법부는 선거에 영향을 미치는 자금 지출을 언론의 자유로 간주하지 않을 것이다.

3항

이 개정안에 포함된 어떤 것도 언론의 자유를 약화시키는 것으로 해석되지 않을 것이다.

4항

의회는 이 조항을 적절한 입법을 통해 시행할 권력을 가질 것이다.

'MoveToAmend.org' 사이트에 가면 이 수정 법안에 있는 다른 조항들을 볼 수 있다. 이들 조항은 '살아 있는 인간' 외에 어떤 것에도 헌법이 규정한 권리를 부여하지 않는다는 것을 분명하게 밝히고 있다. 이로써 시티즌스 유나이티드 판결을 원점으로 되돌릴 뿐만 아니라 향후 (수정헌법 제4조) 개인으로서 사적인 '권리'를 요구하는 기업, (수정헌법 제5조) 자신에게 불리한 것을 거부하는 기업, 그리고 자신들이 원하지 않는 공동체를 억압할 수 있는 권력을 요구하는 기업 등을 규제할 수 있는 법안 등을 향후에 도입할 것이다. 그러지 않을 경우 이는 (수정헌법 제14조에 의거해) '차별'이 되기 때문이다.

수정헌법이 의회에 캠페인 자금을 규제할 수 있는 권력만 부여한 것은 아니라는 점에 주목해야 한다. 그럴 경우 오히려 권리장전의 다른 조항들이 기업의 손에 훼손된다. 대신 수정헌법은 기업이 법인의 성격을 갖는다는 1886년 산타클라라 카운티 사건 판결을 헌법적 보호라는 맥락에서 확실하게 뒤집어야 한다.

이로써 경제 왕당파로부터 벗어나 미국 건국의 조상들이 이상적으로 여겼던, 헌법의 규제하에 국민을 대표하는 민주공화국으로의 이행을 다시 시작할 수 있다.

시티즌스 유나이티드 사건으로 기업의 정치 개입이 허용되기 전에도 '권리'를 가진 기업은 부패한 영향력을 행사했다. 폭락 이후 '국민들'은 공공의 이익을 위해 최선을 다하여 자신의 권리를 분명하게 천명하고, 계속해서 헌법을 수정하여 자연인이 아니라 법적 의제(회사를 인격화하여 법인으로 하는 것을 의미한다 – 옮긴이)에 따라 기업을 그들에게 적합한 자리로 돌아가도록 해야 한다.

소송을 맡다

대법원이 조직화된 사람들의 의지를 뒤집을 수 없다는 점을 분명히 하려면 2016년 폭락 이후 고등법원의 역할에 대해 다시 한 번 생각해봐야 한다.

대법원은 의회를 통과하고 대통령이 비준한 법안을 폐기하기 시작한 이후로 대공황과 전쟁을 촉발했던 것과 같은 급진적인 판결을 내리지 않았다.

링컨은 공화당 상원의원 후보자로 지목된 직후인 1858년 6월 16일, 일리노이 주 스프링필드에서 한 '분열된 집'이라는 연설에서 대법원의 판결을 강하게 비난했다. "우리는 미주리 주 주민들이 자유로운 주를 맞이하기 직전이라는 사실을 꿈꾸며 즐거운 마음으로 누워 있을 것이다. 그러나 우리는 대법원이 일리노이 주를 노예 주로 만들고 있는 현실에 꿈에서 깨어날 것이다."

링컨은 상원의원 선거에서 스티븐 더글러스Stephen Douglas에게 패배했지만 이후 공화당은 링컨을 대통령 후보자로 지목했고, 링컨은 1860년

11월 선거에서 승리했다. 그때부터 1861년 3월 4일 링컨이 대통령으로 취임하기 전까지 남부의 7개 주가 분리독립을 선언하여 남부 연방을 이루었다. 레임덕을 겪던 제임스 부캐넌James Buchanan 대통령은 일부 주의 분리독립 선언이 불법임을 선언했으나 부캐넌이 할 수 있는 것은 아무것도 없었다. 링컨도 그들에게 경고했지만, 아직 그는 대통령이 아니었다.

링컨이 대통령으로 취임한 1861년 3월 4일 월요일, 그는 분리독립을 선언한 7개 주와 분리독립을 고려하는 8개 주에 대해 분명하고도 엄중하게 말했다. 그는 전쟁을 원치 않았으며 전쟁을 피하기 위해 노예 소유주들에게 항복하려고 했다.

취임사에서 링컨은 "저는 아직까지 노예제도를 유지하고 있는 주에 직접적이든 간접적이든 간섭할 의도가 전혀 없습니다. 제가 그렇게 할 합법적인 권리가 있다고 생각하지 않으며, 그럴 의도 또한 없습니다"라고 말했다.

그러나 대법원이 드레드 스콧 대 샌드포드 사건의 판결을 그런 식으로 내리지 않았다면, 링컨 역시 전쟁을 시사하는 발언을 하지 않았을 것이다. 링컨은 상황을 바로잡기 위해 내부 변호사에게 다음과 같은 이야기를 하도록 했다.

진솔한 시민이라면 다음과 같이 고백하지 않을 수 없습니다. 즉 전 국민에게 영향을 미치는 극히 중요한 문제와 관련한 정부 정책을 대법원의 결정으로 돌이킬 수 없게 된다면, 개인적 행위 내 당사자들 사이의 통상적인 소송에서 그런 결정들이 내려지는 순간, 실제로 저명한 법정의 수중에 지배권을 맡겼기 때문에 국민은 더 이상 지배자가 아니게 된다는 것입니다.

비록 그의 발언은 듣기 좋게 꾸며졌지만, 사실은 사실이었다.

링컨은 의회를 통과하고 대통령이 비준한 법을 대법원이 무효화할 수 있는 권력을 헌법이 보장하고 있지 않다는 것을 알았다.

사법부의 설립에 대해 언급하고 있는 헌법 제3조 2항에 의하면, 헌법은 대법원이 할 수 있고 할 수 없는 일을 규정하고 제한하도록 하는 권한을 의회에 부여하고 있다.

정확한 구절은 다음과 같다. "대법원은 법과 사실과 관련하여 상소심의 재판권을 갖는다. 다만 여기에는 예외가 있으며, 그 예외는 의회가 만든 규제에 따른다."

의회는 대법원이 판결을 내리는 조건과 상황을 규제할 수 있는가? 헌법에 따르면, 그렇다.

헌법을 만든 사람들은 가장 강력한 권력이 바로 '국민들'과 가까이 있기를 원했다. 그렇기에 전체 하원과 상원의 3분의 1이 2년에 한 번씩 선거를 통해 선출된다. 의회는 국민들에게 가장 가까이 있으며 국민을 대표하는 민주공화국의 중심부다. 때문에 권력의 대부분은 의회에 집중되어야 한다. 헌법 제1조의 맨 앞에 의회가 정의되어 있는 것도 그 때문이다.

1820년 토머스 제퍼슨은 대법원이 법안을 무효화할 수 있는 권한을 가져야 한다고 생각했던 윌리엄 찰스 자비스William Charles Jarvis에게 다음과 같은 내용의 편지를 썼다. "자네는 헌법과 관련된 모든 문제에 대해 판사들이 최종 결정을 내릴 수 있는 방안을 고려하고 있는 것으로 보이네. 이는 매우 위험한 발상이며, 우리를 과두정이라는 폭정으로 내모는 것이라네. …… 헌법은 그런 독단적인 법정을 세우지 않았네. 나는 그런 최종적인 권력은 결코 사회의 안전한 보고가 아니며, 결국은 국민들에게 최종적인 권력이 부여되어야 한다고 생각하네."

헌법 어디에도 의회를 통과하고 대통령이 비준한 법을 대법원이 무효화할 수 있다고 쓰여 있지 않다. 그 어디에도.

그리고 공화국이 설립된 후 처음 14년 동안 수석 재판관 존 제이John Jay(『페더럴리스트 페이퍼The Federalist Papers』의 공동 저자로, 뉴욕 주의 헌법을 작성했고 대륙회의의 의장이었다), 존 루트리지John Rutlege(헌법 작성과 비준을 도왔다), 그리고 올리버 엘스워스Oliver Ellsworth(헌법 작성과 비준을 도왔다)하의 법정은 이를 고려해본 적조차 없다.

1878년 알렉산더 해밀턴과 제임스 매디슨이 헌법에 대한 의견을 서로 주고받을 때, 알렉산더 해밀턴은 오늘날 '페더럴리스트 78번'으로 알려진 신문 사설을 썼는데, 이는 다음과 같다.

사법부는 그 성질상 헌법의 정치적 권리에 가장 위험하지 않다고 생각할 것이다. 왜냐하면 사법부는 헌법의 정치적 권리를 괴롭히거나 손상시킬 능력이 가장 적기 때문이다. 행정부는 명예를 필요로 할 뿐만 아니라 사회라는 칼, 즉 수단을 갖고 있다. 입법부는 경비를 주관할 뿐만 아니라 모든 시민을 규제하는 의무와 책임을 규정하는 법을 만든다. 반면 사법부는 칼도 돈도 갖고 있지 않으며, 사회의 힘이나 부에도 영향을 미치지 못하고, 어떤 것도 실질적으로 결정하지 못한다. …… 사법부가 정부의 세 부처 가운데 힘이 가장 약하다는 것은 논쟁의 여지가 없으며, 사법부는 다른 두 부서를 성공적으로 공격할 수 없다.

법정이 권력을 갖다

1803년 극우파 (연방주의자) 수석 재판관인 존 마샬(그는 미국 독립선언문이 작성되고 비준되었을 때 겨우 열한 살이었다)은 마베리 대 매디슨 사건에서 대법원이 '헌법 불합치' 법안을 무효화할 수 있다는 판결을 내렸다.

다른 두 기관(입법부와 행정부 – 옮긴이)에 대한 '사법부 우월' 논쟁은 건국 초기부터 널리 논의되어왔고 헌법기관에서도 논쟁이 많았지만, 이는 통과된 적도 없고 헌법에 명시되어 있지도 않다. 그러나 마샬이 이끄는 법정이 이러한 결정을 내림으로써 대법원은 '세 기관 중 가장 약한' 기관에서 절대권력을 가진 곳으로 탈바꿈했다.

그 결과 존 마샬은 대법원 동료들과 함께 자신들을 스스로 왕으로 만들었다. 정부의 다른 두 기관인 의회, 대통령과 관계없이 대법원은 자신들이 내린 결정을 번복할 수 있었다. 나이가 든 왕처럼 선거로 선출되지 않은 소수의 법률가들이 이제 미국의 운명을 좌지우지할 수 있는 권한을 갖게 된 것이다.

토머스 제퍼슨 대통령은 너무 화가 나서 졸도할 지경이었다. 제퍼슨은 대법원의 그러한 결정을 의회가 뒤집을 수는 없을까 생각했다. "이는 헌법의 자살 조약이다. …… 이렇게 되면 사법부는 헌법을 좌지우지할 것이다. 그들은 헌법을 자신들이 원하는 대로 왜곡하고 자신들이 원하는 형태로 만들 것이다."[176]

마샬의 법정은 최소한 겉으로 보기에는 한 발 물러서 있었다. 제퍼슨이 살아 있는 동안 마샬은 다시는 헌법 불합치 판결을 내리지 않았다. 다시는 소수의 비선출직 판사들이 자신들이 미국의 왕이라거나 누구도 자신들의 판결을 부정할 수 없다는 등의 발언을 하지 않았다.

그렇지만 제퍼슨은 상황이 어떻게 흘러갈지 알고 있었다. 몇 년 후(마샬은 여전히 수석 재판관이었고, 제퍼슨이 사망한 후 9년 동안 수석 재판관으로 임용되었다), 제퍼슨은 "미국의 사법부는 미국의 헌법 기반을 약화시키기 위해 끊임없이 애쓰는 영리한 공병과 광부들이다. …… 나는 '이들에 반대하여 모든 사람이 각자의 목소리를 드높이고', 좀 더 이의를 제기해야 한다고 생각한다. 왜냐하면 재판관들이 입법자들의 권력을 빼앗는 것이야말로 위법이며 독재다. …… 단 하나의 사실만이 사회에 대해 끝없는 감사를 느끼게 해줄 것이다. 그것은 바로 사법부가 입법권을 박탈하지 못하도록 제한하는 것이다"라고 썼다.

제퍼슨의 노력에도 불구하고 '법적 검토'를 통해 '사법부의 우월'을 누리는 대법원을 규제하는 법안은 의회를 통과하지 못했다. 제퍼슨은 사실상 마베리 판결에서 승리했고, 그의 분노는 조금 가라앉았다. 그가 이기지 못했다면 오히려 민주공화당(오늘날의 민주당) 세력을 결집시킬 수도 있었다.

대부분의 정치인들은 장기적인 관점에서 사태를 바라보지 않았다. 그들은 법정이 의회를 통과하고 대통령에 의해 비준된 모든 법률이 최종적으로 넘어야 할 방해물이 될 것이라고 결코 생각하지 않았다.

이미 언급한 것처럼, 대법원은 처음 1세기 동안 법적인 검토를 하는 데 주의를 기울였다. 대부분 헌법이 명시한 대로 사법부가 해야 할 일, 즉 법적 분쟁과 범죄 기소와 주州들 간의 분쟁을 조정하는 역할을 했다. 누군가는 최종적으로 책임을 져야 했고, 그 누군가가 바로 대법원이다.

그러나 헌법을 거부한다? 그것은 왕만이 가질 수 있는 권력이고 군주제에서조차 대부분의 왕은 그런 권력을 부여받지 못하고 있다. 예를 들어 영국에서는 왕(또는 여왕)이 헌법을 무효화하는 권력을 가지지 못할 뿐만 아니라 영국 대법원도 그런 권력을 갖고 있지 않다. 네덜란드 왕가와 네덜란드 대법원 또한 마찬가지다.

왕을 몰아내다

미국 연방 대법원은 2000년 주 대법원의 판결대로 플로리다의 표를 재개표한다면, 이는 청원인 [조지 부시]에게 "회복할 수 없는 상처를 줄 것이다"라고 판결했다. 이러한 법원의 판결은 조지 부시에게 선거에서의 승리를 가져다주었고, 대법원은 헌법이 정한 자신들의 권력을 넘어섰다.

그들은 수년 동안 의회를 통과하고 대통령이 비준한 법안을 거부할 때마다 헌법이 정한 자신들의 권력을 넘어섰다.

좀 더 중요한 것은 플레시 대 퍼거슨 판결에서의 '분리하지만 평등한' (미국 연방 대법원은 1896년 플레시 대 퍼거슨 판결에서 수정헌법 제14조는 법 앞에서 백인과 흑인, 두 인종의 절대적 평등을 보장한 것일 뿐, 피부색에 근거한 구분 자체를 폐지하려고 한 것은 아니라고 전제하면서 '분리하지만 평등한' 기회를 제공하면 합헌이라는 논리를 들어 흑백 차별을 공식적으로 승인했다—옮긴이), 로 대 웨이드 판결에서의 '사생활'(헌법에 기초한 사생활의 권리가 낙태의 권리를 포함하는지에 관한 미국 대법원의 가장 중요한 판례로, 판결에 따르면 낙태를 처벌하는 대부분의 법률은 수정헌법 제14조의 적법 절차 조항에 의한 사생활의 헌법적 권리에 대한 침해로 위헌이므로 이로 인해 낙태를 금지하거나 제한하는 모든 주와 연방의 법률들이 폐지되었다—옮긴이), 시티즌스 유나이티드 대 연방선거관리위원회 판결에서의 '기업은 법인이다'(정치인 힐러리에 관한 다큐멘터리를 방영하려는 시티즌스 유나이티드가 기업의 '표현의 자유'에 관한 법을 어기는 것인지에 대해 연방 법원은 시티즌스 유나이티드의 손을 들어줌으로써 지난 한 세기 동안 금지되었던 기업의 정치 개입이 가능해지고, 기업 또한 개인과 같이 표현의 자유를 갖게 되었다 – 옮긴이) 등과 같이 새로운 판결을 내릴 때마다 대법원은 헌법이 정한 자신들의 권력을 넘어섰다는 것이다.

그러나 존 마샬의 훌륭한 전통 속에서, 오늘날 대법원은 대중이 사법부를 국가 최고 권력자로 믿기를 원한다. 그들은 항소 없이 조지 부시를 대통령으로 만들 수 있다. 그들은 자본을 언론으로 만들 수 있고, 기업을 인간으로 둔갑시킬 수 있다. 이에 대해 사람들은 아무 말도 하지 않는다.

그런데, 그들은 틀렸다.

이것은 헌법이 규정하고 있는 것이 아니며, 미국 건국의 아버지들이 말했던 것도 아니다.

다음과 같은 질문이 제기된다. "대법원이 무엇이 합헌이고 무엇이 위헌인지 결정할 수 없다면, 대법원이 존재하는 이유는 무엇인가? 대법원이 정말로 수행해야 하는 역할은 무엇인가?"

이에 대한 대답은 헌법에 너무도 자명하게 명시되어 있다. 대법원은 두 개의 주, 혹은 여러 개의 주 사이, 주와 또 다른 주의 주민들, 그리고 서로 다른 주의 주민들, 그리고 미국과 다른 나라 사이에 맺은 조약, 외교관, 분쟁에 대한 논쟁이 포함된 사건과 관련된 일을 처리한다. 헌법 제2조 3항을 읽어보라. 모든 것은 거기에 있다.

거기에는 '사법적 우월' 혹은 '사법적 검토', 즉 무엇이 합헌인지 위헌인지 등을 결정하여 법률을 무효화할 수 있는 권력을 사법부에 부여하는지와 관련해서는 한마디도 없다.

　미국 건국의 아버지들이 그랬듯이 토머스 제퍼슨은 이 문제에 대해 비교적 명료한 입장이었지만, 법정은 그들 모두가 죽은 이후에도 '합헌성'에 대해 진지하게 판결을 내리지 않았다. 제퍼슨은 다음과 같이 말했다.

> 헌법은 이러한 단일 법정을 제정한 바 없으며, 어느 편에게 맡기든 간에 시간 및 정당의 부패와 함께, 그 구성원들이 전제군주가 될 것임을 알고 있다. 헌법은 좀 더 현명하게 모든 부서가 그들 내에서 주권을 동등하게 가지도록 했다. …… 입법 또는 행정공무원들이 헌법에 어긋나는 행동을 할 경우, 그들은 자신들을 선출할 역량이 있는 사람들에 대한 책임이 있다.[177]

　선출할 역량? 헌법에 위배되는 행동을 하는 의원이나 대통령에게는 그 다음 선거에서 반대표를 던지면 된다고 말하는 것은 상당히 이상적이다. 최종적인 해결책이 국민들, 즉 투표에 있다니. 만약 통과되기를 원치 않는 법이 있다면, 새로운 입법자나 대통령을 선출하면 된다. 아주 간단하다.

　몇몇 사람은 대법원이 없었다면 1954년 브라운 대 교육위원회 사건을 통해 미국에서 아파르트헤이트를 금지하거나, 1973년 로 대 웨이드 사건을 통해 낙태 금지를 끝내지 못했을 거라고 말하기도 한다. 아마 그럴지도 모른다.

　브라운 대 교육위원회 사건은 대법원이 1886년 플레시 대 퍼거슨 사건에서 미국 내 아파르트헤이트를 승인했던 것을 스스로 뒤집은 것이다. 만약 대법원이 로 대 웨이드 사건 판결을 그렇게 내리지 않았다고 해도 그당시부터 13년 전 피임약이 이미 시장에 출시되었고, 1973년 여성운동이 최고조에 달했음을 감안한다면 몇 년 후에 의회가 그 문제를 처리했을 것이라고 생각한다.

문제의 핵심은, 대법원은 헌법이 추구하는 항구적인 본질을 알지 못한다는 데 있다. 대법원은 그저 현 대중의 관점을 반영하고 20년 정도 시간을 지체하며 사건을 처리한다.

'우리 국민들'의 권력은 다른 정부기관을 누르기 위해 헌법에 어긋나는 권리를 주장하는 아홉 명의 법관이 아니라 우리와, 우리가 선출한 공직자들에게 주어져야 한다.

폭락 이후 우리는 정부 내에 대법원의 권력을 문제 삼고 조직화된 자본을 넘어서 조직화된 국민들에게 힘을 실어줄 견제와 균형을 갖춘 시스템을 강화해야 한다.

Chapter 13

근본을 바로잡아라

중산층으로 구성된 정체政體가 최선의 국가 공동체이고
중산층이 많아 가능하다면 다른 두 계층을 합한 것보다,
아니면 적어도 어느 한쪽보다 더 강한 국가는
훌륭한 정체政體를 가질 것이 분명하다.

아리스토텔레스, 「정치학」, BC 322년

헌법을 개정하고 법인이라는 개념을 폐지하려면 어느 정도 시간이 걸릴 수 있다. 그동안 폭락 이후를 대비하여 지난 대공황 이후 중산층을 지탱했던 근본을 다시 바로잡아야 한다.

이는 미국의 사회안전망을 좀 더 공고히 하고, 서민들을 위한 정책을 펴고, 월스트리트와 싸우고, 노동자들에게 다시 투자하고, 로널드 레이건이 도입한 최악의 세금 삭감 정책을 예전으로 되돌려놓는다는 것을 의미한다.

의료보험 파트 E

2009년 하버드 대학교가 실시한 연구에 의하면, 건강보험이 없어서 사망하는 미국인이 매년 4만 5,000명에 이른다.[178] 지난 대공황 이후 유럽 재건 과정에서 몇몇 국가는 단일 의료보험 체제를 도입했다. 2016년 폭락 이후 미국 역시 단일 의료보험 체제를 도입해야 한다.

우리가 하려고 하는 것은 이미 여러 세대 동안 그 효과가 완벽하게 검증되었으며 보험료를 놓치지 않고 납부할 수 있는 것으로, 이는 바로 '국민건강보험'이다. 나는 오랫동안 전 하원의원인 데니스 쿠치니크Dennis Kucinich의 '의료보험 파트 E'(여기에서 'E'는 '모든 사람을 위한for Everybody'이라는 의미다)를 지지해왔으며, 여전히 그것이 옳다고 생각한다.

2011년 말, 미국 내 여기저기에서 우후죽순처럼 등장한 월스트리트 점령 캠프장 같은 곳에서 의사들은 자발적으로 사람들에게 기본 건강검진을 무료로 제공했는데, 이처럼 국가는 누가 얼마나 이익을 얻을 수 있는가와 관계없이 아픈 사람들을 치료하는 데 헌신해야 한다.

하루아침에 이루어지지는 않지만, 이에 대한 전략을 마련하기 위해 캐나다를 본보기로 삼을 수 있다. 캐나다 정부가 어느 날 갑자기 "지금이 바로 단일 의료보험 체제를 도입할 때입니다"라고 말하자마자 갑자기 모든 사람이 보험 혜택을 받게 된 것은 아니다. 이는 한 지역에서 시작하여 일련의 과정을 거쳐 도입되었다.

1946년 캐나다 남서부 주인 서스캐처원이 아픈 사람들은 누구든지 의료보험 혜택을 받아야 한다며 서스캐처원 의료법을 통과시킨 것이 그 시작이었다. 이것 역시 전진을 위한 큰 시도라 할 만하지만, 서스캐처원 주는 더 많은 것을 하고자 했다. 모든 시민이 건강보험 혜택을 보장받기를 원했던 것이다. 그러나 그들에게는 자금이 부족했다. 그로부터 몇 년 후인 1950년, 앨버타 주는 서스캐처원 주에서 벌어지는 일을 보면서 모든 시민에게 건강보험 혜택을 주는 것이 매우 좋은 아이디어라고 생각했다. 앨버타 주는 자체 계획을 통과시켰고, 그 계획에 따라 전체 주민의 90퍼센트가 의료 혜택을 받을 수 있게 되었다.

1957년 캐나다 연방정부는 국가 전역에서 발생하는 일에 주목하면서 병원진료보장법을 통과시켰다. 이 법에 의하면, 연방정부는 그 주에서 통과된 단일 의료보험 체제가 부과하는 전체 가격의 절반을 부담한다.

서스캐처원 주가 이 제도를 처음 도입한 지 15년이 지난 1961년, 캐나다의 10개 주 모두가 유사한 단일 의료보험 프로그램을 도입했다. 오늘날 캐나다는 전 세계에서 기대수명이 가장 높은 국가 중 하나이며, 1년에 의료비로 지출하는 돈은 미국인의 3분의 1 수준이다.

이러한 움직임이 미국에서도 이미 시작되고 있다. 버몬트와 몬태나 주는 캐나다 모델에 기반한 단일 의료보험 체제를 도입하기 위해 준비하고 있다.

미국에서 가장 큰 주인 캘리포니아는 두 번이나 단일 의료보험 법안을 통과시켰다. 그러나 공화당 출신 주지사 아놀드 슈왈제네거Arnod Schwarzenegger는 이 법안을 거부했다. 그 후 민주당 출신이 주지사로 당선되었지만, 주 입법부에서 두 표가 부족하여 법안은 통과되지 못했다. 미국에서 '서스캐처원의 시기'가 도래하기 직전이다.

2016년 폭락 이후 그 순간에 도달할 것이며, 미국은 더 나은 국가가 되기 위해 근본적으로 변화할 것이다.

미국은 사람들이 보험에 대해 걱정하지 않으며, 새로운 사업을 시작하고, 새로운 경력을 쌓을 수 있는 나라가 될 것이다. 부모가 아이들을 대학에 보낼 수 없을까봐 걱정하지 않고 아플 수 있는 나라, 그리고 영리를 추구하는 보험사 CEO들이 대저택 하나가 더 필요하다는 이유로 사람들이 빚에 허덕이지 않는 나라!

어디를 둘러봐도 국민들이 아프고 병에 걸려 있는데 성공한 나라는 없으며, 또는 아픈 국민들이 필요한 의료 혜택을 받기 위해 교도소에 가야 하는 나라는 찾아볼 수 없다. 캐나다, 영국과 같이 보편적인 의료 서비스를 마련한 선진국들은 제2차 세계대전과 대공황 같은 위기 이후 자신들만의 시스템을 구축했다. 지금 미국에도 그런 기회가 왔다.

점거 운동이 보여주듯, 의료 서비스는 신성한 것이다.

공유자원의 분배

2013년 새해를 맞이하기 전날, 로열더치셸 사의 원유 시추선 쿨룩Kulluk이 알래스카에서 좌초하자 주민들은 큰 관심을 보였다. 주민들은 자신들의 뒷마당에서 벌어지는 환경 재난의 가능성을 걱정하기도 했지만 많은 돈을 버는 정유 산업 전반에 지대한 관심이 있었다.

알래스카에는 독특하게도 '알래스카 영구 기금'이라는 것이 있다.[179] 주민들은 자신들의 발밑에 자연적으로 묻혀 있는 광물에 대해 그 주에 거주하는 모든 사람이 그로부터 생기는 수익을 받아야 한다고 믿고 있다. 알래스카는 거대 정유회사들이 석유 임대차계약료와 사용료를 지불하면 그 돈을 투자하여 수익금을 알래스카의 모든 주민에게 분배한다.

매년 알래스카의 모든 남자, 여자, 그리고 아이들은 1,000~2,000달러의 수익을 보장받는다.[180] 만약 두 아이와 아내를 두고 있는 남편이라면, 연말에 8,000달러 정도를 받게 되는 것이다. 이는 꽤 큰 금액이다.

알래스카 주민들은 이러한 수입 덕분에 미국 전체를 통틀어 세 번째로 소득이 높으며, 알래스카는 미국에서 두 번째로 평등한 주다.

이 시스템은 잘 운용되고 있으며 민주당과 공화당, 심지어는 사라 페일린(공화당 소속 여성 정치인으로, 알래스카 주지사로 재직 중 2008년 대통령 선거에서 존 매케인 대통령 후보의 러닝메이트로 지명되었지만 낙선했다. 2009년 6월 알래스카 주지사 직을 사임했다 – 옮긴이)도 인정하고 있다.

2016년 폭락 전 이 시스템이 미국의 나머지 지역에 적용되었지만, 오직 경제 왕당파만 이 시스템을 만끽했다.

경제 왕당파의 지배하에서 이들 억만장자 계층이 통제하는 미국 전체의 경제 모델은 보통의 노동자 계층이 아닌 주주와 기업 소유주를 배부르게 하는 방식이다.

월스트리트부터 거대 정유회사, 영리를 추구하는 건강보험업까지 재계의 결정은 주주들의 부를 증가시키는 쪽으로 이루어진다.

포브스의 미국 400대 부자 리스트를 보면, 많은 억만장자들이 비노동의 형태로 분배된 소득, 즉 그들이 '소유한' 기업, 토지, 그리고 인프라 등을 통해 돈을 축적하고 있음을 알 수 있다.

패리스 힐튼Paris Hilton은 물려받은 가업을 통해 꾸준히 돈을 받는다. 코크 형제는 아버지가 건설한 코크 인더스트리스라는 거대 에너지 기업체에서 정기적으로 우편을 통해 수표를 받는다. 미트 롬니는 베인캐피털로부터 받은 수표를 현금으로 바꾼다.

자본주의 사회인 미국에서 주주나 기업의 소유주가 되는 것은 멋진 일이다. 그리고 오직 그것만이 멋지고 좋은 일이다.

그러나 알래스카 주민처럼, 모두가 공유물의 주주가 아닌가? 그렇다면 알래스카 주민처럼 공유물이 수익을 만드는 매 순간마다 모두가 그 배당금을 나누어 가지면 안 되는가?

알래스카에서 정유회사가 공유지를 빌려서 석유를 추출하는 데 지불하는 비용은 모든 알래스카 주민에게 동등하게 배분된다. 따라서 전국적으로 정유회사가 공유지를 빌려서 석유를 추출하는 데 지불하는 비용은 모든 미국인에게 동등하게 배분될 수 있다.

2007년 미국 정부는 거대 정유회사가 멕시코 만에서 시추하는 비용으로 90억 달러를 받았다.[181] 실제로는 납세자들이 훨씬 더 많은 돈을 벌었어야 하지만, 정유회사의 수익 대비 세금 비용을 계산했을 때 그들이 지불하는 세금 액수는 전 세계에서 93위에 불과하다.[182]

그렇게 된 것은 로널드 레이건과 관계있다. 1954년과 1983년 사이 연방정부 소유의 토지 임대비는 1에이커당 2,224달러였다. 그런데 레이건 이후 1983년과 2008년 사이 평균 임대비는 겨우 263달러였다.

멕시코 만에서 사용료로 받는 90억 달러는 분명 상당히 큰 금액이다. 그리고 알래스카처럼 그 돈을 모든 미국인에게 동등하게 분배한다면, 1인당 약 30달러를 받게 된다. 그리 많은 돈은 아니지만, 만약 국가 전체의 석유, 가스, 그리고 석탄 등에서 임대료와 사용료 등을 받게 된다면 그 액수가 엄청날 것이다.

뿐만 아니라 거대 정유회사가 이용할 항로를 안전하게 지키기 위해 군대를 투입하는 데 얼마나 많은 돈을 지불하는지를 생각해보라. 거대 정유회사는 이러한 서비스에 대해 적은 금액이라도 기부해야 하며, 이 또한 공공 '영구 기금'에 합산되어 모든 미국인에게 분배될 수 있다.

거대 정유회사들은 환경오염에 대해 돈을 지불하고 있는가? 오염자들이 자신들이 배출하는 이산화탄소에 따라 비용을 지불하게 하는 탄소배출권 거래제는 좋은 출발점이 될 수 있으며, 모두가 나눠 가질 수 있는 공공 영구 기금 비용을 늘릴 수 있다.

핵심은, 공공재는 모두에게 속한 것이며 모두를 부유하게 해야 하는 것이지 단지 땅에 깃발을 꽂은 억만장자들을 위한 것이 아니라는 사실이다. 이것은 비단 정유회사에만 국한되지 않는다.

월스트리트 역시 공공재에 크게 의존하고 있다. 시장은 공적인 정부에 의해 규제받고 있으며, 공적인 법정을 통해 판결을 받고, 공공재 안에서 교육받은 노동자들에 의해 굴러간다.

기업가이자 '온 더 커먼스'의 공동 설립자인 피터 반스Peter Barnes는 한 회사가 상장될 때마다 모두가 배당을 받아야 한다고 주장한다. 반스는 "페이스북이나 구글 같은 회사가 상장될 때, 회사 가치는 어마어마하게 올라간다. …… 전문가들은 이를 '유동성 프리미엄'이라고 부르는데, 이는 회사가 아니라 그 사회에 의해 창출되는 것이다. 이처럼 사회적으로 창출된 부의 대부분이 현재는 소수에게 돌아간다. …… 이제부터 (주식) 공공기업이 주식 1퍼센트를 '공공기금'으로 예치해야 하며 향후 10년간 10퍼센트까지 금액을 늘린다고 가정해보자. 그때가 되면 '공공기금'은 몇조억 달러의 가치를 가진 다양한 유가증권 보유 일람표를 갖게 될 것이다"[183]라고 말했다.

현재 기본적으로 아무런 돈을 받지 않는 공공재인 공기와 인프라, 그리고 공공저작권법 등을 사용하여 라디오, 텔레비전, 엔터테인먼트 회사들이 얻는 엄청난 이익을 생각해보라. 그들 역시 공공기금에 돈을 지불해야 한다.

공유자원을 '임차'하여 사용하는 이 모든 것을 합하면 '우리 국민들'은 공유 영구 기금으로 엄청난 돈을 모을 수 있다. 그 돈으로 소액의 현금이 필요한 절망적인 수백만 명의 미국인들을 도울 수 있다.

미국에서 지난 수십 년간 왕당파가 미쳐 날뛰는 바람에 공유자원이 모두의 삶을 풍요롭게 하는 데 중요한 역할을 할 수 있다는 것을 잊어버렸다. 억만장자 CEO들이 공유자원을 사용하고, 공기와 물을 오염시키고, 군대를 독점하고, 시장을 착취하고, 라디오와 TV 전파를 장악하는 대가로 돈을 지불하는 대신 오히려 적반하장으로, 결과적으로는 우리가 그들에게 돈을 지불하고 있다. 미국은 그들에게 보조금을 제공하고, 세금을 우대하며, 무료로 이용할 수 있도록 했다. 공유자원에 속한 것, 그리고 공유자원이 생산한 부를 우리 모두와 공유해야 한다는 의무조차 지우지 않았다.

그래서 결국 우리가 불법 거주를 하는 동안 그들은 모두에게 돌아와야 하는 수십억 달러를 챙긴다. 이것은 말도 안 된다. 부의 불평등, 경제 불안정, 환경오염 등에 대한 우려가 커짐에 따라 우리는 현재의 기업 착취 모델에서 벗어나 새로운 보편 주주 모델로 나아갈 필요가 있다.

월스트리트의 광기 치료법

지난 대폭락을 야기했던 월스트리트의 광기를 고치는 방법 중 하나는 로빈 후드 세금인데, 좀 더 전문적인 용어로 '금융거래세'라고 불린다.

이는 간단하다. 사고파는 모든 유가증권에 대해 약간의, 대개는 1퍼센트 미만의 세금을 부과하는 것이다. 2012년 프랑스 대통령 니콜라 사르코지Nicolas Sarkozy는 모든 금융기관의 주식 거래에 대해 1퍼센트의 10분의 1, 즉 0.1퍼센트의 금융거래세를 부과하겠다고 발표했다.

이는 '로빈 후드 세금'이라고 명명되었는데, 왜냐하면 이 세금은 은행과 부유한 투자자들에게만 영향을 미치는 세금이기 때문이었다. 이 세금을 통해 거둔 수익으로 가난, 의료 서비스, 그리고 인프라 재구축 등과 같은 문제를 해결할 수 있다.

은행과 주식 거래자들에게 0.1퍼센트만 세금으로 거두는데도 1년에 최대 120억 유로라는 엄청난 수익이 생겨, 이를 나머지 국민들을 위해 쓸 수 있다.

만약 빚에 허덕이는 유럽 국가들 전체가 프랑스의 방식을 따라 주식 거래에 대해 로빈 후드 세금을 부과한다면 500억 유로가 추가로 생길 것이다.

로빈 후드 세금으로 필요한 만큼의 수익을 거둘 수 있을 뿐만 아니라 경제 위기를 촉발하는 과도한 금융 투자와 초단타 매매 같은 잘못된 관행도 없앨 수 있다.

프랑스에서 로빈 후드 세금의 주요 지지자 중 하나인 '지구의 친구들 유럽 지부'라는 시민단체는 다음과 같이 주장했다. "유럽 은행, 연금기금과 보험회사들은 가난한 국가들의 식량 가격으로 장난을 치고, 토지 횡령으로 자금을 조달하면서 전 세계의 기아와 가난을 부추기고 있다. …… 금융상품으로 수십억 유로가 흘러 들어갔다가 빠져나오는 식량 투기는······ 가격 변동성을 야기한다. 이처럼 가격이 예측할 수 없을 정도로 빠르게 변하면 가장 취약하고 어려움을 겪는 사람들에게 피해를 주며, 그들의 식량권을 위협하여 불안정, 기아, 가난을 유발함으로써 결국 농부들의 소득 유지를 어렵게 만든다."

그들은 미국 은행만이 아니라 유럽 은행에 대해서도 지적하고 있다. 석유부터 음식, 금에 이르는 모든 것에 대해 투기 시장을 개설한 골드만삭스가 주택 가격 폭락뿐만 아니라 2008년 전 세계적으로 문제가 된 식량 부족 사태에서 핵심 역할을 했다는 것이 드러났다.

은행들이 세금이 부과되지 않는 돈으로 전 세계에 투기를 하고 불안을 야기한다. 그러나 로빈 후드 세금이 이 모든 것을 바꿀 것이다. 로빈 후드 세금은 컴퓨터 수식에 기반을 두어 1초에 수만 건의 거래를 가능하게 하는, 즉 월스트리트에서 이루어지는 대부분의 거래를 담당하는 초고속 기계를 무용지물로 만들 것이다.

2016년 폭락 이후, 월스트리트의 사기와 절도가 끝날 것이며 금융깡패들은 정당한 대가를 치르게 될 것이다.

투자의 확대

왕당파가 우리에게 숨기려고 하지만 모두가 이해해야 할 것이 하나 있는데, 그것은 바로 소비와 투자의 차이다.

전형적인 미국인 가족이 매달 말 돈을 모아 맛있는 저녁을 먹기 위해 외식을 하기로 했다고 가정해보자. 와인 몇 잔, 전채, 네 종류의 본식과 디저트 몇 종류의 비용으로 그 가족은 약 150달러를 지불한다. 한 달에 한 번, 그렇게 특별한 저녁식사를 했을 때 1년에 지불해야 할 돈은 약 2,000달러다. 그 돈은 다시 돌아오지 않는다. 이것이 소비이며, 소비한 돈은 내 수중을 떠난다.

이제 같은 가족이 한 해 동안 맛있는 외식을 하지 않기로 결정했다고 가정해보자. 그들은 2,000달러를 쓰는 대신, 에어컨을 새것으로 바꾸거나 단열재를 좀 더 좋은 것으로 바꾸거나 지붕의 옥상 갑판 등을 바꾸는 등 집수리에 그 돈을 쓰기로 한다. 맛있는 저녁식사에 돈을 소비할 때와 달리, 그 돈은 그냥 사라지지 않는다. 장기적으로 보았을 때 이는 에너지 비용을 아껴서 좀 더 돈을 절약하게 하며 주택 가치를 높인다. 이것이 바로 투자다.

그 가족이 자신의 아이들을 위해서 학자금 선납 펀드에 상당한 금액을 넣기 시작했다고 가정해보자. 이 돈 또한 사라지지 않는다. 그 돈은 미래 아이들의 대학 학위를 위해 투자된 것이다.

또는, 많은 다른 사람들처럼 그 가족이 매달 150달러 정도의 주식을 산다고 가정해보자. 이 돈 또한 사라지지 않는다. 1년에 2,500달러 정도의 가치를 지니게 된다. 이는 또 다른 투자다.

미국 가족은 소비와 투자의 차이를 안다. 경기가 좋지 않을 때에는 투자가 아닌 소비 금액을 줄여야 한다. 즉 맛있는 저녁식사는 줄이되 아이들이 대학에 갈 자금이나 주택담보대출 자금을 줄일 필요는 없다는 것을 의미한다.

그러나 왕당파가 권력을 잡은 이후, 같은 논리가 정부에는 적용되지 않았다.

가족과 같이, 정부도 소비와 투자를 할 수 있다.

전쟁에 돈을 들이는 것은 소비의 전형적인 예다. 한 국가로서 우리는 이라크와 아프가니스탄에 군대를 배치하고 벙커버스터 폭탄을 만들어 폭파시키고 걸프 만 항공모함에 연료를 재급유하는 데 1조 달러를 소비할 수 있다. 그 돈이 어떻게 될지 상상해보라. 그 돈은 사라진다.

전쟁에 돈을 쓰는 것은 소비일 뿐이다. 그것은 미래에 더 많은 부를 창출하지 않는다. 북부 파키스탄의 무인정찰기 토마호크 미사일 조각은 단 10센트도 지속적으로 창출하지 못한다. 미국 군대는 거기에 돈을 쓰느니 차라리 맛있는 스테이크를 먹으러 수백만 번 외식하는 게 더 나을지도 모른다.

미국 정부가 많은 돈을 소비한다는 데는 의문의 여지가 없다. 그리고 미국의 손실을 줄이는 것과 관련해서, 소비를 줄일 수 있는 범위 내에서 분명 많은 낭비, 사기, 남용이 있었던 것이 분명하다. 특히 국방부는 어디에 썼는지도 모른 채 2조 달러를 소비했다.

그러나 소비와 투자를 혼동하지 말자. 미국 정부는 투자를 많이 하고 있다.

예를 들어 좀 더 많은 어린이를 대학에 보내는 펠 그랜트Pell Grant에 투자하는 돈은 그 아이들이 대학을 졸업해서 경제 생산에 기여하는 존재가 되었을 때 미국 전체를 위해 지속적인 부를 창출한다는 점에서 투자다. 제대군인원호법은 1달러의 투자가 최소 7달러, 최대 50달러의 정부 재원으로 돌아온다는 것을 보여준다. 이는 노동자가 좀 더 생산적이고 고임금을 받게 되어 소득세의 형태로 돌아온다.

풍력발전 지역, 태양열 공장, 전기차 같은 그린에너지 프로젝트에 투자하는 돈은 많은 일자리를 창출하고, 외국 석유에 대한 의존도를 줄이고, 환경을 좀 더 깨끗하게 하는 투자들이다.

새로운 도로, 다리, 초고속열차 시스템 같은 기초 시설에 돈을 투자하는 것은 미국 전역의 운송 산업, 또는 미국인들이 여행하고 휴가 가는 것을 좀 더 저렴하거나 쉽게 하는 투자들이다.

의료 서비스 연구에 투자하는 돈은 미국 경제에 해를 입히는 질병을 해결하는 데 드는 비용을 줄이고, 추가로 미국인에게 좀 더 건강하고 생산성이 높은 노동 현장을 선사한다.

식료품 할인 구매권(정부가 저소득자들에게 제공하는 것으로, 식료품을 저렴한 가격에 구매할 수 있다 – 옮긴이)과 실업 혜택 같은 사회복지 프로그램에 돈을 쓰는 것은 투자다. 무디스 사의 연구에 의하면, 식료품 할인 구매권 프로그램에 1달러를 더 투자할 때마다 1.73달러가 추가적으로 생산된다.[184] 그리고 실업 혜택에 1달러를 투자할 때마다 1.64달러가 추가 생산된다. 투자 대비 수익률이 꽤 높은 편이다.

로널드 레이건이 "영어에서 가장 끔찍한 문장이 '나는 당신을 돕기 위해 정부에서 온 사람이다'라는 문장이다"[185]라고 말한 이후, 보수주의자들은 정부가 일을 제대로 못한다는 것을 확신시키기 위해 작정한 것처럼 보인다. 이것이 바로 돈을 소비(또는 낭비)하는 것이다.

이러한 우스갯소리는 제퍼슨의 루이지애나 매입(1803년 제퍼슨은 1에이커당 3센트의 가격으로 미시시피 강에서 로키 산맥 사이의 북미 대륙 대부분을 프랑스로부터 구입했으며 이로써 미국 땅이 두 배로 불어났다 – 옮긴이)부터 링컨의 랜드 그랜트 칼리지(모릴법의 규정에 맞는 대학에 연방정부의 원조를 제공한다 – 옮긴이), 루스벨트의 뉴딜, 아이젠하워의 주州들을 연결하는 고속도로 시스템까지, 가치 있는 투자를 해온 미국 역사를 무시하는 것이다. 이 모든 것이 정부가 해온 투자였으며, 이는 장기적으로 새로운 일자리, 더 나은 교육, 더 효율적인 교통 등과 같은 형태로 국가 전체에 거대한 부를 창출했다. 이 모두는

경제활동을 활성화시킴으로써 세수를 증가시켜 투자한 것 이상의 효과
를 거두었다.

폭락 이후, 이러한 투자 정신을 되찾아야 한다.

카드 체크

과두제와 법인형 국가의 등장과 함께 노동조합 죽이기가 시작된 것은
결코 우연이 아니다.

지난 30여 년간 노조 가입 비율이 꾸준히 감소하면서 중산층의 소득은
감소하고 거부들의 재산은 증가했다.

미국을 2016년 폭락으로 내모는 부의 불평등과 노조 가입 비율 하락
사이에는 직접적인 상관관계가 있다.

현대 미국에서 노조 가입 비율이 낮아지면서 노동자들은 왕당파에 대항
해서 싸울 새로운 무기가 필요하다. 그들은 일명 '카드 체크'가 필요하다.[186]

현행법하에서 몇몇 노동자가 노조를 결성하려고 한다면, 그 사업장의
노동자 중 35퍼센트가 노조 설립을 신청하거나 그들이 노조화된다는 데
동의하는 카드에 서명을 해야 한다. 그런 다음 전국노동관계위원회가 투
표를 실시하고, 과반수가 찬성하면 그 사업장에는 노조가 생긴다.

현 절차에서 고용주들이 이 과정을 방해할 수 있는 몇 가지 법적이면서
불법적인 방법이 있다. 고용주들은 노동자들을 협박하거나 해고하고, 노
동조합에 대해 거짓된 혹은 잘못된 정보를 퍼뜨리고, 가게 문을 닫겠다고
위협하고, 투표를 연기할 수 있다. 노조를 결성한다는 것은 매우 힘든 싸

움이기 때문에 새로운 노조를 만드는 데 어려움을 겪는 동안 노조 결성을 방해한다.

그러나 카드 체크 방식은 노조 결성을 방해하는 것을 한 단계 어렵게 만든다. 카드 체크 덕분에 투표가 없어지고, 고용주들은 노조 결성 과정이 어떻게 진행되고 있는지 낌새를 차릴 수 없다. 기본적으로 모든 노동자 중 50퍼센트가 노조 결성을 지지한다는 신청서나 카드에 서명하면 선거를 한다든지 고용주들이 일을 그르치는 과정들을 겪지 않고 노조는 즉시 전국노동관계위원회의 승인을 받는다.

카드 체크로 노조는 노동자들에 대한 적대적인 분위기를 반전시킬 수 있고, 사실상 법인형 국가를 조금씩 깎아버릴 수 있다. 그들은 더 나은 임금과 더 나은 혜택을 요구하고, 작업장에서의 정치적 억압을 제한하고, 의회에서 자신들을 위해 계속 싸울 수 있는 정치 후보자를 후원할 수 있다.

2008년 민주당이 다수당을 차지했을 때 노동자들의 카드체크법을 통과시키라는 엄청난 압력이 있었다. 이는 EFCA라고 불리는 노동자 자유 선택법의 일부였다. 안타깝게도 그 시도는 실패했고, 이후에 카드 체크는 국가적 논의에서 사라졌다. 이는 왕당파가 노동조합의 억압에 성공했음을 보여주는 증거다.

그러나 지금은 그 어느 때보다도 카드 체크를 논하기에 좋은 때다.

화폐 발행

루스벨트 대통령은 "최상의 복지 프로그램은 일자리를 주는 것이다"라는 유명한 말을 남겼다. 그 후 루스벨트 대통령은 수백만 명의 사람들에게 다시 일자리를 주기 위해 공공사업계획기관과 실직자고용지원기관, 그리고 여러 기관을 설립하기 시작했다.

사람들에게 다시 일자리를 주는 것은 경제적 위기로부터 경제를 회복할 수 있는 최상의 방법이다. 직업 프로그램은 국민들을 (실업과 복지라는) 소비자에서 납세자로 바꿀 뿐만 아니라 전반적인 경제 가치와 국부를 증가시킬 수 있는 재화와 서비스를 생산한다.

경기 침체기 동안 정부의 직업 프로그램을 반대하는 측은 직업 프로그램 운영이 적자 지출을 가져온다고 주장한다. 정부 적자는 궁극적으로 경제에 좋지 않다.

그러나 상황을 바로 보자. 그것은 간단한 오류다. 돈을 빌려줄 때 정부는 채권을 발행한다. 민간 부문 사람들은 자신들의 투자에 대해 합리적인 이윤을 되돌려줄 수 있는 가장 안전한 곳에 투자하고 싶어 한다. 정부 채권은 그러한 요구를 충족한다. 사실 크게 보면 정부의 손실이 민간 부문의 예금에 상당한다고 볼 수 있다. 그리고 민간 부문은 자신들의 돈을 넣어둘 안전한 장소가 필요하다.

정부가 수익을 거둘 수 있는 또 다른 전략은 화폐를 발행하는 것이다. 헌법은 의회에 그 권한을 부여한다. 세인트루이스에 위치한 미주리 주립대학의 스테파니 켈튼이나 오스트레일리아의 스티브 킨 교수를 위시하여 점점 더 많은 경제학자들이 심각한 경기 침체기에 정부가 화폐를 발행해야 한다고 주장하고 있다.

정부의 화폐 발행에 반대하는 주요 의견 중 하나는 이 같은 결정이 국가의 재화 공급을 평가절하하고 결국 인플레이션을 야기한다는 것이다.

통화 평가절하에 따른 인플레이션은 극도로 드물다. 현대 통화 이론가들은 정부가 고용률을 100퍼센트나 100퍼센트에 가까워질 때까지만 화폐를 발행한다면 인플레이션이 발생하지 않는다고 말한다.

인플레이션은 오히려 부족해서 야기된다. 1970년대 미국에서는 아랍의 석유통상금지령으로 석유가 부족했다. 경제의 많은 분야에서 석유가 필수적이었기 때문에 석유 부족으로 인해 석유 가격은 상승했고, 이것이 인플레이션으로 이어졌다.

이와 비슷하게 짐바브웨의 로버트 무가베Robert Mugabe 대통령은 농부들에게서 농지를 몰수해 자신의 친인척들에게 나눠 주었는데, 그들 중에는 농업 분야 전문가가 없었다. 대통령의 친인척들은 농사짓는 법을 알지 못했기 때문에 농작물 재배에 실패했고 나라 전체에 식량 부족 사태가 벌어졌다. 식량 가격이 상승했고, 이는 인플레이션으로 이어졌으며 나라 경제는 황폐해졌다.

사실 미국은 정기적으로 무에서 유를 창조하는 식으로 화폐를 발행한다. 2008~2009년 금융 위기 동안, 연방준비제도는 난데없이 수십조 달러의 기금을 마련하여 전 세계의 은행, 기업, 심지어는 부유한 개인들에게 돈을 분배했다. 인플레이션은 발생하지 않았다.

일반적으로 미국과 같이 신용화폐를 사용하는 경우, 전체 경제 규모에 맞춰 재화의 공급을 확대하거나 축소해야 한다. 그래서 사람들이 다시 일자리를 찾는 데 돈을 사용하고 노동자가 경제를 확장시키면, '발행된' 화폐는 인플레이션을 일으키지 않는다. 그리고 사람들이 다시 일하기 시작하면서 경기 침체는 끝난다.

부채 탕감

레이거노믹스 이후 경제 혼란에서 가장 큰 부분을 차지하는 것은 부채였다. 1980년 이후 생산성은 향상되었지만 임금은 동결되면서 엄청난 수입이 기업으로 돌아갔다. CEO와 주주들의 지갑을 두둑하게 채워준 것이다. 반면 노동자들에게는 아무런 이익이 없었다. 그들은 자신의 집을 담보로 다시 신용대출을 받고 신용카드에 의존하며, 아이들을 위해 학자금대출을 받았다. 가히 부채의 폭발이라 할 만하다.

미국에서 정부 부채가 대략 15조 달러에 이르는 동안, 사적 부문의 부채는 40조 달러를 넘어섰다. 이는 전례 없는 일로, 이러한 엄청난 부채로 인해 '2016년 대폭락'이 야기할 문제를 해결하기 힘들 것이다.

부채 해결은 정부가 직면한 가장 큰 도전 중 하나다. 부채 해결에 효과적인 방법 중 하나는 바로 '부채 탕감'이다.

성서에서는 50년마다 죄를 사하거나 부채를 탕감했는데, 당시는 모든 사람에게 부가 공평하게 분배되었고 모든 노예가 해방되었던 시대다. 현시대의 부채 탕감은 훨씬 더 까다롭게 선별될 것이다.

현재 미국에서 학자금대출은 1조 달러를 넘어섰다. 논쟁의 여지는 있지만, 더 이상 부채가 늘어나서는 안 된다. 대부분의 선진국에서 대학 교육은 무상이고, 미국의 대부분 지역에서도 무상으로 제공되었다. 만약 정부가 간단하게 1조 달러의 빚을 떠안고 이를 없애준다면, 노동자 계층과 경제를 구하는 데 많은 도움이 될 것이다.

주택담보대출은 좀 더 복잡한 문제다. 프랭클린 루스벨트 대통령은 1930년대에 주택담보대출 부채 탕감을 시행했고 이는 효과적이었다. 루스벨트는 국민들에게 고통을 주는 대출금을 매수할 수 있도록 정부기관을 설립했고, 30년간 낮은 고정금리로 대출금을 갚을 수 있도록 했다. 1970년대에 마지막 대출금이 상환될 때 연방정부는 그 부채 탕감 프로그램으로 이익을 얻었다. 이 프로그램은 금융깡패들에게 도움이 되지 않았지만, 주택을 소유한 수백만 명의 미국인을 구했다.

2008년 금융 위기 이후 연방정부가 이와 같은 역할을 해왔지만, 이번에는 소비자가 아닌 주택자금대출회사를 위해서였다. 당시 연방정부는 새로 생긴 대출 부채의 95퍼센트 이상을 지원했다. 정부가 최종 고용주가 되어야 하는 것처럼, 은행가들을 그 상황에서 끌어내고 시민들을 위한 최종 대출자가 되는 것이 훨씬 더 효율적이었을 것이다.

억만장자는 없다

마침내, 2016년 대폭락 후 억만장자의 불법화에 대해서 심각하게 논의해야 한다.

대공황 직전 세계에서 가장 부유한 100인의 재산은 1조 9,000억 달러로 이탈리아, 멕시코, 스페인, 캐나다, 오스트레일리아, 그 밖에 170여 개국의 GDP를 합한 금액보다도 많다.

이것이 바로 1980년대 초, 로널드 레이건과 왕당파가 거부들에 대해 세금을 대폭 삭감한 이후 처하게 된 경제 현실이다.

대호황 시대와 2016년 폭락으로 알게 된 것처럼, 몇몇 억만장자만으로 건강하고 안정적인 경제를 건설하는 것은 불가능하다.

왜냐하면 억만장자들은 일자리를 창출하지 않는다. 그들은 공생자와 기생동물 사이 그 어딘가에 있다. 억만장자들에게 결코 개인적인 모욕을 주려고 하는 이야기가 아니다. 그들 중 많은 이들은 괜찮은 사람이다. 일반적인 상식 수준에서 하는 이야기다. 만약 극소수의 손에 평생 동안 또는 그들 자식들의 일생 동안, 혹은 그들의 자식 후 몇 세대가 일생 동안에도 다 쓰지 못할 만큼의 부가 주어진 것이라면, 그것은 버려진 것이나 마찬가지다.

억만장자 닉 하나워Nick Hanauer가 '테드TED'(명사들의 강연 프로그램–옮긴이)[187]에 나와 왜 부자들이 일자리를 만들어내지 않는지 설명한 내용의 핵심이 바로 그것이다. 그는 "거대 경제에 동력을 공급해서 끌고 나갈 만큼 엄청나게 부자인 미국인은 없습니다. 나 같은 사람들의 연간 소득은 보통 미국인의 수백 배이지만, 우리는 수만 배만큼의 물건을 사지는 않습니다. 만약 미국의 억만장자 400명이 나머지 사람들만큼 경제활동을 창출한다면, 그들이 그렇게 어마어마한 부를 소유하는 근거는 충분합니다. 그러나 그들은 그렇게 할 수 없습니다. 전형적인 억만장자는 전형적인 미국 노동자 계층보다 수천 장의 바지를 더 사지도 않고, 수천 번 더 외식을 하지도 않으며, 수천 대의 자동차를 더 구매하지도 않습니다"라고 말했다.

하나워는 다음과 같이 결론을 맺었다. "저는 실업 상태에 있는 수백만 명의 미국인이 새 옷이나 차를 살 수 없고 외식을 즐길 수도 없다는 사실을 상쇄할 만큼 물건을 살 수 없습니다. 또는 임금 상승이 정체되거나 임금이 줄어든 미국인 가족 대부분이 소비를 줄이는 것을 상쇄할 만큼 물건을 살 수 없습니다."

유치원의 한 교실에 들어갔는데, 한 아이가 그곳에 있는 거의 모든 장난감을 갖고 있다고 상상해보라. 단 한 명의 아이가 교실의 절반을 채우고 있는 수천 개의 장난감 자동차, 병정들, 그리고 스크루지의 돈 보관통처럼 쌓아놓은 빌딩 블록을 가지고 있다. 또 다른 한두 명의 아이들은 열두 개 정도의 장난감을 가지고 있다. 나머지는 아주 보잘것없는, 오래된 넝마로 만든 인형 하나를 같이 써야 한다. 아무도 장난감을 그 반 아이들 전체에게 나누어 주는 것이 좋은 방법이라고 생각하지 못한다. 그 한 명의 아이는 심지어 그 모든 장난감을 갖고 놀지도 못하는데 말이다.

우리는 그 아이를 장난감 생산자라고 부를 수 있을까? 우리는 그 아이가 모두와 함께 장난감을 갖고 놀기로 결심하면, 그 장난감을 갖고 놀 수 있다고 아이들에게 말할 것인가?

물론 아니다. 이것이 바로 미국 경제에서 억만장자들이 처해 있는 현실이다. 갖고 있는 돈을 모두 지출하지 못하는 억만장자들은 노동자, 사업, 그리고 공동체에 투자하는 것을 점점 더 망설인다.

그렇다면 어떻게 해야 할 것인가?

미국에 새로운 부유세, 즉 재산을 10억 달러 이상 축적하지 못하게 하는 세금 제도를 도입해야 한다. 만약 여러분이 10억 달러로 생활할 수 없다면 그 돈을 모을 수도 없다. 10억 달러로 생활할 수 없는 사람은 아무도 없다. 그래서 재산이 10억 달러가 넘으면 나머지는 모두 어려운 사람들을 돕는 데 쓰인다.

그 돈으로 4,900만 명의 미국인이 가난에서 벗어나 중산층으로 이동할 수 있다. 그들은 – 인류의 본능과 필요라는 '보이지 않는 손'에 의해 – 그 돈을 어떻게 사용해서 경제활동을 창출할 수 있는지, 이미 1조억 달러를 해외 은행 계좌에 넣어둔 억만장자들보다 더 잘 알 것이다.

이러한 부유세는 또한 거대한 독점을 깨뜨리고 소상업인들을 위해 시장을 개방하도록 할 것이다. 새로운 사업을 시작할 때 베인캐피털이나 코크 형제에게만 의존해서는 안 된다. 만약 억만장자들의 부가 재분배된다면(진보주의자들은 이 단어를 수용해야 한다), 점점 더 많은 미국인이 초기 자본을 갖고 기업가로 생활할 수 있을 것이다.

억만장자들이 그렇게 할 수 있다는 내 말을 믿어라. 미국 평균 가족의 총 자산은 5만 7,000달러다.[188] 이를 100달러짜리 지폐로 바꾸면 지폐 더미는 약 2인치 높이로 쌓인다. 1년에 약 30만 달러를 벌어들이는 상위 1퍼센트의 총 자산을 100달러짜리 지폐로 바꿔 쌓으면 약 12인치의 높이다. 그런데 포브스 선정 400인의 재산은 42억 달러다. 이를 100달러짜리 지폐로 바꾸면, 하늘을 뚫고 2마일이나 더 가야 한다. 항공기가 탐사하기도 위험한 높이다.

미국 경제가 낳은 부자들이 진정한 일자리 생산자가 될 수 있도록 연료 주입을 시작할 때다. 최상의 방법은 부시와 레이건의 세금 삭감 조치를 되돌려 왕당파에 대한 최고 세율을 90퍼센트로 재조정하는 것이다. 그래야 20세기 중반에 누렸던 중산층의 황금시대를 다시 회복할 수 있다.

| Chapter 14 |

녹색혁명

우리 아이들과 미래를 위해, 기후 변화 방지를 위해 우리는 좀 더 많은 일을 해야 한다.
······ 기록에 의하면, 기온이 가장 높았던 열두 해는 모두 지난 15년 동안에 있었다.
장기간의 혹서, 가뭄, 산불, 홍수 등이 더 자주 발생하고 있으며 더 극심하다.
우리는 초대형 폭풍 샌디, 몇십 년 만에 가장 심각했던 가뭄,
그리고 몇몇 주에서 발생한 최악의 산불이
단지 기이한 우연일 뿐이라고 믿는 쪽을 택할 수도 있다.
또는 과학의 절대적 판단을 믿는 쪽을 택할 수도 있다.
그리고 더 늦기 전에 행동하는 쪽을.

버락 오바마, 2013년 연두교서

　전쟁을 종식시키기 위해 우리가 직면한 가장 큰 도전은 '군산복합체'인
데, 이는 드와이트 아이젠하워 대통령이 개념화한 용어다.

　펜타곤에서 불과 몇 마일 떨어진 버지니아 근교의 부유한 지역으로 차
를 타고 나가보면, 대저택들이 모여 있는 마을을 발견할 수 있다. 저택들
의 대문은 열려 있으며, 거리에는 민간 경비가 순찰을 하고 있다. 10개,
20개, 30개의 침실이 있고, 여섯 대 혹은 열 대의 차가 들어갈 수 있는 차
고가 있으며, 집 뒤쪽에는 집사, 하녀, 요리사, 남자 가정부, 정원사, 수영
장 관리인과 다른 하인들이 산다.

　이는 바로 군산복합체(9·11 이후 그 이름에 '보안'이라는 단어가 추가되었다)의

CEO와 중역들, 그리고 로비스트들의 저택이다. 미사일, 무인항공기, 그리고 탱크, 신경가스, 무기화된 탄저병, 생화학 무기, 핵폭탄, 인체·트럭·빌딩 엑스레이 판독 장치, 그리고 전자 장비 등 중국은 물론 모든 사람을 몰래 감시할 수 있는 장비가 이 저택들에 설치되어 있다.

그리고 그곳에 사는 사람들은 전쟁을 할 때마다 점점 더 부를 쌓아간다.

문자 그대로 수백만 명이 미국 제국의 중심이 되는 전쟁 기계에 의존하여 생계를 꾸려가는 동안, 많은 돈이 수십 개의 기업과 그들에게 물품을 공급하는 자들의 수중에 집중되고 있다. 의회의 특정 사람이다. 대통령 후보자를 내세우거나 비방하기 위해 '더 나은 미국을 위한 시민들' 류의 가짜 시민운동 광고를 하는 데 얼마나 많은 돈을 투자할 것인지를 결정할 시점이 되면 그들은 서로 협력하여 큰 영향력을 행사한다.

전력 산업 또한 이와 유사하게 수백 명의 수중에 집중되어 있다. 미국은 대도시 터미널 집중 방식의 전력 생산을 시작했는데, 도시 전체에 전력을 공급할 수 있는 고전압 전선을 갖춘 거대한 전력 공장을 누가 지을 것인가를 두고 조지 웨스팅하우스와 토머스 에디슨이 최종적으로 경쟁했다(그 경쟁에서는 웨스팅하우스가 이겼는데, 왜냐하면 에디슨은 교류인 AC가 여러 가지 면에서 이점이 많은데도 직류인 DC를 고수했기 때문이다).

따라서 여러분의 집으로는 단 하나의 전류선만 흐르고 이웃의 전력도 하나의 전력변전소에서 공급되며, 또한 그것은 여러분의 마을을 먹여 살리기 위해 거대한 전력 공장에서 공급된다.

전력망과 지능형 전력망은 다양한 전력회사가 생산량이나 전력의 부하 등을 공유할 수 있도록 허용하여 회사들끼리 필요할 때마다 서로 전력을 사고팔 수 있지만, 결국 여러분과 내가 돈을 지불하는 곳은 바로 한 회사다.

그 회사가 바로 여러분을 전력산업복합체로 이끄는 진입로(또는 수갑)다.

그들은 대형 핵 공장, 대형 석탄 공장, 대형 댐, 대형 석유(또는 가스) 화력 발전소 등 '대형'을 좋아한다.

중앙집권화하고 대형화함으로써 그들은 여러분의 지갑에서 매일매일, 항상, 영원히 몇 달러씩 전력 비용으로 빼돌릴 수 있다.

이 점이 왜 전력 시스템을 분권화하는 것이 좋은지를 말해준다.

분권화

대형 전력 기업들은 마치 내일이 없다는 듯 대형 태양열과 대형 풍력 산업에 뛰어들고 있다 - 그들은 이미 효과적인 사업 모델을 가지고 있다. 이것이 어떤 면에서는 그리 나쁘지 않았다. 우리는 대형 석탄과 핵 공장에서 무언가 전력망과 분배 시스템을 갖춘 쪽으로 이동해야 했는데, 이런 회사들은 변화의 동인으로서 이상적으로 자리 잡고 있다.

그러나 나의 친구 핼 코헨Hal Cohen 같은 비판적인 인물같이 1페니도 전력회사에 보내지 않고 살아남을 수 있다는 것을 일반 대중들이 깨닫는다면 어떤 일이 벌어질까?

핼과 셸리는 버몬트 주의 몽펠리에 외곽에 살고 있으며, 몽펠리에는 북쪽 지역으로 산이 많다. 그들은 넓고 아름다운 집에 현대식 가구와 장식품들을 갖추고 있다. 그리고 집에는 전선이 없으며, 있었던 적도 없다.

핼의 집은 1970년대 후반으로 거슬러 올라가 당시 미국 전역에 지어졌던 집의 현대식 버전이다. 당시 지미 카터 대통령은 전기, 상하수도 등 공공시설을 이용하지 않은 주택 건축을 수익성 사업으로 만들기 위해 여러 법안을 의회에 제출했다. 카터 대통령은 1979년 연두교서에서 자신의 목적은 2000년까지 국가 전력의 20퍼센트가 태양열로 충당되도록 하는 것이라고 단도직입적으로 말했다. 이 프로그램이 자리를 잡아 미국은 쉽게 그 목적을 달성했다.

루이스와 내가 조지아, 뉴햄프셔, 오레곤, 버몬트 주 등지로 이사할 때마다(우리는 결혼하고 40여 년 동안 5년마다 한 번씩 이사했다) 부동산 업자는 항상 팔려고 내놓은 '공공시설을 이용하지 않는 주택'을 갖고 있거나 알고 있었다. 이러한 집들은 거의 항상 최근에 지어졌거나 아니면 1978년과 1982년 사이에 지어졌는데, 당시는 레이건이 대형 에너지회사 후원자들로부터 재정 지원을 받으면서 그 프로그램을 폐지했던 때다.

티핑 포인트

검색 사이트에 '태양열 지붕 패널solar power rooftop shingles'이라고 치면, 300만 건 이상의 정보가 검색된다. 맨 위에 검색되는 것이 2010년《소비자 보고서》에서 작성한 다우라는 회사의 새로운 '파워하우스 태양열 지붕 패널'이라는 제목의 비디오 리뷰인데, 당시 그 회사는 이 제품을 막 출시했다. 이 파워하우스는 선이나 배선 장치를 필요로 하지 않는다 - 보통의 지붕 못들을 이용해서 평범한 지붕 수리업자가 설치할 수 있다. 태양열 지붕 패널은 아스팔트 지붕널과 상당히 유사하고, 비슷한 정도로 혹은 좀 더 잘 지붕을 보호한다. 그리고 태양열 지붕 패널은 주택에서 필요로 하는 전력의 40~60퍼센트까지 생산할 수 있다(집이 초절연 형태로 지어지거나 가전 기기가 절전형 소비 행태로 바뀌지 않은 상태에서도 그렇다).

그 당시 《소비자 보고서》에 따르면 다우의 신新광전지 지붕 패널로 지붕을 덮는 데는 2만 5,000달러가 들었지만, 연방정부의 세금 혜택에 따라 설치비의 3분의 1이 절감되며, 주의 세금 우대 정책에 따라 그보다 더 저렴하게 설치할 수도 있었다.

반면 2011년 후반 새로운 기술이 발표되었는데, 이는 빛에너지 – 집열·전력 – 생산 물질을 적용한 잉크젯 인쇄 기술을 이용하여 태양 전력 생산판을 만드는 기술이다. 이는 큰 기계, 많은 열을 필요로 하고 많은 물질을 낭비하는 현재의 '기체 확산 방식'보다 낫다. 태양 전지판의 비용은 무어의 법칙(반도체 집적회로의 성능이 1.5년마다 두 배로 증가한다는 법칙 – 옮긴이)에 따라 돌 가격만큼이나 떨어지고 있다 – 전지판 기능이 두 배로 향상되는 반면, 전지판 가격은 1년이나 2년마다 절반 가격으로 떨어진다. 이 글을 쓰는 현재, 태양 전지판은 전력 세대에 선보인 그 무엇보다도 경쟁력이 높으며 비산회, 담배·수은, 핵쓰레기 같은 외부 효과를 재화로 환산했을 때 석탄이나 핵보다 훨씬 저렴하다. 바람은 훨씬 더 싸다. 태양과 바람 둘 다 곧 매우 저렴해져서 – 아마 여러분이 이 단어를 읽는 바로 그때쯤 – 투자, 개발, 그리고 연구에 들어간 돈과 노력 대부분이 티핑 포인트Tipping Point(갑자기 뒤집히는 지점 – 옮긴이)에 도달할 것이다.

사람들의 집도 마찬가지다.

미국이 현재 에너지에 대해 지속 불가능한 갈증에 직면한 것처럼 독일 역시 1990년대 후반 전력 위기에 직면했다. 전력에 대한 요구는 점차 커지고 있었지만, 현실은 체르노빌 사태로 강한 편견을 가진 사람들이 원자력발전소 건설을 반대하고 있었고 국가는 비축유조차 마련하지 못한 상황이었다.

그런데 미국 정부는 향후 10년간 최소 한 개 또는 두 개의 원자력발전소와 맞먹는 전력이 필요하다는 것을 알고 있었다. 그렇다면 어떻게 원자력 없이 그만큼의 전력을 생산할 수 있을까?

1999년 독일 진보주의자들은 10만 지붕 프로그램[189]을 통과시켰다. 이 프로그램은 자신의 집에 태양 전지판을 설치할 수 있는 주택 소유자들에게 은행이 10년 동안 낮은 금리로 대출해주는 것을 의무화했다. 그다음에는 재생가능에너지법REL이 통과되었고, 2004년 10만 지붕 프로그램은 재생가능에너지법에 통합되었다.[190] 재생가능에너지법은 향후 10년간 전력회사로 하여금 태양 전지판을 설치한 주택 소유자로부터 좀 더 높은 가격으로 전력을 재구매할 것을 의무화했다. 그렇게 함으로써 주택 소유자의 소득이 태양 전지판으로 인해 대출받은 금액과 동일하도록 했고, 이는 전력회사가 태양 전지판이 생산하는 것과 같은 양의 전력을 생산하기 위해 새 원자력발전소를 세우는 데 드는 비용을 대신하게 된다.

10년째 되는 해, 전력회사는 통상적인 비율로 태양열을 살 수 있게 되고, 현재 (결국에는 분해해야 하는) 원자로를 유지하기 위해 돈을 지불할 필요 없이 새로운 전력 공급 원천을 갖게 되었다. 사실 원자로가 20~30년간 지속된다면 태양 전지판은 통상 50년간 지속된다.

주택 소유자에게 태양 전지판 설치는 손쉬운 문제다. 그들은 태양 전지판을 설치하기 위해 은행으로부터 낮은 금리로 대출받을 수 있었고, 전력회사는 전지판에서 생산되는 에너지에 대해 사람들이 대출금을 갚을 수 있을 만큼 높은 금액을 지불했다. 이는 태양에너지 전지판을 공짜로 얻는 것이나 마찬가지였다.

　오히려 독일 정부는 독일인들이 그 프로그램을 얼마나 빨리 받아들이고 있으며, 그 프로그램으로 생산되는 전력량과 전력 생산 속도가 얼마나 대단한지에 대해 과소평가했다. 2007년까지 독일은 전 세계 태양에너지 시장의 절반 정도를 차지했다. 2007년 한 해 동안 국가 전체에서 생산된 태양에너지는 1,300메가와트였다.[191] 한편 지난 5년간 미국 내 원자력발전소에서 생산된 한 해 평균 전력은 1,160메가와트였다.[192]

　2008년 독일에서는 2,000메가와트의 태양에너지를 추가 생산했고, 2009년에는 주택 소유자와 기업가들이 2,500메가와트의 전력을 더 생산하기 위해 태양 전지판을 지붕에 추가 설치했다. 21세기 들어 처음 10년간 새 원자력발전소를 건설하지 않으면서 3,000메가와트 정도를 생산하는 것이 목표였으나, 이 간단하고 위험부담이 없는 프로그램은 8,500메가와트의 전력을 생산했다.

　그리고 에너지 발생원이 국가 전역에 흩어져 있어 중앙 발전소에서 뻗어나가는 고압전선을 설치할 필요가 없기 때문에 좀 더 효율적으로 에너지를 생산하고 비용도 절감되었다. 그러는 사이 수십여 개의 독일 기업은 태양에너지 시스템 건설 및 설치 사업에 뛰어들었고, 따라서 1997년과 2007년 사이 당시보다도 가격이 절반 이상 떨어졌으며, 이후에도 계속해서 급격히 떨어지고 있다.[193]

　독일인들은 2050년까지 재생 가능한 에너지원(대부분이 전기이지만 바람, 바이오매스, 지열 등도 포함된다)으로 생산되는 에너지의 약 12.5퍼센트에 추가하여 모든 전력의 4분의 1 이상이 태양열로부터 나올 것이라고 예상한다(지금은 1퍼센트를 웃돌고 있다).[194]

태양 전지판 프로그램은 매우 성공적이었으며, 독일 정부는 이제 한 발물러서서 시장에 이를 맡기는 것을 고려하고 있다. 2008년 5월《뉴욕 타임스》는 다음과 같은 기사를 실었다.

대체 가능한 에너지를 공격적으로 추진한 덕분에, 구름이 잔뜩 끼고 전망이 좋지 않았던 독일은 태양에너지 부문에서 예상 밖으로 선두주자가 되었다. 독일은 광전지 시스템 부문에서 전 세계 설치 장비의 절반 정도를 차지하는 가장 큰 시장을 가지고 있으며, 이는 태양광선을 전력으로 전환한다.

현재 독일에는 지붕마다 태양 전지판을 설치한 집이 아주 많고, 비평가들은 좋은 것도 한두 번이지 독일이 너무한다고 말한다. 특히 보수적인 입법자들은 태양열 개발 지원에 대한 정부 인센티브를 축소하기를 원한다. 그들은 태양열이 너무나 빠르게 발전해서 소비자들에게 높은 전기세로 과중한 부담을 지우기가 어려워지고 있다고 말한다.[195]

태양 전지판 제조업자들은 보조금 지급을 중단함으로써 수요를 따라잡고 가격을 올려 수익을 높이고 싶어 한다. 보조금 때문에 가격이 생산가보다 더 빠르게 하락해왔기 때문이다.

독일은 세계적으로 유명한 자국 자동차 산업에 대한 인센티브 지급을 고려하고 있다. 독일 자동차 산업은 현존하는 기술(국내에서 생산된 태양에너지)을 이용하여 1갤런당 500마일 이상의 연비를 보이는 플러그인 방식의 플렉스 하이브리드 차량을 제조하려 하고 있다.

그동안 덴마크는 2013년까지 전체 자동차의 절반 이상이 전기만 사용할 수 있도록 하기 위해 수십억 달러를 투자했다.

중국은 재생 가능 에너지와 관련해서 발 빠른 행보를 보이고 있다. 1주일에 한 번꼴로 오염 물질을 배출하는 화력발전소를 계속해서 세우고 있으면서도 2010년 태양열과 풍력에너지 생산에 관련된 직접투자 부문에서 다른 국가들을 앞질렀다. 2010년《로스앤젤레스 타임스》는 다음과 같이 보도했다.

> 퓨 채리터블 트러스트(미국의 시민단체 – 옮긴이)의 보고서에 따르면, 미국의 청정 에너지 부문 투자는 2009년 한 해 186억 달러에 달했는데, 이는 중국이 투자한 346억 달러의 절반을 조금 상회하는 금액이다. 5년 전, 이 부문에 대한 중국의 투자는 25억 달러에 불과했다. 미국은 국가 경제의 한 부분인 에너지 투자에서도 캐나다, 멕시코를 포함한 10개 국가에 뒤처진 것으로 나타났다. (중략) 퓨 보고서는 미국의 경쟁력을 제한하는 또 다른 요인으로 대체 가능 에너지 생산과 화석연료를 좀 더 비싸게 만드는 온실가스 배출에 대한 추가 요금 부과[196] 등에 대한 국가적 책임 부족을 지적했다.

근본적으로 '국민에게 권력'이 있다는 것은 각 가정이 더 이상 멀리 있는 초국적 기업이 소유한 발전 장치에서 전력을 끌어다 쓸 필요 없이 자신의 태양열 지붕을 갖게 된다는 것을 말한다.

중국과 독일 같은 몇몇 국가가 이 프로젝트를 추진하고 있다. 지미 카터가 한 세대 전에 이미 이러한 방향으로 나아가기 시작했으나 레이건과 부시가 중단했고, 그 후로 미국은 이전 상황을 회복하지 못하고 있다. 아이러니컬한 것은 만약 미국 정부가 태양과 다른 대체 가능 에너지 시스템 추진 행렬에 참여하지 않는다 해도, 다른 나라에서 이미 그러한 기술을 더 싸고 더 쉽게 접근 가능하도록 추진하고 있어서 그 수요가 점점 더 커지고 있기 때문에 어쨌든 많은 국가에서 계속 개발해나갈 것이라는 점이다. 다만 미국에 불리한 점은 옷이나 컴퓨터, TV 등 무기류를 제외한 거의 모든 것과 마찬가지로, 태양 전지판을 외국에서 사들여와야 한다는 것이다.

마지막으로, 나의 또 다른 책인 『아메리칸 드림을 재부팅하라Rebooting the American Dream』에서 지적했듯이, 만약 미국이 석유의 전략적 가치를 없애지 않는다면 계속해서 – 미국을 좋아하지 않는 국가들로 구성된 – OPEC에 휘둘릴 것이다.

석유의 전략적 가치 없애기

200년 전, 그리고 그전의 1,000년 동안 지구에서 가장 전략적인 물질 중 하나는 소금이었다. '전략적'이라는 단어를 쓰는 이유는 소금 없이 군대가 이동할 수 없었기 때문이다 – 냉동 시설이 발명되기 이전 시대에 음식물을 저장하려면 소금이 필요했다. 소금을 둘러싸고 전쟁이 벌어졌고, 비축한 소금이 없는 내륙 국가들은 소금 대신 천연자원을 팔도록 강요받은 반면, 소금을 대량 보유한 국가들은 부유했다.

석유는 또 다른 소금이다. 석유는 현재 지구상에서 최고의 전략자원이다. 1990~1991년 제1차 걸프전 이후로 많은 논평가가 주목했듯이, 만약 이라크의 주요 수출품이 브로콜리였다면 사담 후세인Saddam Hussein을 별 볼 일 없는 독재자로 여겼을 것이다.

불행히도 미국은 미국 땅이라고 불릴 만한 곳에서 전 세계 석유량의 약

3퍼센트를 생산하지만 전 세계에서 생산되는 석유량의 약 24퍼센트를 소비하고 있다. 그래서 미국이 생산하지 않는 것을 수입할 수밖에 없다. 이러한 의존은 엄청난 부가 미국에서 석유 생산 국가로 이동하고 있음을 의미한다. 카이사르[****]는 이탈리아의 거의 모든 삼림을 없앴는데, 로마 제국을 중부 유럽까지 확장하는 동안 그는 결국 연료(나무)가 부족하여 당황했고, 이는 분명 전략적 실수였다. 그 후 로마 제국은 과도한 팽창으로 인한 몰락의 길을 걷기 시작했다.

사우디아라비아 같은 국가는 미국 같은 석유 의존 국가로부터 수십억 에 달하는 돈을 긁어모으고 있으며, 석유 수출로 얻은 수익이 그 나라를 먹여 살린다. 예를 들어 2008년 사우디아라비아는 석유 수출로 2,810억 달러를 벌어들였고, 이는 2002년의 네 배였다. 2009년에는 1,150억 달러로 급속히 수익이 하락했지만, 이것 역시 적은 금액은 아니다.[197] 석유로 인한 수익은 사우디아라비아 내의 근본주의자 와하비 개혁운동의 자금을 지원하고 있으며 격렬한 반미·반유대주의 구호, 교과서, 그리고 텔레비전과 라디오 프로그램이 모두 이 운동의 지원을 받는다.

30년 전 OPEC 국가들은 하루에 전 세계 석유 소비량의 거의 절반인 3,000만 배럴을 생산했다. 석유는 대체 가능한 물품이기 때문에 미국이

[****] 카이사르 통치 초기에 이탈리아의 삼림을 파괴함으로써 가장 눈에 띈 결과는 '통화 위기'였다. 즉 로마 동전으로 사용되었던 은을 정제하는 비용이 두 배로 뛴 것이다. 왜냐하면 은 정제에 필요한 용광로를 달구는 데 사용되는 땔나무의 가격이 두 배 이상 뛰었기 때문이다. 몇몇 역사학자는 이 순간ー로마가 더 이상 자국의 에너지 수요를 충당하지 못하게 된ー을 로마 제국 멸망의 시작을 알리는 첫 번째 신호였다고 주장한다. 흥미로운 것은, 미국에 1970년은 '최대 원유 생산'의 해로 널리 받아들여지고 있는데, 당시 미국 내 석유 공급은 되돌릴 수 없을 만큼 하락하기 시작했고, 원유 수입은 10~20퍼센트에서 50~60퍼센트까지 치솟았으며, 이는 오늘날도 그러하다. 그러자 닉슨 대통령은 대체에너지 전략을 요구했고, 1978년 지미 카터 대통령은 이를 추진했으나 1981년 레이건이 엄청난 양의 석유를 수입함으로써 원점으로 되돌려놓았다.

얼마나 많은 양을 구입하는지 또는 중동 대신 멕시코에서 석유를 구입하는지와 상관없이 그들은 계속해서 생산할 것이다. 그 증거가 바로 OPEC의 석유 생산이 오늘날에도 여전히 3,000만 배럴이라는 것이다 – 전 세계의 석유 소비량이 오늘날 하루에 약 8,500만 배럴로 증가했음에도 불구하고. OPEC 국가들은 수요에 맞게 생산량을 조절하지 않는다. 그들은 자신들이 상대적으로 안정된 수입을 올릴 수 있는 범위 내에서 석유 가격을 조정한다.

따라서 현 상황을 바꿀 수 있는 유일한 방법은 석유 사용량을 줄이는 것이다. 석유는 전략 상품이고, 미국은 석유의 전략적 가치를 없애야 한다.

그렇다면 무엇을 해야 하는가? 확실히 미국은 전력을 생산하기 위해 석유를 사용하지는 않는데 – 전력의 2퍼센트만 석유로 생산되는데, 왜냐하면 국내 전력의 절반 이상을 생산할 만큼 엄청난 양의 석탄을 공급하고 있기 때문이다. 확실히 중동의 부유한 산유국을 제외하고는 아무도 전기 생산을 위해 석유를 사용하지 않는다 – 심지어는 중국이나 인도처럼 빠르게 성장하는 국가도 중유발전소를 세우지 않는다.

미국에서 전기를 생산하기 위해 태양열, 풍력, 바이오매스, 그리고 원자력으로 옮겨가는 것은 이산화탄소 배출, 석탄과 관련한 '외부 효과' 오염에 엄청나게 도움이 된다 – 그러나 미국의 석유 의존도나 석유의 전략적 중요성을 제거하지는 못할 것이다.

간단히 말해 미국에서 운송에 사용되는 에너지의 약 95퍼센트가 석유이며(미국의 군수산업은 세계에서 가장 많은 석유를 소비한다), 그것이 바로 석유를 '전략적'으로 만든다. 만약 석유의 전략적 가치를 없애고 석유를 무기로 사용할 수 없고 남은 석유를 플라스틱과 의약품 생산 등 합리적인 데 사용하고 싶다면, 운송 부문에 석유가 사용되지 않도록 해야 하며, 빨리 그렇게 해야 한다.

이것이 바로 분 피켄즈T. Boone Pickens의 핵심 주장이다. 비록 괴짜 석유 억만장자였던 그가 지금은 천연가스 억만장자가 되었을 뿐이고 미국의 트럭 연료를 석유에서 천연가스로 전환할 것을 제안하고 있으며 이는 거의 석유만큼이나 좋지 않은 온실효과의 주범이 되겠지만, 그런 변화가 군사적으로나 전략적으로나 미국을 좀 더 강하고 안전하게 만들 것이라는 점에서 그의 주장은 옳다. 그러나 피켄즈는 지구온난화에 대해서는 간과하고 있다(환경 파괴가 미국과 다른 나라의 위기를 조성함에 따라 이것 역시 전략적인 이슈가 되어가고 있다).

유럽, 일본, 그리고 중국은 운송 부문을 석유 사용에서 전기 사용으로, 즉 철도를 이용하는 쪽으로 이동시키고 있다. 브라질은 20년 전부터 모든 자동차와 트럭을 가솔린이나 에탄올, 디젤이나 바이오디젤을 연소할 수 있는 '플렉스 차량'(에탄올 100퍼센트나 휘발유 100퍼센트, 또는 두 혼합물을 모두 연료로 사용할 수 있는 차량 – 옮긴이)으로 바꾸는 것을 의무화했다. 그 결과 브라질은 현재 국내에서 생산하는 사탕수수로 에탄올을 만들어 운송 부문에서 요구하는 양의 절반 이상을 자체적으로 공급하고 있다(현재 전체 차량 중 80퍼센트 이상이 플렉스 차량이다). 그러면 가솔린이나 디젤 대신 플렉스 차량을 구매하는 데 운전자가 부담해야 하는 비용은 얼마나 추가될까? 약 100달러다.

중국 역시 비슷하게 플렉스 차량 도입을 시도하고 있으며, 매년 에탄올 생산이 두 배로 증가하고 있다(대부분 자국에서 생산되는 석탄으로 만들어진다).

플렉스 차량은 또한 에탄올과 휘발유를 혼합하여 사용할 수 있다. 예를 들어 자동차의 연료를 20퍼센트만 휘발유로 채우면(나머지는 에탄올로 채운다), 휘발유 1갤론은 다섯 배의 효과를 내게 된다. 전략적 자원이라는 관점에서 연비가 40mpg인 차량이 200mpg인 차량이 되는 것이다.

가장 중요한 점은 미국에서 전체 차량 중 절반 이상이 하루에 20마일도 운행하지 않는다는 것이다. 이는 전기로만 운행되는 차량 또는 플러그인 하이브리드 차량으로 쉽게 바꿀 수 있는 수준이며, 즉시 이를 추진하거나 의무화함으로써 전체 미국 자동차 산업을 10년 이내에 가스·디젤 대신 전기로 50퍼센트 이상을 소비하게 할 수 있고 석유의 전략적 중요성을 절반으로 줄일 수 있다.

미국의 무역정책들은 이에 대해 여전히 무지하다. 미국은 석유에 대해 어떠한 식으로든 수입관세를 부과하지 않고 있다. 미국의 차량 운전자들이 외국에서 생산된 석유를 사용하는 것에 대해 아무런 제동장치가 없다. 그런데 에탄올에 대해서는 1갤런당 50센트 이상의 수입관세를 부담하고 있다. 따라서 미국인들은 에탄올 사용을 주저하며, 강렬한 태양광선이 있고 사탕수수가 잘 자라는 전 세계 100개국 이상이 순수 연료 수출국이 되지 못하고 있다. 그리고 미국은 자국에 있는 석유·가스·석탄회사에 세금 우대 조치와 인센티브로 수십억 달러를 제공하는 반면 (덴마크처럼) 전기 또는 부분적으로 전기를 사용하는 차에 대해서는 세금 지원 등과 같은 방식으로 보조금을 지급하지 않는다.

만약 미국이 저탄소 에너지자원(바이오매스, 지열, 풍력, 조력 등)을 개발하는 데 이 모든 과학적 혁신을 결합하고, 발전소 굴뚝(그리고 대기)에서 이산화탄소를 없애고 고체(탄산칼슘—그렇게 되면 튬스라는 브랜드 이름으로 상점에서 구매할 수 있을 것이다)로 변환하는 방법을 알아낸다면, 2050년까지 이산화

탄소 배출량을 80퍼센트 이상 줄일 수 있다. 그리고 지금 당장 그렇게 한다면 몇십 년 더 앞당길 수도 있다.[198] 그에 더하여 석유의 전략적 가치를 없애고 미국은 중동의 독재에서 벗어날 수 있다.

신에너지 개발이 살길이다

글로벌 미디어인 블룸버그 뉴에너지 파이낸스의 새로운 연구에 의하면, 현재 보조금을 받지 않는 재생 가능 에너지가 석탄이나 가스 같은 화석연료보다 더 싸다고 한다.

사실, 훨씬 더 싸다.

데이터를 살펴보면, 오스트레일리아의 풍력발전 지역은 한 시간당 1메가와트를 80오스트레일리아 달러에 생산할 수 있다. 한편 석탄으로 이를 생산하는 데는 143달러가, 가스는 116달러가 든다.

에너지회사들이 오염 물질을 방출할 수 있고 (질병부터 환경오염까지) 납세자가 선택해서 비용을 부담하는 미국과 달리 오스트레일리아는 탄소세라는 것이 있는데, 이것이 왜 재생 가능 에너지가 가격 면에서 이점을 갖는지 일정 부분 설명해준다. 그러나 탄소세를 고려하지 않더라도 풍력에너지가 여전히 탄소보다 14센트 더 싸고 가스보다는 18센트 더 싸다는 것을 데이터가 보여준다.

이는 석탄 의존도가 좀 더 높은 국가일수록 그렇다. 그러나 곧 바뀔 것이다. 왜냐하면 오스트레일리아의 기업들이 빠르게 새롭고 더 저렴하고 재생 가능한 에너지를 택하고 있기 때문이다. 연구에서 밝혀냈듯이, 오스트레일리아의 은행과 대출 기관들은 새로운 석탄 공장에 점점 더 투자하지 않고 있는데, 왜냐하면 손해나는 투자이기 때문이다.

현재 오스트레일리아에서는 풍력에너지가 가장 저렴하지만, 2020년까지 – 그 시기가 조금 앞당겨질 수도 있지만 – 태양에너지가 석탄과 가스보다 저렴해질 것이다. 오스트레일리아의 에너지 시장은 빠르게 변화하고 있다.

블룸버그 뉴에너지 파이낸스의 수석 책임자인 마이클 리브리히Michael Liebreich는 "화석연료가 싸고 재생 가능 에너지가 비싸다는 인식은 시대착오적인 것이다"라고 강조했다.

여기, 최신 뉴스가 있다. 그러한 인식은 미국에서조차 시대착오적인 것이 된 지 오래되었다.

미국 에너지정보청EIA[199]에 따르면, 2016년 미국에서는 천연가스가 1메가와트당 66달러로 가장 저렴하다고 전망했다. 두 번째가 석탄으로 94달러다. 석탄 바로 다음은 재생 가능 바람으로 97달러인데, 이러한 사실은 2000년 이후 왜 미국의 풍력에너지 생산이 세 배로 늘었는지 설명해준다.

오스트레일리아와 달리, 미국의 에너지 가격은 오염, 암 발병, 군사 보호, 또는 지구온난화 등 외부 효과와 관련이 없다. 미국의 화석연료 산업은 그러한 외부 효과에 대해 석탄이나 가스 생산자가 아니라 사용자가 비용을 지불해야 한다고 주장했다.

화석연료 산업은 점점 가속화되는 기후 변화에 대해 단 1페니도 지불하지 않는다. 즉 공기, 물, 그리고 다른 오염원으로부터 유발된 질병과 사망에 대한 비용은 건강보험 측에서 지불한다. 화력발전소가 여러분의 뒷마당에 건설될 때 부동산 가치 하락으로 공동체가 지불해야 하는 비용은 말할 것도 없다. 미 해군이 석유 운송 수로를 지키는 데 드는 비용 또는 미군이 석유를 '생산'하는 국가들을 '보호하는' 데 드는 비용에 대해 그들은 1센트도 지불하지 않는다.

이 모든 외부 효과는 화석연료 생산 때문이지만, 재생 가능 에너지 생산은 외부 효과를 유발하지 않는다. 화석연료 산업체는 외부 효과 비용을 지불하지 않을 뿐만 아니라 미국에서 기업이 운영하는 '뉴스' 미디어에서도 이 사실에 대해 언급조차 하지 않는다.

《뉴욕 과학 아카데미 연보》에 실린 한 연구는, 만약 오염의 원인을 제공한 장본인이 외부 효과의 총비용을 지불한다면 미국의 화석연료 가격은 1메가와트당 약 3달러씩 오를 것이라고 결론 내린다.[200] 이는 극단적으로 보수적인 추정치다. 이렇게 되면 풍력에너지 가격은 석탄에너지 가격과 동일해진다.

상황은 명확하다. 재생 가능 에너지는 점점 더 저렴해지고 화석연료는 점점 더 비싸진다.

이것이 바로 21세기에 미국을 강대국으로 만들기 위한 주요 방법으로, 국가 차원에서 재생 가능 에너지 개발에 전력투구해야 하는 이유다.

이를 새로운 아폴로 계획(케네디 대통령 시절에 추진된 달 탐사 계획 ─ 옮긴이)이라고 생각하라. 우리는 그린에너지, 지역에너지, 그리고 이 모든 것을 아우르는 21세기 지능형 전력망이 필요하다.

시간이 흐르면 시장이 해낼 수 있을지도 모른다. 하지만 시장은 적극적이지 않으며, 단지 반응할 뿐이다. 석유에 의존하면서 점점 더 중동의 독재자와 급진주의자들에게 얽매인 채 전 세계의 모든 선진국과 거대한 초국가 기업들이 새로운 미국의 출발을 도울 것이라고 희망하며 기다리는 것은 매우 어리석고 모자란 짓이다. 거기에 의지하는 대신, 새로운 에너지 인프라 구축을 위해 탄소세를 책정하여 외부 효과 비용을 받아야 한다.

오스트레일리아와 유로존으로부터 교훈을 얻자. 둘 다 19세기 에너지 부호들에게 최소한 그들이 가한 손해 중 일부를 보상하게 만드는 탄소세를 책정했다. 그렇게 받은 수입을 미국의 그린에너지 혁명을 위해 사용하자.

그렇게 하는 방법은 이미 알려져 있다. 생산품들도 이용 가능하다. 기후 변화를 유도하는 재앙에서부터 산유국(그리고 초국가 기업)에 하루 10억 달러를 이체하는 것은 더 이상 우리가 살길이 아니라는 인식의 확산까지, 변화에 대한 압박은 점점 커지고 있다.

2013년 1월 테네시 주의 차타누가에서는 매년 13.1기가와트의 전력 생산이 가능한 3만 3,600개의 개별 태양 모듈로 구성된 태양열 발전 설비가 가동되기 시작했다.[201] 1,200개 가정에 전력을 공급할 수 있을 정도의 규모인데, 주로 폭스바겐 제조 공장에 전력을 공급하게 될 것이다. 이는 테네시 주에서 가장 큰 태양에너지 설비다.

미국은 풍력에너지 생산에서 이제 막 독일을 앞질렀다. 세계에서 가장 큰 풍력발전 지역인 알타 풍력에너지센터[202]가 캘리포니아의 컨 카운티에 위치하고 있다. 미국 에너지국은 2030년까지 전체 에너지량 중 20퍼센트가 풍력발전으로 생산될 것이라고 전망한다.[203]

2016년 폭락 후 미국은 신에너지와 함께 성장해야 한다.

Chapter 15

경제를 민주화하라

소수가 많은 것을 소유하며 그들이 모든 생계 수단을 가지고 있기 때문이다.
…… 국가는 부자들, 기업, 은행가, 부동산 투기꾼, 노동 착취자들을 위해 통치한다.
인류 대부분이 노동자다.
그들의 정당한 요구들이—그들 생계의 소유권 및 통제—무시된다면,
우리는 남성의 권리도 여성의 권리도 가질 수 없다.
인류 대부분은 소수의 편안한 삶을 위해 산업 억압에 의해 짓밟히고 있다.

헬렌 켈러, 1911년

한 변호사가 택시에 나를 태웠다.

'파이팅 밥 축제'에 참석하기 위해 2년 연속 위스콘신 주 매디슨으로 갈 때였다. 중서부 위쪽 지역에서 온 진보 성향을 가진 수만 명이 지난 10년 간 매년 '파이팅 밥'이라는 애칭으로 불렸던 진보주의 공화당원 라 폴레트를 기리며 함께 어울렸다(이 모임은 짐 하이타워가 제안하고 에드 가비가 조직했다). 나는 상원의원 버니 샌더스, 코넬 웨스트, 그레그 팔라스트와 함께 기조연설을 했다.

올해는 예년의 파이팅 밥 축제와 달랐다. 새로 선출된 주지사 스콧 워커Scott Walker가 노조를 공격하기 위해 수십만 명의 위스콘신 주민들을 선

동했고, 미국 전역에서 온 노조를 지지하는 측 사람들은 시위를 하기 위해 매디슨에 있는 주 의회의사당 잔디밭에 모였다. 노조가 결집하자 여러 명의 공화당 상원의원에 대한 재선거가 실시되었는데, 그 결과 민주당에 두 석이 돌아갔다. 주지사 스콧 워커에 대해서도 재선거가 이루어졌다.

그해 위스콘신에 모인 진보적인 사람들에게는 믿기 힘든 열정이 넘쳤고, 이를 가장 크게 감지할 수 있는 것이 바로 파이팅 밥 축제였다. 내가 진보주의가 영향력이 있다는 것을 감지한 것은 택시를 타고 위스콘신 주 이곳저곳을 다닐 때였다. 호텔로 돌아가면서 나는 '2016 대폭락' 이후 미국의 구세주가 될 수 있는 경제 모델을 만났다.

조용한 혁명

미국에 살고 있는 미국인들 대부분이 인지하지 못하는 뭔가가 표면 아래에 있다.

이익 추구가 세계 경제를 지배하지만, 지난 몇십 년 동안 다른 곳을 위해 노력하면서 출현한 새롭고 지대한 영향력이 있는 경제가 있다. 그것은 바로 협동경제다.

현재 전 세계 10억 명이 협동조합의 구성원이다.

각각의 협동조합은 다르게 운영되지만, 그들 모두 작업장에서의 민주주의라는 동일한 특징을 보인다. 여기에는 노동자와 자신을 위해 급료를 결정하는 절대권력의 CEO가 존재하지 않으며, 알지도 못하는 주주에게 최고의 이익을 가져다주려고 애쓰는 비밀 이사회도 없다.

협동조합은 노동자들이 관리하고 소유한다. 대개 적은 비용으로 고용자는 조합 지분을 소유할 수 있으며 의사결정 과정에 참여할 수 있다(한 사람당 투표권은 하나이며, 사업이 점점 잘되면 이익은 위에 있는 사람이 차지하는 것이 아니라 노동자들에게 동등하게 주어지며 열심히 일하고 좀 더 많이 판매한 사람에게 인센티브를 제공한다). 그래서 '협동조합'이다.

공산주의에서 모든 것은 전체 국가, 그리고 모두에 의해 소유된다. 그것이 바로 조합과 본질적으로 다른 점이다. 노동자 소유의 조합은 분명히 자본주의의 한 형태이며, 여기에서 노동자들은 개별 기업의 자본을 소유한다. 반면 공산주의에서는 국가가 공급과 분배 수단을 통제한다.

신용조합에 예금하는 사람부터 농작물을 팔기 위해 협동기업(여러 기업이 협약에 의해 합동하거나 연합하여 경영하는 공동 기업 – 옮긴이)에 가입하는 농부들까지 전 세계적으로 수십억 명이 협동조합에 의지한다. 뿐만 아니라 미국은 전 세계 인구의 거의 절반인 30억 명이 협동기업으로부터 긍정적인 영향을 받고 있다고 추정한다. 현재와 같은 특정 시점에서 협동조합이 매우 자주 등장하고 있으며, 전 세계적으로 강력한 영향을 주고 있다는 것은 결코 우연이 아니다.

역사학자이자 작가인 가 알페로비츠Gar Alperovitz는 『미국, 자본주의를 넘어서America beyond Capitalism』에서 국가사회주의와 법인자본주의가 실패하면서 협동조합 모델이 세계 경제의 새로운 방안으로 떠오르고 있다고 지적한다.

나는 알페로비츠와 이야기를 나누었는데 그는 법인자본주의의 실패가 임박했음을 경고하며 "여태껏 들인 많은 시간과 노력을 넘어서서 또 다른 방법을 시도하거나, 아니면 우리가 현재 직면하고 있는 문제와 함께 쇠락하거나 둘 중 하나입니다"라고 말했다.

세계의 나머지 부분은 이미 쇠락을 경험하고 있으며 조합을 향해 이동했다.

2001년 아르헨티나는 경제 위기를 겪었고, 그 뒤 IMF에 갚아야 하는 1,320억 달러의 외채를 갚지 못했다. 세계에서 일곱 번째로 경제 규모가 큰 나라가 갑자기 한순간에 몰락했다. 인구의 4분의 1은 실업 상태이고, 중산층은 노동자 계층으로 전락했다. 사람들은 굶주렸고 절망에 빠졌으며 폭동과 범죄가 급증했다. 상위 1퍼센트 중 대부분이 도망쳤고 자신의 돈과 자산을 국외로 옮겼다.

2002년 9월 나는 연설을 하기 위해 아르헨티나의 수도인 부에노스아이레스의 중상류층이 사는 팔레르모 지역에서 친구들과 함께 머물고 있었다. 당시 아르헨티나는 경제 위기를 서서히 극복해가고 있는 상황이었다. 전해에 발생한 약탈은 끝이 났고, 새로운 대통령이 나라를 안정시키고 있었으며, 아르헨티나의 화폐인 페소화도 안정적이었지만, 실업 위기는 여전히 매우 심각했다.

당시 방문에서 가장 또렷하게 기억나는 것 중 하나는 이 아름다운 지역의 거리에서 서너 집 건너 하나씩 사람들이 가구나 TV나 이러저러한 연장 등을 팔고 있었던 것이다. 사람들은 음식과 월세를 해결하기 위해 자신의 소유물을 처분하고 있었다.

아무도 그 물건을 살 수 없었고, 아르헨티나의 공장주들은 새로운 소비자와 노동자들을 찾아 공장 문을 닫았다. 경제 폭락은 비즈니스에도 좋지 않다. 이것이 바로 사회민주주의를 전복하고 법인자본주의로 대체한 국가의 모습이다. 그 국가는 자체적으로 폭발하여 바닥을 쳤다. 당시 아르헨티나는 필사적으로 새로운 길을 찾고 있었다.

그리고 그들은 눈앞에서 그것을 발견했다.

폭락 후 몇 주가 지나자 사람들은 경제 폭락 전에 일했던 공장으로 되돌아오기 시작했다. 처음에 그들은 CEO가 돌아와 공장 문을 열면 다시 일하게 될 거라고 기대하면서 그곳에 머물기 시작했다. 그러나 그런 일은 결코 일어나지 않았다.

그러자 사람들은 스스로 알아서 일하기 시작했다. 기계를 고치고 작업을 지시할 사람을 선출하고, 물건을 제조하기 시작했다. 노동자들은 민주적인 절차를 통해 이익을 어떻게 배분할지 결정했다. 처음에는 공장 빚을 갚는 데 사용했고, 남은 돈을 모두의 월급으로 나누었다.

그 뒤 협업 모델이 꽃을 피우기 시작했고, 경제 위기 후 10년도 지나지 않아 다시 번창하기 시작했다. 오늘날 아르헨티나에는 1만 6,000개의 협동조합이 있는데, 이는 30만 명을 고용하며 국가 전체 GDP의 10퍼센트를 차지한다. 아르헨티나인 네 명 중 한 명이 협동조합이 있는 사업장을 운영하고, 따라서 이들은 얼마나 많은 돈을 경제에 사용할 것인가에 대해 어느 정도의 결정권을 가지고 있다.

알페로비츠는 이를 '자본의 민주화'라고 부른다. 이러한 시스템에서는 자본 ─ 그것이 노동자의 월급이든 재투자이든 수익이든 ─ 의 흐름을 장악하고 그 돈의 영향을 받는 사람들, 즉 노동자 자신, 고객들, 그리고 공동체가 투표로 결정한다. 이것이 바로 법인자본주의와 다른 점인데, 법인자본주의는 CEO나 소수의 이사들, 그리고 주주들이 배타적으로 자본에 대해 결정을 내린다.

수백만 개의 공장이 문을 닫고 수천만 개의 일자리를 국외로 보내겠다는 기업의 결정은 수십 년간 경제에 고통을 안겨주었다. 수백만 톤의 독성 가스가 대기와 토지와 물을 오염시키고 도시 전체를 해치고 있다. 지난 40년간의 자동화와 효율성 증가 덕분에 올렸던 100퍼센트의 초과이윤은 노동자들에게 높은 월급과 좀 더 많은 여가 시간으로 보상하는 대신 기업 중역들의 수중에 들어감으로써 이 모든 것을 도둑맞고 희생했다. 이 모든 것을 고려했을 때, 자본의 민주화는 분명히 좋은 아이디어다.

이뿐만 아니라 협동조합은 글로벌 시장에서 초국가 기업만큼이나 강한 경쟁력을 가질 수 있다.

몬드라곤의 협동조합

사악한 용이 살았다고 전해지는 산그늘에 안락하게 자리 잡은 스페인의 작은 마을이 있다. 마을 이름은 몬드라곤이다. 이곳에는 전 세계에서 가장 큰 협동조합이 있다.

지금은 멸종된 그 용은 봉건 암흑기 동안 그 작은 마을 사람들을 공포에 떨게 했던 사악한 영주 또는 그 지역의 왕과 같았다. 그러나 현재 미국이나 다른 유럽 경제가 신봉건주의로 포식자적인 초국가 기업들과 함께 전 세계 노동자들을 공포에 떨게 하며 쇠락의 길을 걷고 있는 반면, 몬드라곤은 신자본주의의 희망의 불빛이다.

2009년 루이즈와 나는 산그늘에 자리 잡고 있는 그 마을을 방문했다. 몬드라곤 협동조합도 찾아갔는데 그곳에는 소매, 금융, 산업, 그리고 지식 분야에 초점을 둔 250개 회사에 9만 명 이상의 사람들이 고용되어 있다. 2008년 몬드라곤의 수입은 242억 달러였다 - 그리고 모든 수익은 사업에 재투자되거나 몬드라곤의 노동자들에게 배분된다.

대다수 자본주의 기업(심지어 공산주의까지도)의 상명하달 방식과 달리 몬드라곤과 그곳의 협동조합들은 피라미드 방식을 거꾸로 뒤집었다. 일반 노동자보다 돈을 4,000배나 더 많이 받는 CEO는 없으며, 더 많은 수익을 요구하며 값싼 노동력을 찾아 외국으로 일자리를 내보내는 이사회도 없으며, '지방을 제거'하기 위한 롬니의 베인캐피털처럼 외부 기업을 인수하지 않는다. 노동자들은 자신의 회사, 그들 자신, 그리고 경제를 위해 최선의 결정을 할 것이라는 신뢰를 얻고 있다.

나는 우선 몬드라곤 내의 세탁기 제조 공장의 얼룩 한 점 없는 바닥에 서서 몬드라곤의 의사결정이 어떻게 이루어지는지를 지켜보았다. 내 주변에는 최신 공장 설비에서 일하는 종업원 지주들이 U자형 조립라인에서 금속 박판을 세탁기의 일부분이 될 물품으로 바꾼 뒤 다시 그 물품들을 세탁기로 조립하는 작업을 하고 있었다. 바로 그때 '관리자'가 모두에게 주목하라고 말하면서 걸어왔다. 그는 동료들에게 다가오는 목요일에 지역 축제 때문에 일정 변경이 필요하며, 따라서 물품 생산 개수에 변동이 있다고 알렸다.

일정 변경과 관련하여 해야 하는 일이 무엇인지 노동자들에게 명령을 내리는 대신, 그는 "우리가 이렇게 해야 하는 것에 대해 어떻게 생각합니까?"라고 물으며 조립라인에 있는 사람들에게 결정권을 넘겼다.

그러자 사람들이 대화하기 시작했다. 노동자들은 관리자가 내놓은 아이디어의 강점과 약점을 논평하며 다른 제안을 했다. 논쟁이나 불평, 다툼 따위는 없었다. 비록 관리자가 다음 주 목요일 일정을 어떻게 변경하면 좋을 것인지에 대해 가장 잘 알고 있을지 모르지만, 모두가 '관리자'의 생각을 주의 깊게 듣고 각자의 의견을 교환했다.

10분쯤 지나서 어느 정도 합의가 되었다. 그 '관리자'는 모두에게 감사하다고 말한 뒤 떠났다. 뒤이어 기계와 컨베이어 벨트는 다시 작동했다. 이것이 바로 작업장에서의 진정한 민주주의였다.

그러나 협동조합은 '자본 민주화'의 방식 중 하나일 뿐이다. 또 다른 방식은 독일에서 찾아볼 수 있다.

메르세데스와 노동조합

미국 자동차 기업들이 2008년 금융 위기에 이어 도산 위기에 처하자 오바마 정부는 그들을 긴급 구제하려는 움직임을 보이기 시작했다.

보수주의자들은 격노했다. 특히 롬니는 미국의 자동차 산업이 망하게 그냥 두라고 주장했다. 대부분의 자동차 공장이 노동조합원들을 고용하고 있기 때문에 파산할 경우 기업은 노조원들과 노조 계약, 연금에 대해 다시 협상할 수 있고, 그러면 우파가 노조를 계속해서 공격할 수 있기 때문이다.

그때, 경제 왕당파는 미국의 자동차 산업이 망하고 있는 것은 외국에서 품질이 더 나은 차가 수입되거나 무책임한 자유무역정책 때문이 아니라 노조원들에게 너무 많은 임금을 지급하고 있기 때문이라고 주장했다. 왕당파는 오늘날 글로벌 경제 시대에 노동자들의 임금을 삭감하면 기업의 수익성이 더 높아지고 세계 시장에서 경쟁력을 더 강화할 수 있다고 주장했다. 이를 점점 증진하는 세계화의 고통이라고 불러도 좋다.

과연 이것이 사실일까? 노동자들의 임금을 삭감하면 경제가 나아질까?

독일의 경우를 보면 이는 사실이 아니다. 2010년 독일은 550만 대의 자동차를 생산했다. 미국은 그 절반에 못 미치는 270만 대를 생산했다. 경제 왕당파의 논리에 따르면, 독일은 자동차 업체 근로자들에게 매우 낮은 임금을 지급해야 한다. 그렇지 않은가?

실제로 독일은 자동차 업체 근로자에게 한 시간당 (임금과 수당을 포함해서) 약 67달러를 지급했다. 한편 미국은 자동차 업체 근로자에게 한 시간당 (역시 임금과 수당을 포함해서) 약 33달러를 지급했다. 근로자들에게 상대적으로 많은 임금을 지급하는데도 독일 자동차 제조업자들의 수익성은 매우 높다. BMW는 세전 38억 유로의 수익을 거두었으며, 메르세데스 벤츠는 46억 유로의 수익을 기록했다.

그러면 좀 더 수익성을 높이고 많은 차를 생산하기 위해서는 노동자의 임금을 줄여야 한다는 왕당파의 말도 안 되는 믿음을 독일은 과연 어떻게 반박하고 있는가? 어떻게 그들은 그 반대, 즉 노동자들에게 임금을 더 지급할수록 수익성이 더 높아지고 더 많은 자동차를 생산할 수 있었는가?

정답은 바로 '민주주의'다.

첫 번째로, 독일 사람들은 단 한 명의 자동차 업체 근로자까지도 모두 금속노련이라는 독일 자동차노동자조합에 가입하게 하여 자동차 공장을 민주화했다. 노조 가입 비율이 높기 때문에 노동자들은 파업을 담보로 많은 영향력을 행사할 수 있다. 이러한 방식으로 노동자들은 높은 임금과 만족스러운 작업 환경을 유지할 수 있었던 것이다. 그러나 독일 자동차노동자조합 국제국 책임자인 호스트 문트Horst Mund는 독일에서 노조는 파업하기가 매우 힘들다고 지적했다. "왜냐하면 독일에는 모든 정당이 받아들일 수 있도록 정기적으로 협약을 할 수 있는 정교한 분쟁 해결 시스템이 있기 때문이다."

CEO와 노동자 간에 좀 더 협력적인 관계가 가능한 이유들 중 하나는 미국과 달리 노조가 공격을 받지도 않으며 독일에는 자동차 제조업자가 조직된 노동자들의 목소리를 무시하고 달아날 수 있는 '덜 일할 수 있는 권리' 같은 것이 없기 때문이다.

아마도 좀 더 강력한 또 다른 이유는, 독일에는 기업 책임자가 노동조합의 말을 들어야 한다는 것을 의무화한 수정헌법이 있기 때문일 것이다.

노동자 헌법 조항은, 모든 공장은 공장에서의 모든 의사결정 과정에서 노동자 대표들에게 의석을 주는 노동자 협의체를 설립해야 한다고 규정한다. 이는 자본주의의 민주화로, 의사결정 과정을 기업 엘리트가 아니라 기업 전체로 확장시키는 상향식 의사결정이다.

문트에 의하면, 이것이야말로 독일 경제에서 자동차 업체 노동자들이 목소리를 크게 낼 수 있는 진짜 이유다. 미국에서의 고용주와 노동자 간 적대적 관계를 지적하면서 문트는 "미국 노조가 더 급진적이고 파괴적이라고 비난하는 것은…… 노조가 그렇게 행동할 수밖에 없도록 하는, 노조에 대한 적대적인 분위기와 분명 관계가 있다. 노조가 항상 적으로 간주되는 상황에서 어떻게 그들이 건설적이고 우호적일 수 있는가?"라고 말했다. 문트는 계속해서 독일에 노동자 헌법 조항이 없었다면 "고용주들은 기회가 있어도 우리와 대화하지 않았을 것이다"라고 말했다.

그 의도가 어찌되었든 자동차 판매, 노동자의 월급, 수익률 등이 증명하듯 헌법 수정을 통한 노조의 권한 강화와 작업장의 민주화는 독일 경제를 부흥시켰다.

문트가 내린 결론처럼, "우리에게는 강한 노조가 있다. 우리에게는 강한 사회안전 시스템이 있다. 우리에게는 높은 임금이 있다. 그래서 만약 내가 신자유주의의 주장을 믿었다면 우리는 파산했겠지만, 현 상황은 그렇지 않다. …… 독일 경제는 잘 돌아가고 있다."

그렇다면 미국에서는 어떻게 자본을 민주화하고 노동자들에게 결정권을 부여할 수 있는가? 스페인 북부의 바스크 지역에서 조금 떨어진 곳에서는 240억 달러의 수익을 올리는 협동조합이 성공적으로 설립되었는데, 왜 세계에서 가장 부유한 국가인 미국의 대도시에서는 그런 엄청난 모험이 이루어지지 않는가?

새로운 씨앗

세계의 나머지 지역과 비교했을 때, 미국은 뒤처지고 있다.

미국 노동자협동연합의 의장인 레베카 켐블Rebecca Kemble은 나에게 "미국은 아마도 세계적 운동에서 가장 작고 중요하지 않은 국가일 거예요"라고 말했다.

씨앗은 거기에 있다.

위스콘신 주의 매디슨은 언뜻 다른 중서부 도시와 비슷하다. 그곳은 주도이자 대학 도시이고, 그래서 나는 그곳이 내 고향인 미시간 주의 랜싱, 이스트 랜싱과 상당히 비슷하다는 것을 깨달았다.

내가 몇 번 탔던 택시의 회사 이름은 유니언 캡이었고, 내가 만난 운전사 중 한 명은 전직이 변호사였다고 했다. 또 다른 사람은 대학에서 교편을 잡았다. 또 다른 사람은 고등학교를 졸업했는데, 그는 자신이 하는 일에 대한 애정이 남달랐고 택시 운전이 일종의 예술이라고 생각했다 – 그는 꽤 멋진 여행 가이드이기도 했다! 이들은 실제로 예전 직업을 버리고 택시 운전을 하게 되었다.

왜 그럴까? 왜 사람들이 벌이가 괜찮아 보이는 일을 그만두고 하루 종일 택시를 운전하기로 한 것일까?

나는 그 회사의 매니저인 존 맥나마라John McNamara에게 다른 회사와의 차이점이 무엇이냐고 물었다. 대답은 그들 모두 협동조합에 속해 있다는 것이었다.

그는 나에게 "기본적인 이야기는 1960년대 후반으로 거슬러 올라가는데, 당시는 반전과 사회정의와 시민권 운동이 있었습니다"라고 말했다. 택시 운전사들은 그 시대의 정치적 기류에 부응하여 조합을 조직하기 시작했지만 더 나은 임금과 작업 환경에는 별다른 진전이 없었다. 노조가 파업하면 고용주는 회사 문을 닫았다.

특히 1978년 체커 택시회사를 상대로 파업을 하고 뒤이어 회사가 문을 닫자 운전사들은 스스로 협동조합 택시회사를 운영하기로 결정했다. "그 것은 매우 힘든 작업이었고, 첫해 겨울은 정말 암울했습니다"라고 맥나마라가 말했다. 그런데 그즈음 버스 운전사들이 파업에 돌입했고, 이 신출내기 협동조합은 실직한 버스 운전사들에게 택시를 몇 대 빌려주었다. "회사를 처음 시작하는 데 정말 도움이 되었습니다"라고 맥나마라는 말했다. 그 이후 사업이 잘되기 시작했다.

맥나마라 자신도 1988년 대학원에 진학하려다가 그만두고 유니언 캡

협동조합에 가입했다. "저는 많은 택시 운전사가 들르는 바에서 바텐더로 일하고 있었습니다. 그때 유니언 캡에 대해서 들었죠. 노동자 지주회사에서 한번 일해보고 싶었습니다. 제 세계관과 아주 잘 맞는 일이었거든요. 문화와 세계관이 맞는 회사를 찾는다는 것, 특히 저는 중도좌파이기 때문에 그것은 매우 멋진 일입니다. 마치 집에 있는 것과 같은 거예요"라고 맥나마라는 말했다.

내가 2010년에 방문했을 때, 약 220명이 유니언 캡에서 일하고 있었다. 180명의 운전사에다 정비공, 콜센터 직원, IT 부서, 행정 직원 등이 있었다. 전체 매출은 1년에 600만 달러를 조금 웃돌았다. 유니언 캡은 그 주에서 운전사에게 건강보험을 제공하는 유일한 택시회사였고, 일부 사람들은 미국 전체에서 돈을 가장 잘 벌기도 했다.

"집을 잃고 우리 회사에 와서 집을 사게 된 운전사들도 있습니다. 집이 없던 사람들 중 한 명은 지금 BMW를 몰고 있고요. …… 우리는 노동자들을 다루는 방식에서 단연 뛰어납니다. 그리고 그것이 고스란히 고객에게 제공하는 서비스에 나타납니다"라고 맥나마라는 말했다.

나는 유니언 캡이 다른 회사와 어떤 점이 다른지에 대해 운전사들 중 한 명인 프레드 셰파츠Fred Schepartz와 이야기를 나누었다. "전체로서 산업은 착취를 일삼고 부패했으며, 점점 더 상황은 악화되고 있습니다. 밀워키의 택시 산업의 경우 저희보다 일자리에 더 필사적인 이민자가 늘어남에 따라 노동력 착취가 점점 더 심해지고 있습니다"라고 프레드는 말했다.

유니언 캡과 달리, 다른 택시회사는 운전사들이 돈을 벌게 되어 있지 않다. "소유주들이 돈을 벌게 되어 있습니다"라고 프레드가 말했다. 그는 표준 개인기업 모델을 표방하는 그 지역의 다른 택시회사를 예로 들었다. 그 회사의 소유주는 열심히 일하는 운전사들을 착취하여 소유주를 위해 되도록 많은 돈을 벌도록 한다. 소유주는 고객을 한 번 태울 때마다 택시 운전사에게 1.5달러씩 받는다. 운전사에게 수수료를 지불하는데, 그 1.5달러를 수수료로 다시 돌려주지도 않는다. 소유주가 그런 결정을 한 것은 아마도 그런 방식으로 자기 회사가 좀 더 많은 돈을 벌 거라고 판단했기 때문이다.

유니언 캡에서는 "다른 택시회사처럼 하루에 여섯 시간에서 여덟 시간씩 일할 필요가 없습니다. 다른 택시회사 운전사들은 영혼까지 빼앗긴 것처럼 착취당하고 나서 나중에는 아무것도 할 수 없게 되거든요. 저는 52퍼센트의 수수료를 받고, 건강보험 혜택도 받으며 아내도 혜택을 받고 있지요. 아내가 몇 년간 크고 작은 수술을 받았는데, 말 그대로 보험이 아내의 생명을 살렸습니다. 한 명 한 명이 결정권을 가지고 있고, 한 명 한 명이 회사에서 핵심 부분으로 기능하는 곳에서 일한다는 것은 정말로 색다른 경험입니다"라고 프레드는 말했다.

더 적은 노동시간, 더 나은 월급과 더불어 유니언 캡의 운전사들 대부분은 다른 일도 병행할 수 있다. 운전사로 일하면서 프레드는 여러 편의 단편소설을 썼는데, 4년 전에 첫 번째 소설집 『뱀파이어 캐비Vampire Cabby』를 출간했다. 이는 1,000년 된 뱀파이어 이야기인데, 뱀파이어는 1987년의 주식시장 폭락으로 돈을 잃는다. 당시에 우리는 그의 또 다른 책 『달의 연대Solidarity Moon』에 대해서도 이야기를 나누었는데, 이 책은 태양계의 첫 번째 식민지에서 노동자들이 벌이는 투쟁에 관한 이야기였다.

"나는 그것에 대해 쓰는 대신 그렇게 살고 있습니다. 자신의 음악 CD를 만든 음악가도 있고, 예술가도 있고요. 책을 세 권이나 낸 작가도 있습니다. 주중에 40시간만 일하기 때문에 사람들이 다른 일을 병행할 수 있습니다"라고 그가 말했다.

미국 전역의 주요 거리에 쭉 늘어서 있는 월스트리트의 거대 은행과 초국가 기업들과 달리, 유니언 캡은 이익을 목적으로 운영되지 않는다. 존 맥나마라는 나에게 "우리는 연말에 엄청난 수익을 기대하지 않습니다. 왜냐하면 그것은 바로 노동자들에게 충분한 돈을 지급하지 않았다는 의미일 뿐이니까요"라고 말했다.

그런데 과연 수익을 목적으로 하지 않는 기업이 시장에서 경쟁할 수 있을까? 물론이다. 유니언 캡은 매디슨에 있는 네 개의 택시회사 중 규모가 가장 크다. 가장 많은 택시를 보유하고 있으며 서비스도 최상이다. 고용자 중 85퍼센트가 유니언 캡에서 계속 일하며 대부분 5년 이상 재직 중이다.

사실 유니언 캡과 같은 회사가 하나만 있는 것은 아니다. 위스콘신 주만 해도 반경 5마일 내에 400명 이상의 노동자를 고용하고 연간 3,000만 달러 이상의 수익을 거두는 협동조합 – 베이커리부터 기계, 제약까지 – 이 아홉 개나 있다.[204]

사실 많은 미국인이 최근 몇십 년 동안 협동조합을 공개적으로 지지하고 있으며, '2016 대폭락'에 따라 산산이 부서져 없어질 경제를 대신할 완전히 새로운 경제 기반을 구축하고 있다.

우리는 거대한 다국적 에너지 기업이 에너지 시장을 지배한다고 생각하지만, 실제로는 협동조합이 지배한다. 900개가 넘는 지방 전력 협동조합이 47개 주 4,200만 명 이상의 사람들에게 전력을 공급하고 있다.

미국에 어림잡아 3,000개의 협동조합이 있는데, 이들은 7만 3,000개의 사업장을 운영하고 있으며 3조억 달러 정도의 자산을 보유하고 있다. 그들은 5,000억 달러의 수익을 거두며 2만 명의 조합원에게 250억 달러의 임금을 지급하고 있다.

전 세계의 다른 국가들에게 뒤처지긴 했지만, 레베카는 "마치 우리가 거대한 폭발의 벼랑 끝에 서서 그것을 지탱할 수 있는 역량을 구축하는 일을 하고 있는 것 같아요"라고 말했다.

폭락이 촉발제가 될 것이다.

후손들에게 보내는 편지

> 우리가 진보하고 있는가에 대한 척도는
> 많이 가진 사람들에게 더 많은 것을 주느냐가 아니다.
> 너무 적게 가진 사람들에게 충분한 것을 제공하는가이다.
>
> **프랭클린 루스벨트, 1937년 두 번째 취임 연설**

2090년, 너희는 지금 내가 살고 있는 시대와 매우 비슷한, 너희 부모가 약간은 잔인하다고 느낄 '흥미로운' 시대에 살고 있겠구나.

2016년 폭락에 뒤이은 혁신주의 혁명 후 레이건, 그린스펀, 밀턴과 톰 프리드먼이 옹호했던 보수주의·신자유주의·자유방임주의 경제는 지난 1929년에 그랬듯이 신뢰를 잃고 사라져버렸지. 아인 랜드와 그녀의 특이한 저작들은 별난 것으로 여겨지며 무시되었고.

2016년까지 일본, 한국, 오스트레일리아·뉴질랜드, 그리고 많은 중남미 국가들이 이미 받아들인 '사회민주주의'를 미국도 결국 받아들였지. 그것만이 경제를 활성화하는 – 좀 더 중요하게는 안정화시킬 수 있는 –

유일한 방법이었고, 동시에 부패하지 않는 민주적 통치 형태를 갖고 있었으니까.

반半보호무역주의 무역과 제조업 관련 정책들을 받아들이고, 폭락 이후 10년 동안 에너지 독립을 달성했고, 경제 왕당파에 대한 세금을 올렸고(미국의 수정헌법은 정치 부문에서 경제 왕당파의 행동을 제한했고), 그래서 경제 왕당파는 (1935~1980년 시절처럼) 이후 몇 세대 동안 통치를 좌지우지할 수 있는 능력이 제한되어 경제를 파멸로 이끌지 못하게 되었지.

그러한 상황이 대략 2016년에서 2066년까지 지속되었고, 그 시기는 1929년 폭락 이후 50년간의 시기와 비슷하구나.

그러나 그때 너희 세대의 루이스 파월, 주드 와니스키, 밀턴 프리드먼, 그리고 로널드 레이건이 등장했지. 너희 세대의 매우 부유한 사람들 – 우리 세대의 코크 형제와 월튼 상속자들과 맞먹는 – 이 정책 보고서 초안을 작성하고, 기관에 투자하며, 거짓된 이야기를 꾸며내고, 정치 부문에서 자신들을 위해 활동해줄 사람들을 찾았지.

너희 세대의 연방당은, 수십억 달러의 후원금을 받은 티 파티가 내분으로 분열된 후 공화당의 잔해에서 살아남은 당으로, 2세대 동안 국가를 안정적으로 유지했던 사회안전망이 좋지 않은 것이라고 사람들을 설득하기 시작했단다. 그들은 사회 하류층에 너무 많은 돈이 들어간다고 주장했고, 특히 사회 하류층은 유전학적·지적으로 원래 열등하다고 말했단다. 하류층이 자기 주제를 알아야 한다는데, 이건 말도 안 되는 얘기야. 왜냐하면 2060년대에 연방당원은 모든 사람이 사회에서 최소한의 안전과 보호를 보장받아야 한다고 말했거든. 결국 그들은 노숙자와 질병에 대한 위협만 없으면 자신들이 나가서 일할 필요가 없다고 생각한 거지.

물론 연방주의자들의 미사여구 뒤에는 부 — 그리고 권력, 특히 정치권력 — 를 (연방주의자 존 애덤스가 노동자 계층이라고 부른) '일반 대중'으로부터 경제 왕당파 자신들에게 이동시키려는 의도가 숨어 있단다. 2070년대와 2080년대에 걸쳐서 그들은 몰래몰래 사회안전망을 싹둑 잘라먹을 거야. 그리고 1921년 워런 하딩, 1981년 로널드 레이건과 마찬가지로, 너희 세대 연방주의 정치인들은 일반 노동자들의 경제·정치권력을 제거하고 기업, 그리고 부를 물려받은 엘리트들에게로 이동시키는 정책들 — 경제 왕당파에 대한 세금 삭감부터 2016~2017년에 통과된 반부패법을 흐지부지하게 만든 — 을 실행하겠지.

만약 너희가 1850년대 코튼 왕Cotton Kings에서부터 1900년대 악덕 자본가들, 1930년대 경제 왕당파, 1980년대 공화주의자들 시대까지의 미국 역사를 돌아본다면, 그 과정이 어떻게 시작되는지 알게 될 거야. 경제 왕당파의 선두에 선 사람들은 — 너희는 그들을 연방주의자라고 부르겠구나. 우리는 그들을 공화주의자라고 불렀고, 링컨 시대에는 분리독립주의자라고 불렀지 — 마치 흰개미처럼 지난 두 세대 동안 자신들을 옭아맸던 정책들에 구멍을 파느라 바빴단다.

그들의 정치적 미사여구가 좀 더 심해졌는데도 2060년대와 2070년대 세 번째 세대들은 아무것도 눈치채지 못한 듯해. 2080년까지 경제 왕당파는 대부분의 주와 연방정부의 입법부, 사법부에서 세력을 확보했단다. 그리고 2090년 폭락이 발생하기 전에 경제를 활성화시켜서 상위 1퍼센트를 이전보다 더 부유하게 만들었단다.

역사로부터 배워라.

조면기와 다른 증기로 움직이는 기계의 발명으로, 미국 남부의 경제는

1840년대와 1850년대에 폭발적으로 성장했지. 동시에 미국 북부에서는 금융 산업이 발전했어. 그리고 그때 1856년의 대폭락으로 모든 것이 몰락했고 그것이 남북전쟁을 야기했단다.

폭락의 잿더미에서 미국은 뉴딜로 다시 일어설 수 있었어. 왕당파에 대한 높은 세금, 노동조합, 그리고 라디오와 TV 방송국이 정치 후보자에게 시간을 주도록 한 공정 원칙 덕분에 박식해진 유권자, 이 세 가지가 뉴딜의 핵심이었지. 이 세 개의 기둥은 1980년대 레이건 시절에 해체되기 시작했고, 폭락 전에 너희가 경험했던 것과 같은 '핫 버블' 시대를 가져왔다.

2016년 폭락 이후 미국은 이전의 번영을 되찾기 위해 대체에너지를 사용하고 국가적 운동 수단과 에너지 인프라를 구축하고, 나라를 훼손할 뿐만 아니라 완전히 바꿔버린 소위 '자유무역'정책을 추진할 수 있는 능력을 경제 왕당파에게서 박탈했단다. 미국은 레이건의 자유방임주의 경제학에서 미국 건국의 조상들과 링컨, 그리고 프랭클린 루스벨트의 규제받는 경제로 이행했지. 그리고 자본주의의 대안으로 노동자들이 자신들이 일하는 기업에서 소유권자로서의 지분을 갖는 국가적 기반의 거대한 공동체, 즉 협동조합을 구축했단다.

너희 역시, 지금 엉망이 된 경제와 소용돌이에 휩싸인 세계를 맞이하고 있구나. 기후 변화는 지구상에 있는 모든 국가의 경제를 변화시켰고, 너희 세대의 경제 왕당파는 그러한 추세를 지켜보면서 사람들이 메마른 곳에서 좀 더 살 만한 곳으로 이주하자 토지와 사업을 사고팔면서 이익을 낼 수 있는 방법을 알게 되었지. 그러나 그들은 도를 넘어섰고, 너무 적은 사람들이 너무 많은 것을 소유하게 되었고, 그래서 - 이전의 모든 주기에서 그러했듯이 - 너희와 너희 아이들은 그들의 탐욕을 위해 돈을 지불하고 있는 거야.

우리의 실수, 그리고 우리가 잘했던 것으로부터 배우거라.

너희는 링컨의 세대처럼 증기 같은 새로운 전력과 경제에 자극제가 될 만한 것들을 갖지는 못할 거야. 테디 루스벨트의 세대처럼 석유 같은 새로운 자원을 갖지도 못할 거야. 아이젠하워의 세대처럼 노동조합도 없겠지. 그리고 오바마 정부와 '2016 대폭락' 이후 회복을 위해 애썼던 내 아이들의 세대처럼 폭발적인 대체에너지 경제도 없겠지.

그러나 각각의 세대에는 새로운 무언가가 있단다.

내가 지금, 2013년 여기에서 앞을 내다볼 때 나는 내 앞에 무엇이 펼쳐질지 알지 못한단다. 그러나 수천 년간 인류 문명의 역사가 말해주는 것은 단 하나, 우리 앞에 무언가 있을 것이라는 사실이다.

그것을 이용하거라. 그러나 매우 주의해야 한다. 그래야 한때 지주와 왕들에게 그랬던 것처럼 너희 세대가 가진 그 무기를 왕당파에게 빼앗기지 않는단다. 분권화시키거라. 토머스 제퍼슨이 미국 건국 초기에 주장했던 것처럼 권력과 경제적 힘은 지역적으로, 그리고 넓게 분산시켜야 한다. 그러면 정치권력 역시 지역적으로 넓게 분산되고, 그것이 미래로 가는 안정성을 담보하는 가장 확실한 방법이란다.

여기에 기반을 두고 있는 피라미드는 이집트 피라미드와 달리 안정적이다. 비록 여태껏 경제·정치 시스템은 세대에서 세대(농업과 인간·가축에 의한, 석탄과 증기기관에 의한, 석유와 산업에 의한, 태양열과 노동조합에 의한 성장)로 **변화**해왔지만 말이다.

너희 세대의 경제 왕당파가 야기한 폭락의 잿더미로부터 빠져나와 새로운 세계와 새로운 경제로 이행하게 되면서 너희가 기억해야 할 것은,

경제 왕당파는 여전히 그곳에 있을 것이라는 거다. 그들은 지켜보고 계획하고 다시 맨 꼭대기를 차지하기 위한 지렛대를 잡을 거야. 조심하고 – 드와이트 아이젠하워가 고별사에서 우리 세대에게 경고했듯이 – 그들이 추구하는 '부적절한 권력'에 대항하여 '항상 경계하거라'.

너희 아이들과 손주들의 세대 동안 경제 왕당파가 다시 일어서는 것을 막기란 쉽지 않단다. 그들은 항상 빠져나가는 방법을 알고 있고, 수천 년 전 (현재 우리가 이라크라고 부르는) 우르크Uruk의 길가메시Gilgamesh 시대로 돌아가는 방법을 알고 있거든.

그러나 제발 최선을 다해 미래 세대에 경고하거라. 레이거노믹스를 시행하고 노동자 보호를 실시하지 않은 과오를 되풀이하지 마라. 경제 왕당파가 소유한 기관들을 탈규제하는 클린턴 · 깅그리치 · 그린스펀의 실험 같은 것은 하지 말거라.

너희 아이들에게 말하거라. 그리고 그들의 이야기를 들려주라고 하거라.

아마도, 그래 아마도 너희와 동료들은 역사의 주기를 끊고, 1601년 엘리자베스 1세가 동인도회사를 인가한 이래로 미국이 500년 이상 견뎌왔던 호황 – 불황 – 전쟁이라는 회전목마를 멈추게 할 수도 있을 거다.

왜냐하면 항상 자신들의 목적을 위해 민주주의를 전복시킬 방법을 모색하는 경제 왕당파가 있지만, 역사의 교훈을 기억하는 사람도 있기 때문이다. 평화롭고 안정적인 세계의 가능성을 아는 사람. 더 나은 세상을 만들기 위해 스스로를 기꺼이 희생하고 일하며 역사의 맨 앞에 서는 사람.

그들을 찾아라. 그들을 축복하라. 그런 사람 중 한 명이 되거라.

꼬리표를 붙여라, 너희가 '바로 그 사람'이라는.

친구이자 동료이며 협력자인 샘 삭스Sam Sacks의 도움이 없었다면 이 책은 빛을 보지 못했을 것이다. 자료 조사에 대한 아이디어와 제안들, 그리고 멋진 편집까지, 샘은 이 책의 출간을 위해 다방면으로 도와주었다. 사실 이 책은 내가 썼지만 책 전체에서 샘의 섬세한 손길을 발견할 수 있을 것이다. 부분적으로는 내 일정 때문이기도 하지만 결정적으로 샘의 탁월함 덕분에 개인 편집 도우미의 도움을 받을 필요가 없었다. 샘, 당신과 함께 일할 수 있는 건 큰 기쁨이자 영광이에요. 고마워요!

대리인이자 워터사이드 프로덕션의 CEO인 빌 글래드스톤Bill Gladstone 역시 이 책이 세상에 나올 수 있도록 구상부터 최종 출판까지 여러 달 동안 함께 작업해주었다. 빌은 수십 년 동안 나와 함께 출판 작업을 해왔고, 나에게 항상 용기와 영감을 주었을 뿐만 아니라 훌륭하고 타당한 조언을 해주었다.

아셰트와 트웰브 출판사의 숀 데즈먼드Sean Desmond, 리비 버튼Libby Burton, 마리 오쿠다Mari C. Okuda, 그리고 케리 골드스타인Cary Goldstein 등 훌륭한 친구들 역시 처음부터 끝까지 나를 도와주었다. 그들의 격려와 도움 덕분에 이 책이 출간될 수 있었음에 깊이 감사한다.

이 책의 내용은 나 혼자만의 것이 아니다. 몇 년 동안 많은 사람들이 내 생각에 영향을 주었다. 『뉴 골드 에이지』와 『그린스펀 경제학의 위험한 유산』의 저자이자 내가 진행하는 라디오 쇼의 인기 초대손님인 래비 바트라Ravi Batra 박사가 특히 많은 가르침을 주었다. 리처드 울프Richard Wolff, 로버트 라이히Robert Reich, 폴 크루그만Paul Krugman, 데이비드 코튼 David Korten, 데이비드 존스턴David Cay Johnston, 로리 왈라치Lori Wallach, 랠프 네이더Ralph Nader, 그리고 수년 동안 알고 지내며 인터뷰하는 특권을 누렸던 뛰어난 작가, 사상가, 그리고 경제학자 등이 나에게 많은 영향을 주었으며 그 외에도 일일이 열거할 수 없을 정도로 많은 분이 나에게 도움을 주었다.

마지막으로, 나의 아내 루이즈 하트만Louise Hartmann이 없었다면 지금까지 수십 년 동안 그렇게 많은 책을 쓸 수 없었을 것이다.

루이즈, 나의 삶과 내 일의 동반자가 되어줘서 고맙소!

톰 하트만은 진보주의자로, 세계적인 라디오 TV 토크쇼 진행자다. 그의 쇼는 매주 전 세계 104개국 약 5억 가구에 방영되고 있다. 그는 언론 감시 단체인 '프로젝트 센서드'가 선정하는 올해의 뉴스상을 네 차례 수상했고, 그의 책 스물네 권은 5개 대륙에서 17개 언어로 출간되었다.

톰 하트만은 문화, 환경학, 심리학, 정치학, 경제학 등 여러 방면의 글을 써왔다. 환경학과 인류학을 접목시킨 『마지막 시간들The Last Hours of Ancient Sunlight』은 그의 책들 중 가장 유명한데, 레오나르도 디카프리오Leonardo DiCaprio가 이 책을 원작으로 한 영화 「열한 번째 시간The 11th Hour」(톰 하트만도 출연했다)을 제작했다. 그의 책 『주의력 결핍 장애Attention Dificit Disorder: A Different Perception』는 미국 전역에서 ADD·ADHD와 영재성부터 자폐성까지 이들의 신경학적 차이를 둘러싸고 심리학 정신의학 커뮤니티와 일반 대중 사이에서 논쟁을 불러일으켰다. 『아메리칸 드림을 재부팅하라Rebooting the American Dream』 또한 크게 주목받았다. 미국 상원의원 버니 샌더스Bernie Sanders는 상원의원 99명에게 톰 하트만의 책을 나눠 주기 위해 편지를 썼고, 그의 유명한 의사진행방해(필리버스터filibuster) 기간 동안 상원의원석 여기저기에서 이 책을 읽었다.

탁월한 작가인 그는 아내 루이스와 함께 버림받은 아이들을 위해 많은 사업과 커뮤니티, 그리고 학교 관련 일을 시작했다. 이들 부부는 4개 대륙에서 기근 구제, 의료센터, 학교에 이르는 다양한 분야의 프로그램이 시작되도록 도왔다.

그와 아내는 워싱턴 DC의 한 보트 위에서 고양이 히긴스Higgins와 함께 살고 있다.

주석

1. Statement of Secretary of Labor Robert B. Reich before the Subcommittee on Deficits, Debt Management and Long-Term Growth, Senate Committee on Finance, December 7, 1994, http://www.dol.gov/oasam/programs/history/reich/congress/120794rr.htm.
2. http://www.cbsnews.com/2100-500395_162-1293943.html.
3. Thomas Jefferson, Letter to William Pinkney, September 30, 1820, in *The Declaration of Independence and Letters*, Richard S. Poppen, ed.(University of Virginia, 1904).
4. Asher Price, "Suicide Pilot Joe Stack Had History of Shutting Doors on People," March 7, 2010, Stateman.com, http://www.statesman.com/news/news/local/suicide-pilot-joe-stack-had-history-of-shutting-do/nRq6N/.
5. 상동.
6. 조 스택이 글을 쓴 것으로 여겨지는 웹사이트, http://www.foxnews.com/story/0,2933,586627,00.html.
7. CBS Los Angeles, "Newbury Park Woman Faces Eviction After Husband's Suicide," May 16, 2012, http://losangeles.cbslocal.com/2012/05/16/newbury-park-woman-faces-eviction-after-husbands-suicide/.
8. Katie Moisse, "James Verone: The Medical Motive for his $1 Bank Robbery," June 23, 2011, ABC News, http://abcnews.go.com/Health/Wellness/james-verone-medical-motive-bank-robbery/story?id=13895584#.UaMiNY6hDzI.
9. 언론 보도 자료 : "New Pollution Report Measures Global Health Impact Across 49 Countries; Reveals Pollution to Be Critical Threat on Par with Malaria, TB; Identifies Top Ten Toxic Industries Responsible," http://www.blacksmithinstitute.org/press-release-2012-world-s-worst-pollution-problems-report.html
10. 빌 모이어와의 인터뷰, July 20, 2012, http://billmoyers.com/segment/chris-hedges-

on-capitalism's-'sacrifice-zones'/.

11. 상동.

12. 상동.

13. Dean Reynolds, "Chicago police sergeant: 'Tribal warfare' on the streets," CBS News report, July 11, 2012, http://www.cbsnews.com/8301-18563_162-57470618/chicago-police-sergeant-tribal-warfare-on-the-streets/.

14. Franklin Delano Roosevelt, First Inaugural Address, March 4, 1933, Washington, DC.

15. William Strauss and Neil Howe, *The Fourth Turning*(New York: Broadway Books, 1997).

16. http://research.stlouisfed.org/fred2/series/HOUST.
http://www.econbrowser.com/archives/2006/11/housing_states_l.html.

17. Barack Obama, First Inaugural Address, January 20, 2009, Washington, DC.

18. Daniel Sisson, *The American Revolution of 1800*(New York: Knopf, 1974).

19. Thomas Jefferson, Letter to John Adams, October 28, 1813, in *Memoirs, Correspondence and Private Papers of Thomas Jefferson, Late President of the United States*, Volume 2(London: Colburn and Bentley, 1829).

20. Thomas Jefferson, *Memoirs, Correspondence and Private Papers of Thomas Jefferson, Late President of the United States*, Volume 2(London: Colburn and Bentley, 1829).

21. Andrew Jackson, Veto Message, July 10, 1832, The Founders' Constitution, Document 20, University of Chicago, http://press-pubs.uchicago.edu/founders/documents/a1_8_18s20.html.

22. I.C.R.R. Co. notice published in the New York papers and signed by the railroad's treasurer, J. N. Perkins.

23. Grover Cleveland, 1888 State of the Union Address, December 3, 1888, Washington, DC.

24. Frederick Lewis Allen, *Only Yesterday: An Informal History of the 1920's*(New York: HarperCollins, 2000).

25. 워런 하딩의 선거 캠페인 슬로건은 '비즈니스에 작은 정부, 정부에 더 많은 비즈니스'였다. http://www.whitehouse.gov/about/presidents/warrenharding.

26. Paul Krugman, "The Mellon Doctrine," *New York Times*, March 31, 2011, http://www.nytimes.com/2011/04/01/opinion/01krugman.html?_r=0.

27. Franklin Delano Roosevelt, 1936 Democratic National Convention speech, June 27, 1936, Philadelphia, Pennsylvania.

28. Morris Berman, *The Twilight of American Culture*(New York: Norton&Co., 2000).

29. http://en.wikipedia.org/wiki/1960s, accessed September 5, 2011.

30. Hyrum S. Lewis, *Sacralizing the Right: William F. Buckley Jr., Whittaker Chambers, Will Herberg and the Transformation of Intellectual Conservatism*(ProQuest, 2007), http://books.google.com/books?id=QviaoxgkmFwC&pg=PA227&lpg=PA227&dq=%22russell+kirk%22+%22social+unrest%22&source=bl&ots=6Ds8B9XwZq&sig=QTd_BdnI6lCEM8cafJ6_SouuOe0&hl=en&ei=6fdjTrz-OuLc0QHcq5i3Cg&sa=X&oi=book_result&ct=result&resnum=l&ved=0CBoQ6AEwAA#v=onepage&q=%22russell%20kirk%22%20%22social%20unrest%22&f=false.

31. Jack Anderson, "Powell's Lesson to Business Aired," *Washington Post*, September 28, 1972.

32. 상동.

33. 상동.

34. "The Powell Memo," ReclaimDemocracy.org, http://reclaimdemocracy.org/powell_memo_lewis/.

35. 상동.

36. 상동.

37. 상동.

38. 상동.

39. 상동.

40. 상동.

41. 상동.

42. Tom Dickinson, "How Roger Ailes Built the Fox News Fear Factory," *Rolling Stone*, May 25, 2011, http://www.rollingstone.com/politics/news/how-roger-ailes-built-the-fox-news-fear-factory-20110525.

43. John Cook, "Roger Ailes' Secret Nixon-Era Blueprint for Fox News," Gawker, June 30, 2011, http://gawker.com/5814150/roger-ailes-secret-nixon+era-blueprint-for-fox-news.

44. Lanny Ebenstein, *Milton Friedman: A Biography*(New York: Palgrave MacMillan, 2007).

45. PBS 인터뷰, October 1, 2000, http://www.pbs.org/wgbh/commandingheights/

shared/minitext/int_miltonfriedman.html.

46. Milton Friedman, *Capitalism and Freedom*(University of Chicago Press, 1962).

47. Naomi Klein, *The Shock Doctrine: The Rise of Disaster Capitalism*(New York: MacMillan, 2010).

48. Orlando Letelier, "The Chicago Boys in Chile: Economic Freedom's Awfull Toll," *The Nation*, August 28, 1976, http://www.ditext.com/letelier/chicago.html.

49. Milton Friedman and Rose Friedman, "One Week in Stockholm," *Hoover Digest* 1998, No. 4(October 30, 1998), http://www.hoover.org/publications/hoover-digest/article/6969.

50. *The Works of Thomas Jefferson*, Volume 12, Federal Edition(New York and London: G. P. Putnam's Sons, 1904−5).

51. Thomas Jefferson, Letter to Samuel Kercheval, July 12, 1816, in *Memoirs, Correspondence and Private Papers of Thomas Jefferson, Late President of the United States*, Volume 4(London: Colburn and Bentley, 1829).

52. Thomas Jefferson, Letter to James Madison, October 28, 1785, http://press-pubs.uchicago.edu/founders/documents/vlchl5s32.html.

53. "Analysis of U.S. Census Bureau Data" in *The State of Working America 1994−95*, Economic Policy Institute(M. E. Sharpe, 1994), 37.

54. Michael Linden, "The Myth of the Lower Marginal Tax Rates," Center for American Progress, June 20, 2011, http://www.americanprogress.org/issues/tax-reform/news/2011/06/20/9841/the-myth-of-the-lower-marginal-tax-rates/.

55. Franklin Delano Roosevelt, 1936 Democratic National Convention speech, June 27, 1936, Philadelphia, Pennsylvania.

56. Franklin Delano Roosevelt, 1944 State of the Union Address, January 11, 1944.

57. Teddy Roosevelt, the New Nationalism speech, August 31, 1910.

58. Elizabeth J. Magie, "The Landlord's Game," reprinted from *The Single Tax Review*, Autumn 1902, http://www.cooperativeindividualism.org/magie-elizabeth_landlords-game-1902.html.

59. U.S. Council of Economic Advisors, 2000, *Economic Report to the President, 2000*(Washington, DC: U.S. Government Printing Office, 2000), 279.

60. Grover Cleveland, 1888 State of the Union Address, December 3, 1888, Washington, DC.

61. Elizabeth J. Magie, "The Landlord's Game," reprinted from *The Single Tax Review*,

Autumn 1902, http://www.cooperativeindividualism.org/magie-elizabeth_
landlords-game-1902.html.

62. Charles J. Adams III, "Monopoly: From Berks to Boardwalk," *HISTORICAL
REVIEW OF BERKS COUNTY WINTER 1978*, Volume XLIV, Number 1(Winter
1978–79), http://landlordsgame.info/articles/berks2boardwalk.html.

63. Chrystia Freeland, *Plutocrats: The Rise of the New Global Super Rich and the Fall of
Everyone Else*(New York: Penguin Press, 2012).

64. Henry George, *Progress and Poverty*(Gloucestershire, UK: Dodo Press, 2009).

65. "Essay: The FUTURISTS: Looking Toward A.D. 2000," *TIME*, February 25, 1966,
http://www.time.com/time/magazine/article/0,9171,835128,00.html.

66. Richard Wolff, "The Keynesian Revival: A Marxian Critique," October 23, 2010,
http://rdwolff.com/content/keynesian-revival-marxian-critique.

67. Ronald Reagan, First Inaugural Address, January 20, 1981, Washington, DC.

68. Jude Wanniski, "Taxes and a Two-Santa Theory," *National Observer*, March 6,
1976, http://capitalgainsandgames.com/blog/bruce-bartlett/1701/jude-wanniski-
taxes-and-two-santa-theory.

69. 데이비드 스톡먼과의 인터뷰, *The Big Picture with Thom Hartmann*, September 21,
2011, http://www.youtube.com/watch?v=FdZpOMpFf18.

70. Bill Clinton, the New Covenant speech, October 23, 1991, Georgetown University.

71. Bill Clinton, 1996 State of the Union Address, January 27, 1996, Washington, DC.

72. Marie Diamond, "On the 15th Anniversary of 'Welfare Reform,' Aid Is Not
Getting To Those Who Need It Most," *ThinkProgress*, August 22, 2011, http://
thinkprogress.org/economy/2011/08/22/301231/tanf-15-anniversary/.

73. Bob Woodward, *The Agenda: Inside the Clinton White House*(New York:
Simon&Schuster, 2005).

74. Dwight Eisenhower, Letter to his brother, November 8, 1954, http://www.snopes.
com/politics/quotes/ike.asp.

75. John Kenneth Galbraith, *The Great Crash 1929*(New York: Mariner Books, 2009).

76. Tom Philpott, "Foodies, Get Thee to Occupy Wall Street," *Mother Jones*, October
14, 2011, http://www.motherjones.com/environment/2011/10/food-industry-
monopoly-occupy-wall-street.

77. 상동.

78. 수전 크로포드와의 인터뷰, *The Big Picture with Thom Hartmann*, March 4, 2013,

http://www.youtube.com/watch?v=PlO2IGTCHiU.

79. 크리스 헤지스와의 인터뷰, *The Big Picture with Thom Hartmann*, December 20, 2010, http://www.youtube.com/watch?v=By88H5vNMqk.

80. John Ralston Saul, *The Collapse of Globalism*(New York: Viking, 2005).

81. "America, Wake Up!" Americawakeup.net, http://americawakeup.net/.

82. 상동.

83. David Wessel, "Big US Firms Ship Hiring Abroad," *Wall Street Journal*, http://online.wsj.com/article/SB10001424052748704821704576270783611823972.html#project%3DMULTINATL0419_part2%26articleTabs%3Dinteractive.

84. Dustin Ensigner, "Economy in Crisis," February 2011, http://economyincrisis.org/content/trade-deficit-south-korea-autos-continues-rise.

85. US Census, http://www.census.gov/foreign-trade/balance/c5330.html.

86. Eamonn Fingleton, *In the Jaws of the Dragon*(New York: St. Martin's Griffin, 2009), 66.

87. 상동, 67.

88. 상동, 294.

89. 상동, 27.

90. Chrystia Freeland, "The Rise of the New Global Elite," *The Atlantic*, http://www.theatlantic.com/magazine/archive/2011/01/the-rise-of-the-new-global-elite/308343/.

91. James Goldmsith, *The Trap*(New York: Carroll&Graf Publishers, 1994).

92. Jeff Bercovici, "Why Some) Psychopaths Make Great CEOs," *Forbes*, June 14, 2011, http://www.forbes.com/sites/jeffbercovici/2011/06/14/why-some-psychopaths-make-great-ceos/.

93. Pub.L. 97-320, H.R. 6267, enacted October 15, 1982, http://hdl.loc.gov/loc.uscongress/legislation.97hr6267.

94. Matt Taibbi, *Griftopia*(New York: Spiegel&Grau, 2011).

95. 상동.

96. 상동.

97. Frederick Kaufman, "The Food Bubble: How Wall Street Starved Millions and Got Away with It," *Harper's*, July 2010, http://harpers.org/archive/2010/07/the-food-bubble/.

98. 상동.

99. 상동.

100. Noah Mendel, "When Did the Great Depression Receive Its Name," History News Network, http://hnn.us/articles/61931.html.

101. Frederick Lewis Allen, *Only Yesterday: An Informal History of the 1920's*(New York: HarperCollins, 2000).

102. 상동.

103. 상동.

104. http://www.westegg.com/inflation/infl.cgi.

105. 스티브 킨과의 인터뷰, *The Big Picture with Thom Hartmann*, March 18, 2013, http://www.youtube.com/watch?v=-n-X4RQqJcs.

106. Saskia Scholtes and Michael Mackenzie, "Hedge Funds Hone In on Housing," *Financial Times*, September 27, 2006, http://www.ft.com/intl/cms/s/0/b78c0fdc-4e40-11db-bcbc-0000779e2340.html#axzzlNfIFsOZS.

107. James Mackintosh, "Alfred Hitchcock's 'The Bankers,'" *Financial Times*, June 23, 2011.

108. 상동.

109. Thomas Jefferson, Letter to James Madison, September 6, 1789, http://press-pubs.uchicago.edu/founders/documents/v1ch2s23.html.

110. Thomas Jefferson quote revolution.

111. John F. Kennedy quote, violent revolution.

112. Robert Draper, *Do Not Ask What Good We Do: Inside the U.S. House of Representatives* (New York: Free Press, 2012).

113. Daily Kos member keepmehonest, "Eric Cantor, Paul Ryan & Kevin McCarthy: Plot to Sabotage US Economy with Frank Luntz," DailyKos, June 8, 2012, http://www.dailykos.com/story/2012/06/08/1098434/-Eric-Cantor-Paul-Ryan-Kevin-McCarthy-Plot-To-Sabotage-US-Economy-with-Frank-Luntz.

114. CNBC, February 19, 2009.

115. http://tobaccocontrol.bmj.com/content/early/2013/02/07/tobaccocontrol-2012-050815.abstract.

116. Robert Draper, http://legacy.library.ucsf.edu/tid/vbi08b00/pdf.

117. Bob Davis, "Rule Breaker," *Wall Street Journal*, July 16, 2004, http://mercatus.org/media_clipping/rule-breaker-washington-tiny-think-tank-wields-big-stick-regulation.

118. http://www.tampabay.com/news/business/billionaires-role-in-hiring-decisions-at-florida-state-university-raises/1168680.

119. 상동.

120. Ben Dimiero, "LEAKED EMAIL: Fox Boss Caught Slanting News Reporting," Media Matters for America, December 9, 2010, http://mediamatters.org/blog/2010/12/09/leaked-email-fox-boss-caught-slanting-news-repo/174090.

121. 상동.

122. Media Matters Staff, "Luntz Births Another GOP Talking Point: It's a 'Government Option' Not a 'Public Option,'" MediaMatters for America, August 19, 2008, http://mediamatters.org/video/2009/08/19/luntz-births-another-gop-talking-point-its-a-go/153496.

123. Ben Dimiero, "FOXLEAKS: Fox Boss Ordered Staff to Cast Doubt on Climate Science," Media Matters for America, December 15, 2010, http://mediamatters.org/blog/2010/12/15/foxleaks-fox-boss-ordered-staff-to-cast-doubt-o/174317.

124. "Fox News' Chris Wallace: Is Obama Even President?" *Los Angeles Times*, January 20, 2009, http://latimesblogs.latimes.com/showtracker/2009/01/fox-news-chris.html.

125. "Why Obama Voted Against Roberts," *Wall Street Journal*, June 2, 2009, http://online.wsj.com/article/SB124390047073474499.html.

126. Lee Epstein, William Landis, and Richard Posner, "How Business Fares in the Supreme Court," http://www.minnesotalawreview.org/wp-content/uploads/2013/04/EpsteinLanderPosner_MLR.pdf.

127. http://www.spiegel.de/inernational/europe/greek-debt-crisis-how-goldman-sachs-helped-greece-to-mask-its-true-debt-a-676634.html.

128. http://www.youtube.com/watch?v=Ps5JL268ZQE.

129. http://www.reuters.com/article/2011/10/28/us-goldmansachs-lawsuit-idUSTRE79R4JE20111028.

130. http://www.cbsnews.com/8301-503544_162-20003526-503544.html.

131. Ross Douthat, "Conspiracies, Coups and Currencies," *New York Times*, November 19, 2011.

132. http://dailyreckoning.com/goldman-bets-against-the-assets-it-sold-to-aig/.

133. http://www.huffingtonpost.com/2011/09/26/trader-to-bbc-goldman-sachs-goldman-sachs-rules-the-world_n_981658.html.

134. 레버런드 블록과의 인터뷰, *The Big Picture with Thom Hartmann*, January 5, 2012.

135. 상동.

136. http://www.mackinac.org/14756.

137. ALEC website, http://www.alec.org/about-alec/.

138. 마크 포칸과의 인터뷰, Radio Show, August 5, 2011.

139. Common Cause, http://www.commoncause.org/atf/cf/%7Bfb3c17e2-cdd1-4df6-92be-bd4429893665%7D/MONEYPOWERANDALEC.pdf.

140. ThinkProgress, http://thinkprogress.org/green/2011/08/05/288979/revealed-bp-is-top-funder-of-alec-annual-meeting-in-oil-soaked-louisiana/.

141. Mark Pocan, "Inside ALEC," http://progressive.org/inside_alec.html.

142. 마크 포칸과의 인터뷰.

143. 상동.

144. Common Cause, http://www.commonblog.com/2012/01/31/alec-exposed-for-24-hours/.

145. ALEC website, http://www.alec.org/about-alec/history/.

146. 마크 포칸과의 라디오 인터뷰.

147. Common Cause, http://www.commoncause.org/atf/cf/%7Bfb3c17e2-cdd1-4df6-92be-bd4429893665%7D/MONEYPOWERANDALEC.pdf.

148. Common Cause, http://www.commonblog.com/2011/08/03/have-you-met-alec-in-minnesota/.

149. The Uptake, http://www.theuptake.org/2012/02/11/mn-governor-vetos-alec-template-bills/.

150. Heritage Foundation, December 18, 2008, http://blog.heritage.org/2008/12/18/conservative-leader-paul-weyrich-dies-first-to-lead-heritage/.

151. Paul Weyrich, Youtube: RWW blog, August 1980, http://www.youtube.com/watch?v=pN7IB-d7Hfw&feature=player_embedded.

152. PBS, http://www.pbs.org/wgbh/pages/frontline/shows/fixers/reports/primer.html.

153. *Roll Call*, http://www.rollcall.com/issues/56_75/-202990-1.html.

154. http://www.huffingtonpost.com/2012/07/12/cash-hoarding-companies-spend-lend-economy_n_1666424.html.

155. http://online.wsj.com/article/SB100014241278873233894704578115180435402750.html.

156. http://online.wsj.com/article/SB10001424052702304724404577297610717362138. html.

157. http://www.youtube.com/watch?v=dxhyUAWPmGw.

158. *New York Times*, http://www.nytimes.com/2012/02/19/magazine/the-way-greeks-live-now.html?_r=1.

159. http://qz.com/28535/proof-that-austerity-measures-are-making-european-economies-worse-not-beter/.

160. http://www.spiegel.de/international/europe/profiting-from-pain-europe-s-crisis-is-germany-s-blessing-a-808248.html.

161. Camilla Louise Lyngsby, "George Soros Blasts Germany for Its Role in Europe Crisis," CNBC, March 1, 2013, http://www.cnbc.com/id/100512946.

162. 상동.

163. 리처드 울프와의 인터뷰, *The Big Picture with Thom Hartmann*, September 27, 2012, http://www.youtube.com/watch?v=N5kS9btTY-Q.

164. http://www.bbc.co.uk/news/business-20322746.

165. James Kirkup, *The Telegraph*, Nov. 25, 2011, http://www.telegraph.co.uk/news/politics/8917077/Prepare-for-riots-in-euro-collaapse-Foreign-Office-warns.html.

166. "Arthur Young's Travels in France During 1787, 1788, 1789," http://www.econlib.org/library/YPDBooks/Young/yngTF.html.

167. Gordon Chang, "China's Property Sector, Just Before The Crash," *Forbes*, March 3, 2013, http://www.forbes.com/sites/gordonchang/2013/03/03/chinas-property-sector-just-before-the-crash/.

168. http://www.tikkun.org/nextgen/a-conversation-with-jeremy-rifkin-on-the-third-industrial-revolutioin.

169. James Madison, from "Political Observations," April 20, 1795, in *Letters and Other Writings of James Madison*, Volume IV(Forgotten Books, 2012), 491.

170. Barbara Starr, "Pentagon Reports Record Number of Suicides," CNN, January 16, 2013, http://www.cnn.com/2013/01/15/us/military-suicides.

171. http://www.youtube.com/watch?v=0HTkEBIoxBA&feature=player_embedded.

172. http://www.economicpolicyjournal.com/2013/03/debt-in-america-details.html.

173. Berkshire Hathaway Inc, 2002 Annual Report, p. 15, http://www.berkshirehathaway.com/2002ar/2002ar.pdf.

174. Thomas Kostigan, "The $700 Trillion Elephant," *MarketWatch*, March 6, 2009,

http://www.marketwatch.com/story/the-700-trillion-elephant-roomtheres?
dist=TNMostRead.

175. http://gawker.com/the-next-housing-bubble-is-about-to-pop-all-over-you-
510108728.

176. Thomas Jefferson, Letter to Spencer Roane, 1819, Library of Congress, http://
www.loc.gov/exhibits/jefferson/137.html.

177. Thomas Jefferson, Letter to Charles Jarvis, September 28, 1820, http://www.
yamaguchy.com/library/jefferson/jarvis.html.

178. http://news.harvard.edu/gazette/story/2009/09/new-study-finds-45000-deaths-
annually-linked-to-lack-of-health-coverage/.

179. http://www.apfc.org/home/Content/aboutFund/aboutPermFund.cfm.

180. http://www.commondreams.org/view/2012/02/17-4.

181. http://www.powerlineblog.com/archives/2012/02/who-makes-the-most-from-oil-
and-gas-leases-on-public-land.php.

182. http://insideclimatenews.org/news/20100518/research-shows-federal-oil—leasing-
and-royalty-income-raw-deal-taxpayers.

183. http://www.commondreams.org/view/2012/02/17-4.

184. http://money.cnn.com/2008/01/29/news/economy/stimulus_analysis/index.htm.

185. http://www.youtube.com/watch?v=xhYJS80MgYA.

186. http://www.americanprogressaction.org/issues/labor/news/2009/03/11/5814/the-
employee-free-choice-act-101/.

187. http://www.theatlantic.com/business/archive/2012/05/here-is-the-full-inequality-
speech-and-slideshow-that-was-too-hot-for-ted/257323/.

188. http://money.cnn.com/2012/09/11/news/economy/wealth-net-worth/index.html.

189. http://www.senternovem.nl/mmfiles/The%20100.000%20Roofs%20Programme_
tcm24-117023.pdf.

190. http://www.folkecenter.dk/en/articles/EUROSUN2000-speech-PM.htm.

191. http://en.wikipedia.org/wiki/Solar_power_in_Germany.

192. Resources&Stats, Nuclear Energy Institute, http://www.nei.org/resourcesandstats/
nuclear_statistics/usnuclearpowerplants/.

193. http://en.wikipedia.org/wiki/Solar_power_in_Germany.

194. http://en.wikipedia.org/wiki/German_Renewable_Energy_Sources_Act.

195. Mark Landler, "Germany Debates Subsidies for Solar Industry," *New York Times*,

May 16, 2008, http://www.nytimes.com/2008/05/16/business/worldbusiness/16solar.html.

196. http://www.latimes.com/business/la-fi-energy-china25-2010mar25,0,356464.story.

197. http://www.nytimes.com/2009/10/14/business/energy-environment/14oil.html.

198. Wallace S. Broecker, "CO$_2$ Arithmetic," *Science* 315(2007): 1371, and comments as *Science* 316(2007): 829; and Oliver Morton, "Is This What It Takes to Save the World?" *Nature* 447(2007): 132.

199. http://www.eia.gov/oiaf/aeo/electricity_generation.html.

200. http://solar.gwu.edu/index_files/Resources_files/epstein_fullcostofcoal.pdf.

201. http://www.chattanoogan.com/2013/1/23/242786/Volkswagen-Chattanooga-Powers-Up.aspx.

202. http://www.cleanenergyactionproject.com/CleanEnergyActionProject/Wind_Power_Case_Studies_files/Alta Wind Energy Center.pdf.

203. http://topics.nytimes.com/top/news/business/energy-environment/wind–power/index.html.

204. Kevin Zeese, "Cooperative: The Co-op Alternative to Corporate Capitalism," It's Our Economy, August 28, 2011, http://itsoureconomy.us/2011/08/cooperatives-the-co-op-alternative-to-corporate-capitalism/.

옮긴이의 말

　미국에서 유학할 때였다. 함께 공부하던 몇몇 한국 사람은 미국이 곧 망할지도 모르겠다고 우려했다. 미국에서 직접 경험하는, 금융을 비롯한 각종 시스템은 우리나라에 비해 매우 느리고 후진적인 것처럼 보였으며, 교육계에는 알게 모르게 여전히 인종차별이 존재하고 있었다. 우리나라 와 같은 건강보험이 없어서 병원에 한번 가려면 많은 돈을 지불해야 했 다. 빌 게이츠, 스티브 잡스, 마크 주커버그 같은 소수의 천재에 대한 동경 으로 인해 우리는 전반적으로 후진적인 미국의 행정 시스템, 여전히 인종 차별이 존재하는 교육 시스템, 부富가 소수에게만 집중되는 경제 시스템 등을 간과한 채 막연히 미국 사회를 경외하고 각종 정책을 따라 하고 있 는 것은 아닐까라는 의구심이 생겼다.

　이 책의 저자 톰 하트만은 이처럼 여러 가지 문제를 배태하고 있는 미 국 사회를 적나라하게 드러내며 소수의 경제 왕당파가 지배하는 미국 사 회에 경고 메시지를 보낸다. 하트만은, 역사에는 폭락과 번영의 일정한 주기가 있다고 설명한다. 그 주기를 '4세대'로 보고 있는데, 그에 따르면 미국의 다음 몰락은 2016년으로 예정되어 있다. 그러나 '역사의 주기'가 암시하듯 위기는 또한 기회다. 그런 면에서 이 책은 결국 '2016년 미국 몰 락 이후의 위기 극복'에 관한 이야기이기도 하다.

정치, 경제, 역사, 법 등을 넘나드는 그의 해박한 지식은 놀라울 정도다. 앞에서 언급했듯 이 책의 진정한 가치는 저자가 단순한 미국 비판에 머물지 않고 위기를 극복할 수 있는 처방을 제시하고 있다는 데 있다. 미국 경제를 좌지우지하는 경제 왕당파의 실상을 폭로하고 그들을 신랄하게 비판하고 있지만, 그것은 절망적인 비판이 아니라 낙관적인 비판이며 그의 처방은 단순한 낙관이 아니라 유럽식 조합 모델을 기반으로 하는 합리적인 대안이다. 이는 현재 미국식 신자유주의 경제 모델을 최우선으로 여기는 우리나라에도 시사하는 바가 크다.

톰 하트만은 스무 권이 넘는 책을 썼고 토크쇼 진행자로 널리 알려진 세계적인 진보주의자이지만, 우리나라에는 아직 그만큼 잘 알려지지는 않은 것 같다. 이 책을 계기로 그가 우리나라에서도 많은 독자층을 확보하길 바란다.

이 책의 번역을 맡겠다고 했을 때는 조금 한가했지만, 번역을 맡기로 한 후 갑작스럽게 결혼을 결정하게 되었다. 결혼을 미룰 수도, 책의 번역을 미룰 수도 없던 때에 끝까지 마무리할 수 있었던 건 전적으로 지금은 남편이 되어 내 곁에 있는 류지환 군 덕분이다. 책 번역의 기회를 준 출판사 관계자들께 감사드린다. 그리고 소중한 나의 가족들, 항상 사랑하고 감사한다.

KI신서 5445
2016 미국 몰락

초판 1쇄 인쇄 2014년 10월 15일
초판 1쇄 발행 2014년 10월 20일

지은이 톰 하트만 **옮긴이** 민윤경
펴낸이 김영곤 **펴낸곳** (주)북이십일 21세기북스
부사장 임병주 **출판개발실장** 주명석
해외콘텐츠개발팀 김상수 이현정 **해외기획팀** 박진희 김영희
본문디자인 권민지 **표지디자인** 정란
영업본부장 안형태 **영업** 권장규 정병철
마케팅본부장 이희정 **출판마케팅** 민안기 강서영 이영인
출판등록 2000년 5월 6일 제10-1965호
주소 413-120) 경기도 파주시 회동길 201(문발동)
대표전화 031-955-2100 팩스 031-955-2151 **이메일** book21@book21.co.kr
홈페이지 www.book21.com **블로그** b.book21.com
트위터 @21cbook **페이스북** facebook.com/21cbook

ISBN 978-89-509-5387-4 03340
책값은 뒤표지에 있습니다.